A VIDA
DO DALAI LAMA

O Homem, o Monge, o Místico

Biografia autorizada

MAYANK CHHAYA

A VIDA DO DALAI LAMA

O Homem, o Monge, o Místico

Biografia autorizada

Tradução de
Ana Cristina Pais e Catarina Gândara

EDITORIAL PRESENÇA

FICHA TÉCNICA

Título original: *Dalai Lama — Man, Monk, Mystic. An Authorized Biography*
Autor: *Mayank Chhaya*

Tradução: *Ana Cristina Pais* e *Catarina Gândara*
Fotografia: *Pelletier Micheline / Corbis /VMI*
Capa: *Vera Espinha*
Composição, impressão e acabamento: *Multitipo — Artes Gráficas, Lda.*
1.ª edição, Lisboa, Agosto, 2007
Depósito legal n.º 263 306/07

EDITORIAL PRESENÇA
Estrada das Palmeiras, 59
Queluz de Baixo
2730-132 BARCARENA
Email: info@presenca.pt
Internet: http://www.presenca.pt

À
KESUMI,
minha mulher e, espero, minha amiga

ao JASHN E à HAYAA,
nossos filhos

ÍNDICE

INTRODUÇÃO

O Décimo Quarto Dalai Lama e o Tibete foram a parte mais misteriosa das lendas da minha infância. Tudo sobre o homem e a sua terra era fabuloso — histórias místicas de reencarnação que se desenrolavam em vales imersos na bruma de montanhas congeladas a mais de 3900 metros de altitude. Os monges tonsurados de vestes ocre, em contraste com a paisagem dos Himalaias coberta por um manto branco, afiguravam-se-me tão invulgarmente pitorescos que não me importava se esse mundo existia realmente. Não importava se as histórias eram verdadeiras ou não, desde que fossem cativantes. Havia muito boas probabilidades de, quer o Tibete quer o Dalai Lama, existirem, mas na minha infância indiana, no início da década de 1960, mais pareciam fazer parte do folclore mágico do que da realidade. Num país onde a realidade e a magia se fundem e metamorfoseiam constantemente uma na outra, que diferença fazia se esse mundo existia realmente? Fosse como fosse, para uma criança que ainda nem sequer tinha dez anos, a magia parecia infinitamente mais atraente que a realidade.

Essa visão mudava sempre que o Inverno chegava e a existência do Dalai Lama se tornava demasiado real, quando centenas dos seus retratos e fotografias adornavam os passeios da minha cidade, juntamente com pilhas de camisolas de cores vivas que os refugiados tibetanos vinham vender. Pelo menos era verdade que existiam tibetanos. Era muito possível que, afinal, alguém chamado Dalai Lama, realmente existisse. Lembro-me de ter perguntado a uma mulher tibetana quem era «o menino-homem da fotografia». «É Sua Santidade. É o Buda vivo», respondeu ela. Não percebi nem «Sua Santidade» nem «o Buda vivo». Só conhecia um Buda, que tinha morrido havia cerca de 2500 anos. O que me inquietava era, se Gautama Buda tinha morrido há tanto tempo, como é que ainda estava vivo? Demorei mais uma década e meia a deslindar esse mistério.

Como cresci num país onde os renunciantes e os ascetas enchem a paisagem, era improvável que mais um monge atraísse a minha atenção. Isso aplicava-se sobretudo àquele que vivia a milhares de quilómetros de distância, na cordilheira de Dhauladhar, antes dos Himalaias, no Noroeste da Índia. Nas décadas de 1960 e 1970, o Dalai Lama aparecia com frequência nos jornais indianos locais, em especial após a desastrosa guerra do país com a China, em 1962. No meu bairro, havia pessoas deliciosamente mal informadas que acreditavam seriamente que a Índia podia vingar a sua humilhante derrota às mãos da China através dos poderes tântricos do Dalai Lama, que as pessoas vulgares achavam ser alguma espécie de magia negra ou práticas ocultas. Segundo a sua formulação simples, embora completamente errada, o Dalai Lama, forçado a fugir do Tibete por entre graves ameaças à sua vida por parte do exército chinês invasor havia pouco mais de três anos, estaria ávido de ajustar contas com eles. E haveria lá arma mais potente para um monge Budista reencarnado que a magia negra?

Em 1967, uns bons cinco anos após a guerra entre a Índia e a China, um dos meus vizinhos reuniu um grupo de crianças crédulas e impressionáveis como eu e invocou uma imagem do Dalai Lama a entrar num transe profundo e a soltar energia destrutiva contra o Exército Popular de Libertação. Como vinha da terra do Monte Kailash, o centro putativo do deus hindu Shiva, o contador de histórias disse-nos que o Dalai Lama tinha três olhos, um deles bem no meio da testa. O terceiro olho era onde residia todo o seu poder de destruição cósmica. Se abrisse esse olho, a China não tinha qualquer hipótese de sobreviver. Afirmava, com absoluta certeza, que o então primeiro-ministro da Índia, Jawaharlal Nehru, tinha convencido o Dalai Lama a invocar a ira devastadora que iria pulverizar instantaneamente o exército chinês. Esses fantasmas de beira de estrada, libertados pelo fantasista do bairro, reforçaram ainda mais a minha percepção de que o Dalai Lama era mais lenda do que real.

O meu primeiro encontro com o verdadeiro Dalai Lama deu-se durante o início dos anos 80, quando ele estava de visita a Bombaim para assistir a um congresso sobre a síntese entre a ciência e a religião. Não procurei conscientemente o seu terceiro olho, mas foi tranquilizador para mim o facto de não ter um. Lembrei-me vagamente de que o meu vizinho contador de histórias tinha suavizado a sua afirmação sobre o terceiro olho do Dalai Lama dizendo que este só se tornava visível em ocasiões extraordinárias. O congresso não foi, obviamente, uma dessas ocasiões. Na qualidade de repórter incumbido de cobrir o congresso, era suposto escrever uma história original sobre o acontecimento, uma que não tivesse necessariamente qualquer valor noticioso imediato. Recordo-me de ter perguntado ao Dalai Lama: «Não nos estamos a aproximar a passos largos de uma fase da história da humanidade em que a linha que divide a ciência da religião se está a desvanecer a grande velocidade?» O Dalai Lama riu-se com vontade e disse: «A religião é ciência com fé. A ciência é a religião em busca de fé.» Assim que ele disse isto, percebi que esta história não ia sair no jornal desse dia nem de nenhum outro dia. E ainda bem que o comentário teve de hibernar durante quase duas décadas, porque encontrou agora morada no contexto mais substancial de um livro.

O Dalai Lama floresceu na minha consciência ao longo dos últimos quinze anos. Leituras esporádicas sobre o próprio, o Tibete, a China e o Budismo marcaram a contagem decrescente até à minha primeira reunião importante com ele, em 1996. Nunca esteve no centro do meu interesse profissional até ao ano em que comecei a trabalhar num artigo de primeira página para o jornal *India Abroad*, um semanário indo-americano com sede em Nova Iorque. O âmbito da história era muito geral, cobrindo a questão do Tibete de muitos ângulos diferentes. Foi neste contexto que procurei pela primeira vez obter uma entrevista com o Dalai Lama. Esta teve lugar nos bastidores do Shoton, um festival de Lhamo, no Instituto Tibetano de Artes Dramáticas (TIPA), em McLeod Ganj, o local de exílio do Dalai Lama durante quatro décadas, na Índia. Lhamo é uma tradição tibetana com 580 anos que começou por ser um mero projecto para a construção de uma ponte sobre o rio Kyichu, próximo de Lhasa, do erudito do século XIV, Thangtong Gyalpo. Reza a lenda que Gyalpo, aflito com falta de dinheiro para construir a ponte, recorreu a sete irmãs que faziam parte da sua mão-de-obra e que se distinguiam na dança e no canto. O erudito criou um estilo de ópera à volta do talento das sete irmãs e viajou por todo o Tibete dando espectáculos para angariar dinheiro para a ponte. O canto marcial agudo e a dança enérgica das irmãs valeram-lhes a alcunha de «deusas celestiais da dança», ou Lhamo. A ponte foi construída, assim como a ópera tibetana.

Após a entrevista, os assessores do Dalai Lama convidaram a minha família, a minha mulher, Kesumi, e o meu filho, Jashn, para uma bênção cerimonial. Kesumi é indonésia muçulmana e nasceu na nação-ilha budista do Sri Lanka. Acostumada a monges budistas que não se misturam com os leigos, a minha mulher abordou o Dalai Lama com muita circunspecção e, até mesmo, apreensão. Narro este incidente com algum detalhe porque julgo que influenciou a decisão do Dalai Lama de me autorizar a escrever este livro. O Dalai Lama saltou da sua cadeira, acercou-se da porta, onde se encontrava a minha mulher com o nosso filho, deu-lhe um abraço caloroso, afagou a cabeça do meu filho, e fê-los entrar. Espantada com o gesto, a minha mulher disse espontaneamente que era muçulmana, eu agnóstico e que talvez o nosso filho viesse a ser budista. Percebi de imediato que o Dalai Lama ficou sensibilizado com o que lhe estava a ser dito.

Durante uma das minhas muitas visitas subsequentes a McLeod Ganj, um monge com uma posição muito elevada, que me fez jurar nunca revelar o seu nome, disse: «Não cometa o erro de pensar que foi escolhido por quaisquer razões mundanas.» E a coisa ficou por ali, deixando uma pista enigmática a pairar no meu espírito para sempre. Seja como for, fui escolhido para escrever este ambicioso livro. Não importa porquê.

As últimas quatro décadas assistiram a um dos impasses mais intransigentes do século XX, essencialmente entre um único indivíduo e uma das nações mais poderosas do mundo. De um lado, uma nação que, historicamente, considera não só estar no centro do mundo como também que é uma entidade geopolítica capaz de manter em aberto a possibilidade de alargar as suas fronteiras ao longo de toda a eternidade. É uma nação poderosa que mantém os seus mais de mil milhões de cidadãos num colete-de-forças político, cultural e económico, ao mesmo tempo que consolida a sua posição como uma das vozes mais influentes nas questões mundiais.

Do outro lado, um monge simples mas profundamente culto e extraordinariamente evoluído, cuja mera presença faz com que milhões dos seus seguidores sejam dominados pela emoção. Prega e pratica tolerância do tipo mais iluminado, não obstante o genocídio sistemático do seu povo pelo seu gigantesco adversário. Mesmo que coloquemos de lado o facto de ser considerado pelos seus seguidores como a reencarnação de uma das figuras mais veneradas e adoradas da história da Humanidade, o conflito que opõe o Dalai Lama à China constitui uma contenda fascinante. A personalidade extremamente cativante do Dalai Lama confere ao impasse um cariz incrivelmente dramático.

Enquanto jornalista, abordei este livro meramente como uma história cujas personagens são reais e contemporâneas. Além disso, durante os sete anos que demorou a minha pesquisa, descobri facetas do Dalai Lama que muito poucas pessoas tiveram o privilégio de explorar. Muitos dos meus amigos tibetanos dizem-me que ficarão satisfeitos para o resto da vida se conseguirem estar com o Dalai Lama durante alguns segundos. «Põe os olhos no teu destino, recebeste a bênção de privar com Sua Santidade e falar com ele não uma, nem duas, mas uma série de vezes. Nunca te esqueças de que algo assim não acontece simplesmente sem uma razão», disse-me Migmar, um dos milhares de refugiados tibetanos nas ruas de McLeod Ganj, durante uma conversa.

Para mim, o desafio profissional máximo foi resgatar de um oceano de obras muitas vezes divergentes uma personalidade que é não só exacta como até original, e apresentar um perfil que nunca foi descrito antes. Dado os inúmeros perfis mediáticos de que o Dalai Lama foi alvo ao longo dos últimos quinze anos, no Ocidente em geral e nos Estados Unidos em particular, é difícil encontrar material novo. Além dos livros e dos artigos de jornal, foram realizados filmes e documentários sobre o assunto. O Tibete e o Dalai Lama devem estar actualmente entre os assuntos sobre os quais mais se escreve no mundo. Evidentemente tudo isto tornou a minha missão ainda mais exigente.

Como o próprio admitiu e de acordo com muitos analistas do assunto, o seu longo exílio do Tibete teve não só um impacte determinante na pessoa do Dalai Lama como também influenciou significativamente a evolução da instituição do Dalai Lama nos tempos modernos. Alguns estudiosos defendem mesmo que o exílio do Dalai Lama da terra onde nasceu e a sua separação do aparato do seu enorme poder dentro do Tibete, na realidade, salvaram a outrora decadente imagem do clero budista tibetano como uma elite sedenta de poder que se perpetuava a si mesma num pântano de ignorância revoltante e fé religiosa cega entre a populaça camponesa e nómada. O exílio também moldou na essência a dinâmica do conflito Tibete *versus* China.

Com base neste ponto de vista reconheço que um livro que aborda todos os elementos deste conflito ao longo das últimas quatro décadas e os apresenta de uma forma acessível ao leitor leigo em qualquer parte do mundo devia ter um mérito discernível. É tentador ser-se engolido pela voragem mística do assunto e produzir mais um relato desajeitado de algo que tem sido tão frivolamente apelidado de exótico; um país com uma altitude média de 3900 metros e que constitui um interminável deserto gelado, habitado por pessoas aparentemente presas numa distorção temporal, fazendo girar estranhas rodas de oração e entoando mantras ainda mais estranhos — tudo isto são ingredientes que, naturalmente, se prestam a interpretações exóticas. O meu desafio era ultrapassar rapidamente esses estereótipos e tentar apresentar algo que vá para além do óbvio.

O conflito no meio do qual o Dalai Lama se encontra não diz meramente respeito à entidade geográfica chamada Tibete. A expansão geográfica é apenas um dos seus aspectos. O conflito produz efeitos a um nível humano muito mais profundo. É um conflito que praticamente destruiu uma forma de vida única e, no processo, segundo as estimativas tibetanas, ceifou perto de um milhão de vidas sem quaisquer remorsos. É um conflito que desmantelou impiedosamente um sistema de crenças de grande valor, baseado não numa fé inquestionável mas sim numa inteligência irrefutável. Embora seja verdade que muitos elementos do Tibete, antes de os chineses tomarem conta do país, desafiavam o pensamento racional, de uma maneira geral foi uma sociedade que tentou viver de acordo com um sistema que evoluiu racionalmente ao longo de muitos séculos. Trata-se igualmente de um conflito entre um povo que não pega em armas porque está convencido da perfeita futilidade da violência e um estado-nação que não tem quaisquer escrúpulos em expandir-se a todo o custo. Mais importante que isso, trata-se de um conflito entre um único indivíduo de extrema erudição, iluminação e integridade intelectual e uma nação que viola sistematicamente os valores humanos básicos.

Proponho-me apresentar um livro que permita ao leitor em geral compreender alguns aspectos deste grande conflito e chegar a uma conclusão que peque pela moralidade e pela bondade. Na tentativa de atingir esse objectivo, corre-se sempre o risco de produzir uma hagiografia que é precipitada no seu julgamento e ingénua na sua compreensão dos processos históricos cristalizados ao longo de muitos séculos passados. Não faço tenções de atribuir culpas no debate Tibete *versus* China. Pretendo apenas compreender, através da história de vida do Dalai Lama, porque é que os estados-nação consideram tão inaceitável a independência do pensamento individual.

O conflito já entrou numa fase em que a China trava uma luta de desgaste para dizimar o espírito dos tibetanos. O Dr. Orville Schell, um dos mais eminentes estudiosos da China e do Tibete, autor de catorze livros altamente conceituados, e reitor da Escola de Jornalismo de Berkeley, disse-me: «O problema com o sistema que a China tem actualmente é que é extremamente difícil agir de uma forma deliberada e radicalmente nova em relação ao que quer que seja. Todo o percurso de reforma tem sido uma minúscula experiência fragmentada que se tornou numa realidade de facto. Num certo sentido, o problema com o Tibete é mais simbólico do que real, um pouco como acontece com a Taiwan. Por isso, é mais difícil à China agir simbolicamente no sentido de realizar mudanças políticas importantes e mais fácil agir em termos de questões práticas fragmentadas. Não me parece que a actual liderança se sinta com capacidade para empreender uma tal mudança. Um dos grandes mistérios do sistema político da China é a sua grande resistência a mudanças de fundo, e a sua menor resistência a mudanças superficiais que, quando analisadas em conjunto, correspondem muitas vezes a algo importante, mas isso não é um problema do Tibete. Por isso, estão simplesmente à espera que o Dalai Lama morra. Contudo, o que não conseguem entender é que ele é a melhor esperança que têm para obter alguma forma de reconciliação e para manter o Tibete pacificamente dentro das fronteiras soberanas da China. Não se apercebem plenamente das consequências negativas do que estão a fazer a si próprios.»

«É possível que a China esteja à espera que eu morra, na esperança de que a causa perca a sua alma. Mas creio que o povo tibetano tem força suficiente para continuar a sua luta na minha ausência», disse-me o Dalai Lama numa das suas muitas entrevistas.

Já muito se disse sobre como o pacifismo inerente ao Budismo, uma filosofia que os tibetanos comuns consideram essencial para as suas vidas, revelou ser, na verdade, a sua maior desgraça. Uma raça outrora marcial e conhecida pelas suas conquistas perdeu pouco a pouco a sua primazia graças a séculos de condicionamento pacifista. E, seja como for, os números não são favoráveis aos tibetanos. Mesmo que cada tibetano se insurja em rebelião armada, as probabilidades de terem qualquer impacte na China são, na melhor das hipóteses, desoladoras. «Mil milhões de chineses, seis milhões de tibetanos — o que é que se pode fazer? Mesmo que os chineses dissessem para lhes cortarmos a garganta, quem faria isso? Os tibetanos cansar-se-ão e os chineses ainda lá continuarão», é como o irmão de oitenta e quatro anos do Dalai Lama, Thubten Jigme Norbu, coloca a questão com um certo grau de resignação.

Enquanto o Dalai Lama estiver ao leme dos assuntos tibetanos, não há qualquer probabilidade de o movimento tibetano se transformar numa luta armada. O que importa ao Tibete é manter-se firme nas suas convicções morais e espirituais, porque, sem isso, o conflito que enfrenta podia degenerar numa das centenas de sublevações armadas por todo o mundo.

Tentei contar uma história humana baseada em muitos episódios fascinantes e no misticismo cativante que envolve a instituição do Dalai Lama encarnada em Tenzin Gyatso. A pessoa do Dalai Lama combina três elementos iguais e, por vezes, concorrentes, de homem, monge e místico. A própria natureza da luta que ele teve de empreender desde a sua infância obrigou-o a deixar o homem ter primazia sobre os outros dois. O monge, nele é, certamente, uma realidade óbvia, mas geralmente permanece subestimada, em virtude das suas preocupações cada vez mais mundanas. Assisti a muitas ocasiões em que o monge que há nele reina soberano. Nos últimos anos foram muito poucas as vezes em que o místico, no Dalai Lama, veio à superfície. Quase nunca fala da mística do seu ser. Na verdade, tem tendência a pô-la completamente de parte. Testemunhei alguns ensinamentos especiais em McLeod Ganj, onde a sua mística estava em evidência. Foi-me permitido assistir a um ensinamento particularmente avançado para seis a oito pessoas. A determinada altura, o Dalai Lama pediu a uma das pessoas para escolher um determinado caminho para a salvação. Um símbolo que surgiu indicava ira. No preciso momento em que o Dalai Lama interpretava esse símbolo, um raio caiu algures muito perto da montanha onde o ritual estava a ser realizado. Não sei se mais alguém reparou nisso, mas eu fiquei estupefacto com o seu sentido de oportunidade, por muito casual que possa ter sido a coincidência com o ritual. Pode ter sido um acaso, mas o Dalai Lama parece ter o dom de se encontrar frequentemente envolvido nesse tipo de acontecimentos.

Vi muitos mestres espirituais na minha carreira, mas há muito poucos que alternem com tão pouco esforço as suas preocupações mortais comuns, os seus objectivos renunciatórios e a sua vocação mística como o Dalai Lama. Este livro analisa o Dalai Lama dos três pontos de vista distintos de homem, monge e místico, e coloca-o ao alcance dos leitores em geral. O livro não é, de modo algum, motivado por noções pré-concebidas sobre quem está certo e quem está errado no conflito que opõe o Tibete à China. Seria simplista, quase absurdo, projectar uma parte como o vilão e a outra como a vítima, sobretudo porque o próprio Dalai Lama se absteve resolutamente dessas caracterizações precipitadas. Na medida em que implica tomar uma posição sobre o assunto, escrevi este livro sob incitamentos definidos da minha consciência a favor do Tibete e dos tibetanos. Se peco, faço-o a favor da liberdade individual e contra a supremacia de Estado.

1
CATACLISMO CONTINENTAL

Há dezenas de milhões de anos que a Natureza cinzela e esculpe o Tibete como nenhum outro lugar do mundo. Tem tanto de austero como de impressionante. Ao longo dos últimos setenta e cinco milhões de anos, forças geológicas cataclísmicas empurraram milhões de quilómetros quadrados da crosta da Terra para norte, sobre o oceano. Em 50 milhões de anos, a deriva continental deslocou mais de 9600 quilómetros aquela que é actualmente conhecida por Placa Indiana. A fase final deste esmagamento tectónico teve início há cerca de 25 milhões de anos, quando a placa indiana começou literalmente a comprimir a placa eurasiática (laurasiática) e começou a dragar o Mar de Tethys com uma força cuja dimensão ainda não se compreende inteiramente. Este fenómeno poderoso acarretou uma história futura que definiu muitos estados-nação modernos da Ásia, as suas civilizações, as suas religiões, as suas culturas e os seus conflitos. O Tibete esteve no centro deste espectáculo tectónico desconcertante.

Da perspectiva de um ser humano comum, o horizonte temporal pode parecer enorme e o ritmo da deriva impossivelmente lento, mas em termos geológicos isso é normal, tendo em conta os blocos gigantescos da crosta da Terra envolvidos neste movimento. Uma perspectiva cinemática em movimento acelerado do grande esmagamento revelaria um dos acontecimentos mais impressionantes da história do planeta. Segundo os geólogos, o Tibete emergiu como uma planície quente e húmida de debaixo do mar, entre catorze e dezoito milhões de anos atrás, o período que se designa por final do Mioceno Médio. Há cerca de quinze milhões de anos, teve início a fase em que esta união tectónica elevou a superfície e a transformou na maior cadeia montanhosa da Terra. Com a formação dos Himalaias, que continua até hoje, começou a elevação do planalto tibetano, talvez o maior do mundo, que se estende por mais de 2500 quilómetros, de este para oeste, com uma altitude média de 3900 metros. A placa indiana continua a deslocar-se para norte à incrível velocidade de cinco centímetros por ano, que os geólogos descrevem com alguma leviandade como sendo o dobro da velocidade a que crescem as unhas humanas. Embora haja provas irrefutáveis que sugerem que o planalto tibetano começou a elevar-se antes dos Himalaias, foi durante os últimos quatro milhões de anos que adquiriu a sua lendária altitude.

Talvèz como nenhuma outra região do mundo, o Tibete vai buscar as suas características fundamentais à sua geografia e geologia; há quem diga que ainda mais do que à sua história. O Tibete, sem as suas montanhas escarpadas e imponentes e o seu vasto planalto, perde quase toda a sua mística, que perdura há vários séculos, desde a Idade Média aos tempos modernos. Se o Tibete fosse uma nação africana quente sem montanhas e monges como características predominantes da sua paisagem, é provável que não tivesse inspirado milhões de lendas e dado asas à imaginação do Ocidente. A geografia do Tibete não só está no centro da existência do seu povo como também determina o clima de uma região habitada por mais de dois milhões de pessoas. A região Himalaias-Tibete foi chamada «reservatório de água» da Ásia. Fornece água a mais de um terço da população mundial e é a nascente da maioria dos grandes rios da China e do subcontinente indiano. O Indo, o Ganges, o Sutlej e o Bramaputra — todos eles rios no coração da grande civilização Indiana —têm origem em Kang Rimpoche, no extremo noroeste do Alto Tibete, mais popularmente conhecido por Monte Kailash. Este é também, supostamente, a morada de Shiva, um dos deuses da grande trindade que os Hindus adoram, juntamente com Vishnu e Brahma. O este é formado pelos esplêndidos desfiladeiros dos rios Salween, Mekong, Yangtze e Amarelo. Estes oito grandes rios moldaram as duas grandes civilizações da China e da Índia.

Há pouco mais de um milhão de anos, ou até ao final do período plioceno, o clima do Tibete era tropical ou subtropical. Todavia, com a elevação da cordilheira dos Himalaias mais de 6000 metros no fim do Plioceno (aproximadamente cinco a seis milhões de anos atrás), o seu clima começou a mudar dramaticamente. As montanhas bloquearam o movimento dos ventos de monção que se levantavam sobre o oceano Índico. Consequentemente, o clima tibetano tornou-se uma zona alpina frígida em vez de subtropical, o que estaria mais de acordo com a sua latitude.

A reputação do Tibete como uma terra inexpugnável e isolada, o tecto do mundo, deve-se totalmente à sua geologia e geografia. No Sudoeste elevam-se as maiores montanhas do planeta — os Himalaias, o Karakoram e o Pamir. É delimitado a noroeste pelo deserto de Takla Makan, e a leste apresenta desfiladeiros paralelos formados pelos quatro rios. O Nordeste é a única área acessível de Kokonor. O solo permanentemente gelado cobre 2,15 milhões de quilómetros quadrados do planalto tibetano durante todo o ano. Os seus 2,5 milhões de quilómetros quadrados — 2500 quilómetros de este a oeste e 1200 quilómetros de norte a sul — constituem um quarto da China, o que confere ao país um enorme peso geopolítico. O principal atractivo do Tibete para o mundo exterior começou por ser visual e só depois veio o resto. As manifestações esmagadoras, porém majestosas, da natureza infundiram nos habitantes do Tibete, ao longo dos milénios, um grande respeito pelos elementos. As montanhas gozaram tradicionalmente do estatuto elevado de divindades. Os espíritos da natureza eram regularmente invocados. Todo um conjunto de sistemas de crença tibetanos pré-históricos, que precedeu a chegada do Budismo, foi dominado por aquilo que, para um principiante e para um leigo, parece ser completamente exótico. O sistema de crença dominante incluía o culto da natureza e dos animais, que integrava ritos e rituais que pareceriam bastante bizarros a alguém de fora. Para os próprios tibetanos, era apenas uma forma de sobreviver com humildade no meio da Natureza sobranceira. Estes extremos do clima e da geografia tibetanos são entendidos como algo de muito valor.

Nas minhas conversas com o Dalai Lama, havia referências frequentes ao facto de o clima do Tibete estar livre do «calor, mosquitos, cobras, insectos e poeira das planícies indianas». Este foi igualmente um tema recorrente em muitas entrevistas com refugiados tibetanos comuns, mesmo depois de terem passado décadas na Índia.

Tsetsen Dolkar, um refugiado que dirige uma pequena loja tibetana de curiosidades nas ruas estreitas de McLeod Ganj, resumiu o sentimento, dizendo: «Estou na Índia há quase trinta anos. Mas continuo a ter medo que uma ratazana possa aparecer de repente seguida por uma cobra. A minha casa, próximo de Lhasa, estava a tal altitude que essas criaturas não conseguiam sobreviver.»

História do Tibete

A história conhecida daquilo que actualmente é chamado Tibete remonta ao século VII, a época do primeiro rei-herói, Songtsen Gampo. O tempo anterior a esse está mergulhado em mitos antigos, incluindo aquele que diz que os tibetanos foram criados por um macaco e uma ogra da montanha. A dimensão de Gampo na história tibetana primitiva deve-se consideravelmente ao seu sucesso em ter traduzido as escrituras budistas para tibetano. Por essa razão, é-lhe atribuído o mérito de ter aberto as portas que permitiram ao Budismo entrar nesta terra aparentemente impenetrável, de montanhas imponentes e vales de tirar o fôlego.

Uma das rainhas de Gampo foi Bhrikuti Devi, uma princesa nepalesa que trouxe com ela muitas imagens budistas, incluindo uma de Sakyamuni — o sábio da casta Sakya —, ou seja, o Buda. Antes de o Budismo chegar ao Tibete, a religião dominante era Bon, um culto xamânico dos espíritos da natureza em que se praticava sacrifício humano e de animais, exorcismo, magia e feitiçaria. O Bonismo rapidamente se fundiu com o Budismo, mas muitas das suas práticas e crenças mantiveram-se em variados graus. De certa forma, o Budismo tornou-se numa face mais refinada da combinação das duas. A fusão ficou conhecida por Lamaísmo, da palavra *lama*, que significa «mestre» ou «professor». O Bonismo existe até hoje e é reconhecido pelo Dalai Lama, continuando a atrair um grande número de seguidores entre os tibetanos.

Foi o monge tibetano Tsong-khapa (1358-1419) quem levou a cabo a reforma iniciada em 1042 d.C. por Atisha Dipankara, um eminente professor da Índia. Tsong-khapa fundou a seita Gelugpa (Caminho Virtuoso), ou seita dos Chapéus Amarelos, no século XIV. A seita exigia o celibato entre os monges. Após 1587, o Grande Lama desta escola passou a ser chamado Dalai Lama. Interessante é o facto de o título de Dalai Lama ter sido conferido pela primeira vez pelo rei-guerreiro mongol Altan Khan, que proclamou o chefe da seita Gelugpa como Dalai Lama Vajradhara (o Lama que Tudo Abarca, Detentor do Raio). *Dalai* é uma palavra mongol que significa «vasto» ou «como um oceano.» *Lama* indica «sabedoria de um grande professor». Junto, o título significa «um professor cuja sabedoria é vasta como um oceano».

Por volta de 1641, o Dalai Lama já adquirira autoridade temporal e espiritual sobre todo o Tibete. Até ao Dalai Lama actual, que é o décimo quarto na linha da sucessão mística, os tibetanos consideravam o Quinto Dalai Lama, que reinou durante o século XVII, o seu maior líder. Isto porque, entre outras coisas, foi durante essa época que foi construído o extraordinariamente grande Palácio de Potala* para lhe servir de residência.

A revolução chinesa de 1911 pôs fim à dinastia Manchu Quing e levou à perda do controlo chinês sobre o Tibete. Em 1913, as autoridades chinesas renderam-se à pressão britânica para realizar um encontro tripartido (China, Tibete e Grã-Bretanha), em Simla, na Índia. Os britânicos redigiram um acordo que dividia o Tibete em regiões interiores e exteriores, estas últimas autónomas. A eclosão da Primeira Guerra Mundial, em 1914, afastou o Tibete do centro das atenções internacionais. Durante a década de 1930, quando a China ficou mais unificada, encetaram-se novos esforços para ganhar poder sobre o Tibete. Após quase duas décadas de incerteza e o surgimento da China comunista, o exército chinês capturou a fortaleza fronteiriça de Qamdo, a 600 quilómetros da capital tibetana de Lhasa. As forças tibetanas capitularam, tendo o actual Dalai Lama enviado uma missão de paz a Pequim.

A 31 de Maio de 1950, foi assinado um acordo concedendo autonomia nominal ao Tibete, mas que, para todos os fins práticos, colocava a área sob o controlo de Pequim. Isso, no entanto, não diminuiu as tensões entre

* O Palácio de Potala, baptizado com o nome de uma colina no extremo mais meridional da Índia em memória de Avlokiteswara, ou o Buda da compaixão, conhecido por Chenrezig pelos tibetanos, é muito mais alto que a Catedral de São Paulo, em Londres, ou a Colina do Capitólio, em Washington.

as guarnições chinesas e os membros da tribo Khamba do Tibete. Em Março de 1959, o Dalai Lama rejeitou o pedido chinês para usar o seu poder secular para refrear os membros da tribo. O Dalai Lama foi convocado a aparecer perante o comandante chinês em Lhasa. A convocação audaciosa de alguém que os tibetanos consideravam o Buda vivo inflamou a antipatia e o antagonismo em larga escala para com os chineses. A 31 de Março de 1959, o Dalai Lama fugiu para a Índia por Tezpur, a cidade fronteiriça do Nordeste, no estado de Assam, após uma penosa viagem a pé e a cavalo. O Dalai Lama e a sua comitiva receberam asilo político na Índia.

Cerca de 1200 anos depois da época do Buda, a sua filosofia foi introduzida no Tibete, mais por via de um matrimónio real que por qualquer movimento evangélico consciente. A conveniência política obrigou Songtsen Gampo a casar com duas mulheres estrangeiras, para além das três mulheres tibetanas que já tinha desposado. Uma delas foi Belsa, uma princesa nepalesa, e a outra Gyasa, uma princesa chinesa. Eram ambas budistas devotas e trouxeram com elas fortes influências budistas. Os historiadores crêem que foi sob a sua influência que o Tibete começou a substituir gradualmente a religião Bon animista indígena pelo Budismo. Ambas as mulheres tinham trazido com elas imagens do Buda que convenceram o seu rei a colocar cerimoniosamente nos templos. Enquanto a porta do templo de Belsa, conhecido por Jokhang, estava virada para oeste, para o Nepal, a do templo de Gyasa, conhecido por Ramoche, estava virada para leste, para a China. Embora o Budismo tenha sido introduzido com a bênção do soberano do país, não se disseminou muito durante, pelo menos, 150 anos. Centrada no culto dos espíritos, a religião Bon continuou a influenciar a paisagem religiosa do Tibete bem como a tomada de decisões políticas. Seriam necessários três sucessores para o Budismo começar a despertar a atenção popular após Gampo, no reinado do trigésimo sétimo Chogyal, Trisong Detsen. Detsen, passando por cima da oposição dos ministros pró-Bon, convidou Padmasambhava, ou o Nascido do Lótus, o mestre budista indiano mais eminente da época, para ir ao Tibete.

«Padmasambhava depressa percebeu que a forma mais eficaz de disseminar o Budismo seria interpretando os seus ensinamentos no contexto da mitologia dominante no Tibete, em vez de pôr totalmente de parte a religião Bon», explicou o Dalai Lama. O mestre budista indiano viajou por todo o Tibete e fundou o primeiro mosteiro do país, Samye, em 779 d.C. Iniciou sete monges noviços tibetanos. Estes monges são, ainda hoje, muito respeitados entre os tibetanos. Em 792, Detsen declarou o Budismo como religião oficial do Tibete.

No entanto, a História deu outra reviravolta contra o Budismo quando, quatro décadas após a morte de Detsen, um golpe perpetrado por ministros pró-Bon empossou o seu neto Lang Darma. No seu reinado assistiu-se ao ataque do Budismo e à invasão dos mosteiros. Embora não haja um registo exacto, crê-se, de um modo geral, que Darma iniciou a prática de usar o cabelo entrançado com fitas vermelhas. A lenda da época, que se mantém até aos dias de hoje, é que ele o fez para esconder os chifres, o que significava que era um mago. Reza também a lenda que tinha a língua preta. Há tibetanos que ainda hoje deitam a língua de fora e coçam as cabeças quando saúdam altos funcionários, querendo com esse gesto dizer que não têm nem línguas pretas nem chifres.

Durante quase quatro séculos, após a matança pública de Darma pelo monge budista Paljor Dorje com um arco e uma flecha, o Tibete permaneceu sob uma anarquia virtual. De 842, quando a dinastia Yarlung sucumbiu, até 1247, quando os senhores da guerra mongóis começaram a invadir o Tibete, o país não tinha praticamente qualquer estrutura governamental central. Isso tornava a área ainda mais vulnerável aos conflitos internos e à agressão externa. A influência mongol constitui uma parte crucial da história do Tibete, em especial desde meados do século XVI. Altan Khan, líder dos mongóis do Oriente, e o seu sobrinho-neto Secen Khungtaiji, deram a escolher aos tibetanos — se se submetessem, a sua religião seria aceite; caso contrário, seriam conquistados e destruídos. Os tibetanos escolheram a submissão, de modo a conservarem a sua religião.

Foi em 1570 que Altan Khan convidou Sonam Gyatso, a terceira encarnação da seita Gelugpa, ou Chapéus Amarelos, e abade do mosteiro de Drepung, para a sua capital Hohhot (Khoto Khotan). Durante este encontro, Sonam Gyatso reconheceu Altan Khan como uma encarnação de Kublai Khan. Este reconhecimento visava ajudar Altan Khan a provar a sua linhagem até ao grande guerreiro mongol Genghis Khan. Se Altan Khan era, de facto, um descendente de Genghis Khan por virtude de reencarnação, é uma questão discutível que nunca pôde ser respondida; mas o que o reconhecimento de Altan Khan conseguiu foi algo de grande valor para os tibetanos em geral e para o Dalai Lama em particular. Ajudou o monge tibetano a garantir a protecção política de Altan Khan. Mais importante ainda, em troca, Sonam Gyatso recebeu o título de Dalai, que era a tradução mongol de *Gyatso*. Assim nasceu a instituição do Dalai Lama. As duas encarnações anteriores, Gedun Truppa (1391-1475) e Gedun Gyatso (1475-1542), foram rebaptizadas retroactivamente como Dalai Lamas. Após a morte de Sonam Gyatso, descobriu-se que a sua encarnação era o bisneto de Altan Khan. Esta união dos governantes mongóis e da seita Gelugpa fortaleceu e expandiu a influência destes últimos por todo o Tibete. A aliança Mongóis-Dalai Lama era mutuamente vantajosa, dando poder a ambos os lados nos seus respectivos domínios.

Outro contributo mongol importante para a história tibetana ocorreu em 1642, quando Gushri Khan de Khoshot conferiu autoridade espiritual e secular ao Quinto Dalai Lama, considerado como o maior Dalai Lama, à excepção do actual, que é agora descrito como o maior de todos os tempos. Foi um desenvolvimento determinante na história tibetana porque, mais de 350 anos volvidos, a pessoa do Dalai Lama continua a combinar esta autoridade suprema — há quem diga que agora mais do que nunca, nos mais de seiscentos anos de história da instituição.

A escolha de encarnação de Gelugpa como um instrumento de autoridade espiritual e secular continuada representou uma ruptura com as práticas das outras seitas que dependiam principalmente da sucessão hierárquica. Os Gelugpa, na realidade, acabaram com a influência excessiva dos clãs tibetanos sobre a elite dominante, uma vez que a encarnação não respeitava afiliações de clã.

O período sob o domínio do Quinto Dalai Lama, Ngwang Lobsang Gyatso (1617-1682), representa o equivalente a um renascimento tibetano. Ao contrário de Phagspa ou do quinto Karmapa, chefes das seitas muitas vezes concorrentes, o Quinto Dalai Lama não teve qualquer prurido em converter muitos mosteiros das outras seitas à seita dos Chapéus Amarelos. Após quase oito séculos de anarquia, foi o Quinto Dalai Lama quem centralizou a autoridade em Lhasa.

Para os tibetanos comuns, o feito mais visível do Quinto Dalai Lama continua ainda hoje de pé no coração de Lhasa, actualmente governada pelos chineses. Foi ele quem iniciou a reconstrução do Dzong, do século VII, o forte-residência do rei Chogyal, que fora destruído pelos chineses. O regente do Quinto Dalai Lama começou a construir o grande Palácio de Potala. Embora a construção do palácio de 274 metros de comprimento, numa colina, tenha começado durante o reinado do «Grande Quinto», prosseguiu muito para além da sua vida. A influência do Dalai Lama sobre o Tibete era de tal forma que o regente, Sangye Gyatso, se viu obrigado a ocultar a morte do Quinto Dalai Lama durante doze anos enquanto o palácio era construído. Em 1694, quando o Potala foi concluído, o regente anunciou a morte do Quinto Dalai Lama. O objectivo por trás desta mentira era manter a impressão de que o Dalai Lama ainda estava vivo e, por conseguinte, de que a construção do palácio tinha a sua bênção.

Ao contrário dos quatro Dalai Lamas anteriores, o Quinto Dalai Lama presidiu a um Tibete extensa e razoavelmente unificado. O regente concluiu que não podia arriscar esperar que a nova encarnação fosse encontrada e atingisse a idade adulta antes de tomar as rédeas do poder. Inventou uma elaborada charada, de que o Quinto Dalai Lama se tinha retirado da vida pública e ido para um retiro secreto para prosseguir estudos budistas e meditação. Uma medida do estratagema incluía mesmo levar regularmente as refeições até aos seus aposentos e tocar os tambores como parte dos rituais. Tanto assim que, quando visitantes ou oficiais muito importantes solicitavam uma audiência com o Dalai Lama, o regente fazia um sósia passar por breves instantes por Sua Santidade.

«O Quinto Dalai Lama é considerado grande porque unificou o Tibete, que se tinha desagregado ao longo dos oito ou nove séculos anteriores. Foi ele quem criou uma estrutura de governação definida», afirmou o Décimo Quarto Dalai Lama.

Os sete Dalai Lamas que se seguiram ao quinto não foram de modo nenhum tão eficazes. Uma característica surpreendente das suas vidas foi que todos eles morreram novos, o mais novo com nove anos (Luntok Gyatso, o Décimo Dalai Lama, 1806-1815) e o mais velho com quarenta e nove (Kesang Gyatso, o Sétimo Dalai Lama, 1708-1757). Os historiadores tibetanos crêem que nenhum deles teve um impacto significativo. Na verdade, o Sexto Dalai Lama, Tsangyang Gyatso (1683-1706), dedicou-se aos prazeres sensuais e levou uma vida de vinho, mulheres e poesia. Apesar das suas indulgências, o Sexto Dalai Lama é ainda hoje uma figura extremamente popular na história tibetana. Os tibetanos julgam as suas fraquezas de forma diferente e argumentam que a sua decadência era deliberada, visando testar a sua fé e sinceridade.

«Parece que ele não estava talhado para uma vida monástica, e queria, ao invés, correr atrás dos prazeres mundanos. A vida de um monge budista, nomeadamente o Dalai Lama, é extremamente exigente, não obstante toda a devoção que o acompanha», disse o Décimo Quarto Dalai Lama sobre o Sexto Dalai Lama.

Quando Thubten Gyatso, o Décimo Terceiro Dalai Lama, nasceu em 1876, a sociedade do Tibete, fundada na tradição, já não tinha um líder espiritual forte há quase dois séculos. Embora todos os sete Dalai Lamas que sucederam ao «Grande Quinto» fossem venerados, não conseguiram manter o ímpeto gerado pelo Quinto Dalai Lama. O Décimo Terceiro Dalai Lama foi crucial, na medida em que chegou ao limiar do primeiro contacto do Tibete com a modernidade.

O Décimo Terceiro Dalai Lama começou por rever os assuntos com o zelo de um reformador. Séculos de supremacia sobre os assuntos da sua terra tinham dado origem a complacência e corrupção entre mosteiros e monges. As facções à volta dos Dalai Lamas anteriores tinham-se habituado tanto à sua autoridade total sobre o estado que adquiriram aquilo que os historiadores designaram por «arrogância profunda.» O Décimo Terceiro Dalai Lama foi rápido a reconhecer os problemas e a perceber como estes podiam corroer a credibilidade da instituição mais respeitada do seu género.

Entre muitas directivas, o Décimo Terceiro Dalai Lama desencorajou os monges de se envolverem demasiado nos assuntos seculares e aumentou o número de funcionários laicos. Reviu o sistema jurídico, aboliu a pena capital e reduziu a pena corporal. Libertou a educação dos seus limites elitistas, restrita aos clérigos, e tornou-a acessível à nobreza e aos camponeses comuns. Ao que consta, o Décimo Terceiro Dalai Lama tinha uma mente tão moderna quanto seria de esperar dentro dos limites da sua vida fundada na tradição.

O reinado de quase quatro décadas do Décimo Terceiro Dalai Lama foi simultaneamente tumultuoso e, na opinião de muita gente, pejado de intrigas palacianas. Apesar das grandes contrariedades que teve de enfrentar, considera-se que o Décimo Terceiro Dalai Lama foi bem-sucedido a libertar-se das tradições obscurantistas e a iniciar o povo tibetano numa maneira de pensar mais moderna.

«Creio que o Décimo Terceiro Dalai Lama fez muitas coisas ao longo da sua vida que melhoraram a qualidade de governação e de vida para o povo tibetano. Depois do Grande Quinto, foi provavelmente o mais eficaz», afirmou o actual Dalai Lama.

Etnicidade e língua tibetanas

Dois dos factores mais importantes que os tibetanos modernos referem para reforçar o seu argumento sobre carácter distintivo do seu povo em relação aos chineses são a sua etnicidade e a sua língua. Enquanto o trabalho dos estudiosos sobre os dois temas permanece, na melhor das hipóteses, rudimentar, há argumentos bastante razoáveis a seu favor. É praticamente impossível chegar a conclusões definitivas sobre as origens linguísticas ou étnicas, que estão sempre a evoluir, mas há indicadores importantes.

Warren W. Smith Jr., um estudioso altamente conceituado que realizou provavelmente o trabalho mais completo sobre o Tibete na sua obra doutoral embrionária *Nação Tibetana*, abstém-se de tirar quaisquer conclusões definitivas sobre as origens étnicas dos tibetanos ou sobre a origem da sua língua. «Nunca se pode realmente fazer afirmações sobre as origens linguísticas ou étnicas com qualquer grau de certeza. Passei um ano inteiro a pesquisar esse assunto. O que encontrei não me convence inteiramente de uma maneira ou de outra. Só posso indicar a direcção geral», confidenciou-me ele numa breve conversa que tivemos.

De acordo com a interpretação de Smith, os mongóis primitivos, que são considerados como uma das «raças primárias», são distintos dos chineses modernos, que são mongóis secundários ou diferenciados. Segundo algumas teorias, os «Americanóides» ou mongóis primários continuaram a existir em algumas regiões isoladas da Sibéria e provavelmente até do Tibete, enquanto os chineses se desenvolviam por meio de mistura e adaptações ambientais «de maneira divergente dos mongóis primários». O argumento parece ser o facto de ter existido uma cultura neolítica comum no Norte da China, na Ásia interior e na Mongólia que acabou por mudar em resposta a várias condições ecológicas.

Os estudiosos da arqueologia da China antiga sustentaram que a cultura Yang-shao tardia da China chegou até oeste, até ao Vale Tao da Província de Kansu e deu origem à subdivisão conhecida por cultura Kansu (3000--1850 a.C.). Segundo o historiador Kwangchih Chang, a cultura Kansu pode ter sido influenciada pelo Noroeste. Os povos de Kansu, conhecidos por cultura Chiachia (aproximadamente 2150-1780 a.C.), eram provavelmente de uma linhagem étnica diferente e provavelmente de uma tradição cultural distinta.

Há toda a probabilidade de os tibetanos modernos descenderem do povo Chi'ang, que os chineses primitivos conheciam já na dinastia Shang (1700-1050 a.C.). O nome *Chi'ang*, segundo os estudiosos, é formado por caracteres que significam «carneiro» e «homem», e que juntos significam «pastores». As dinastias Chi'ang e Shang estavam constantemente em guerra. É muito possível que os Chi'ang fossem os tibetanos primitivos.

O autor e estudioso Owen Lattimore afirmou: «O termo *Chi'ang* ou *Chiang*, escrito de uma forma que indica o significado "pastor", é uma designação genérica antiga para tribos não-chinesas da fronteira tibetana de Kansu. Parece provável que, dos bárbaros primitivos desta região, que ainda não eram verdadeiros nómadas a cavalo e que provavelmente tinham uma economia mista de criação de rebanhos, caça, agricultura e recolha de plantas selvagens, alguns tenham sido incorporados e "convertidos" em chineses e outros tenham sido empurrados para norte e noroeste até à fronteira tibetana de Kansu. O termo geral *Chi'ang* era aplicado àqueles que se retiravam para as terras altas do Tibete, onde alguns deles mantiveram, pelo menos, uma prática parcial de agricultura nos vales fronteiriços, enquanto outros se dedicaram a um nomadismo pastoril comparável ao da estepe.»

No que se refere à questão da característica distintiva da língua tibetana, o debate parece igualmente inconclusivo. Enquanto alguns estudiosos dizem que há algumas semelhanças no vocabulário básico dos chineses e tibetanos, outros, como Christopher Beckwith, afirmam que as tentativas para incluir o tibetano dentro de uma «família sino-tibetana» de línguas se devem sobretudo a «considerações político-raciais contemporâneas».

O Dalai Lama e muitos outros a par dele tratam o tibetano como uma língua distintamente diferente. «Não sou um grande estudioso de línguas, mas, na minha opinião, o tibetano e o chinês são totalmente diferentes. E não estou a dizer isto porque convém à nossa campanha. É independente disso.»

A lenda tibetana que diz que o povo tibetano descendia da união de um macaco e uma ogra fornece uma ligação interessante entre língua e mitologia. A palavra *mi* ou *mu* significa quer «homem» quer «macaco» para os povos Chi'ang e tibetano. É claro que o Dalai Lama não partilha da ideia de que os tibetanos descendam de um macaco e de uma ogra. Refere-o meramente como uma das muitas lendas. «O que é importante não é como os tibetanos nasceram mas o facto de terem sido sempre distintamente diferentes dos chineses.»

Fora do reino do saber etnográfico e linguístico, é possível citar uma série de exemplos para apoiar qualquer um dos lados da discussão sobre se o Tibete esteve sempre sob a suserania chinesa ou se existiu como entidade independente. Entre os argumentos mais convincentes, há um que remonta ao século XVII, durante o reinado do Quinto Dalai Lama. O imperador Shun Chih da dinastia Manchu, que governou a China entre 1644 e 1662, seguiu o plano do seu pai para convidar o Quinto Dalai Lama a visitar a corte Manchu. Essas visitas estão cheias de dificuldades protocolares mesmo durante os períodos mais favoráveis. No contexto das relações difíceis entre o Tibete e a China, adquirem *nuances* ainda mais complicadas. O Quinto Dalai Lama foi convidado, em 1648, para a corte Manchu em Pequim. Ao que tudo indica, tal convite tinha igual importância política quer para o império Manchu quer para o Dalai Lama. O império Manchu tinha em mente a influência óbvia da seita tibetana dos Gelugpa junto dos poderosos mongóis, enquanto o interesse do Dalai Lama era motivado pelo desejo tibetano de restaurar as relações Cho-Yon que o Tibete tinha gozado junto dos governantes mongóis desde Kublai Khan. *Cho* significava «religião» e *yon* significava «o patrono secular». Ambos os lados eram motivados por um objectivo utilitário, mas nenhum deles estava disposto a admitir isso.

No mundo da diplomacia medieval, em que cada acção tomada por cada interveniente seria observada, analisada e interpretada por especialistas políticos e historiadores, o Dalai Lama reconheceu que o seu aparecimento na corte seria considerado como o acto de um suplicante ou poder inferior. Pouco depois de ter iniciado a sua viagem, em 1652, enviou uma mensagem ao imperador Manchu dizendo que talvez fosse melhor os dois encontrarem-se em Khoto Khotan ou no Lago Taika. A ideia por trás da escolha de um lugar no exterior da Grande Muralha foi muito bem pensada pelo Dalai Lama. A região no exterior da Grande Muralha fora sempre considerada pelos chineses como uma extensão habitada por «bárbaros» que precisavam de ser civilizados. O Dalai Lama sabia que, caso o imperador saísse da sua capital para se encontrar com o líder tibetano fora da Grande Muralha, o acontecimento teria grande valor simbólico para o seu estatuto como rei do Tibete. A mensagem do Dalai Lama dividiu os ministros Manchu e chineses. Enquanto os primeiros não viam mal nenhum em que o imperador fosse ao encontro do Dalai Lama, os últimos opunham-se a isso, dizendo que tal concessão podia fazer parecer, ainda que simbolicamente, que o Dalai Lama era igual ao imperador. Por outro lado, se o Dalai Lama aparecesse na corte Manchu em Pequim, isso significaria que se estava a submeter à supremacia do imperador ao convocar governantes menores. Por trás desta delicada questão protocolar, havia também a consciência de que qualquer encontro entre o governante Manchu e o Dalai Lama fora da Grande Muralha iria dar uma sensação de equidade entre duas potências do interior da Ásia.

Ignorando os conselhos dos seus ministros chineses, o imperador Manchu transmitiu as suas intenções de se encontrar com o Dalai Lama no Lago Taika. Esta deslocação foi boicotada pelos Grandes Secretários chineses, que apresentaram cálculos astronómicos desfavoráveis à viagem do imperador nesse momento. Em vez disso, recomendaram que o imperador enviasse um alto funcionário para receber o Dalai Lama. Dessa maneira, afirmavam eles, seria concedido ao Dalai Lama o respeito que lhe era devido. O imperador acabou por ceder e enviou príncipes Manchu para receber o Dalai Lama, com as adequadas desculpas por não ter viajado pessoalmente por medo dos bandidos e pela sua preocupação com os assuntos de Estado. Curiosamente, o Dalai Lama não interpretou esta atitude como uma desconsideração para com a sua pessoa, tendo, ao invés, concluído que a dignidade dos seus interlocutores era, na verdade, reconhecimento de que ele era o rei legítimo do Tibete.

O Dalai Lama chegou à corte Manchu em Pequim a 15 de Janeiro de 1653, onde o imperador deu quase trinta passos desde o seu trono para o receber. O facto de o imperador ter condescendido a dar efectivamente trinta passos era, do seu ponto de vista, uma grande concessão, mas não algo que tivesse tanta importância que a história registasse o seu gesto como significando formalmente que estava a tratar o Dalai Lama como seu igual. Percorrer a distância de trinta passos não era habitual para o imperador, mas a atitude foi cuidadosamente coreografada em prol de um interesse maior, o de usar a influência do visitante junto dos mongóis. O Dalai Lama foi igualmente dispensado da vénia que todos os «bárbaros» eram obrigados a fazer perante o imperador. A vénia incluia três genuflexões e nove acenos com a cabeça. Noutro gesto de concessão, o imperador concordou em tomar o seu chá com o Dalai Lama. No entanto, a generosidade real não foi ao ponto de permitir que o trono do Dalai Lama estivesse ao mesmo nível que o do imperador.

O encontro entre o imperador e o Dalai Lama é um exemplo clássico dos extremos muitas vezes ridículos a que os governantes em Pequim chegavam para garantir que os tibetanos não cometiam o erro de se considerar como seus iguais, fosse de que maneira fosse. O que é mais importante, sublinha a interpretação oposta da história no contexto sino-tibetano. Enquanto os historiadores pró-China defendem que o encontro foi um dos muitos exemplos de como o Tibete e os seus governantes, nomeadamente os Dalai Lamas, nunca foram tratados como verdadeiros soberanos, os estudiosos mais imparciais dizem que nesse mesmo argumento está implícita a prova do quanto a China se esforçou por negar o óbvio.

A maioria dos conflitos na história da Humanidade surgiu, normalmente, por causa da língua, cultura, etnicidade, religião ou território. A questão do Tibete é emblemática. Os tibetanos declararam de forma constante a sua característica distintiva dos chineses, independentemente do facto de haver quaisquer indícios empíricos que o provem (e há uma quantidade razoável deles). Toda a base da luta tibetana seria destruída se atenuassem essa convicção fosse em que medida fosse.

A chegada do Budismo ao Tibete, no século VII, foi, em muitos aspectos, o desenvolvimento mais determinante da sua história nos últimos séculos. É a grande convergência entre o Budismo e a religião Bon que acentua as encantadoras tradições místicas e culturais do Tibete. Esta união de duas tradições, uma desconcertante e sedutora, pelo seu cariz mágico, e a outra forte, convincente, contemplativa e intelectualmente profunda, continua a ser a base da forma como o Tibete é visto nos tempos modernos.

Na medida em que o Budismo tibetano foi buscar alguns elementos à sua antecessora Bon e também trouxe consigo algumas das suas próprias práticas tântricas, constitui uma mescla misteriosa que atraiu a atenção do Ocidente.

Dessa convergência deriva a instituição do Dalai Lama, que provavelmente não tem rival no que se refere à sua pura combinação do metafísico e do físico, do mundano e do transcendental, do intelectual e do intuitivo, do compreensível e do esotérico.

A verdadeira história do Tibete começa em 1391, com o nascimento de Gedun Truppa, a quem o título de Dalai Lama foi concedido muito depois da sua morte. A estória inclui lendas, crenças, mitologias e história, que parecem estar ligadas de forma tão intrínseca que muitas vezes é difícil distinguir uma da outra. É quase como se qualquer tentativa para distinguir uma da outra comportasse o risco de desenredar tudo.

É importante compreender o que aconteceu séculos antes do nascimento de Gedun Truppa, centenas de quilómetros a sul do Tibete, nos sopés dos Himalaias. Pois foi aí que brotou a nascente de tudo o que a instituição do Dalai Lama é actualmente. Foi aí, no século VI a.C., que um príncipe renunciou ao seu reino lendário e se dedicou à vida dura de um asceta errante e inquiridor, levantando questões profundas e oferecendo respostas enganadoramente simples. Foi aí que, da busca de toda uma vida de um homem, nasceu uma filosofia cuja dimensão total continua a ser estudada passados 2500 anos. Foi aí que nasceu o Budismo.

2

O BUDISMO CHEGA AO TIBETE

O Budismo surgiu como uma espécie de revolta espiritual contra a ordem bramânica arraigada na Índia por parte daqueles que foram deixados de fora da elite instruída. No entanto, a sua divulgação na Índia não foi dramática. Os estudiosos indianos dizem que, em certa medida, a razão para o crescimento lento do Budismo no país se prendeu com a inexistência de rituais elaborados e coloridos que atraíssem pessoas às centenas de milhar. O Budismo, pelo contrário, dava ênfase aos aspectos mais cerebrais da vida. Era mais uma reflexão ou indagação filosófica sobre questões que confrontavam a vida humana. Um grande número de indianos permaneceu fiel ao Hinduísmo, apesar da ascensão do Budismo. Tal pode ser explicado simplesmente pelo facto de o Hinduísmo oferecer uma distracção elaborada da luta da vida quotidiana.

Embora os estudiosos budistas tenham começado a viajar para a China logo em 65 d.C., segundo algumas fontes, só no século IV é que o Budismo começou a fazer sentir a sua presença nas margens da sociedade chinesa ainda dominada pela religião Bon pré-budista, que era essencialmente uma religião animista que se concentrava no culto dos espíritos e da natureza.

De acordo com John C. Powers, da Faculdade de Estudos Asiáticos da Universidade Nacional Australiana, em 148 d.C. um monge chamado An Shih-kao, do reino de Kusha, da Ásia Central, começou a traduzir textos budistas indianos para chinês, em Lo-yang, que mais tarde se tornou na capital da dinastia Han. Juntamente com outros, traduziu cerca de trinta textos budistas ao longo das três décadas seguintes. Dada a forte cultura indígena e o escárnio com que os chineses encaravam as culturas estrangeiras, os monges certificaram-se de que as suas traduções eram adaptadas às sensibilidades locais. O seu trabalho pode ser considerado uma interpretação chinesa livre dos textos sânscritos.

Segundo Powers, durante o reinado do rei tibetano Trisong Detsen (740-798), o estudioso indiano Shantarakshita viajou para o Tibete. Ressentimentos locais forçaram-no a partir, mas antes de se ir embora incitou o rei a convidar o grande Padmasambhava.

Os registos tibetanos mostram que Padmasambhava explicou o insucesso de Shantarakshita dizendo que este tinha encontrado demónios. O mestre indiano propôs-se vencer os demónios e, durante o processo, impressionou o rei. De certa forma, esta foi uma reorientação subtil das bases essencialmente cerebrais do Budismo, de modo a torná-lo mais receptivo às sensibilidades tibetanas.

O Budismo teve início há cerca de 2500 anos como a demanda de um homem para confrontar as contrariedades e dilemas da vida. Esse homem foi Siddhartha, que nasceu em berço de ouro, o legítimo herdeiro de um reino antigo dos Sakyas, onde é actualmente o Nepal. O seu pai, o rei Suddhodhana, e a sua mãe, a rainha Maya, educaram-no ao abrigo dos desafios sufocantes de uma vida comum. Durante a maior parte da sua meninice, Siddhartha cresceu a pensar que a vida não tinha adversidades, nem desafios nem sofrimento. Podia muito bem ter crescido para ser um sucessor digno do seu pai e ter vivido feliz para sempre. Mas não era isso que estava escrito.

A sua vida foi repentinamente destituída dos seus pertences reais quando um dia foi exposto a todas as privações humanas, incluindo a pobreza, a doença, a velhice e a morte. Durante um raro contacto com a vida comum no exterior do seu palácio, viu um funeral, bem como pessoas idosas e doentes na rua. Isso causou-lhe um impacte duradouro. Já com vinte e nove anos, casado e pai de um único filho, Rahula, Siddhartha decidiu renunciar aos prazeres mundanos e partiu em busca de respostas para as questões inquietantes da vida. Vagueou ao longo do sagrado rio Ganges mantendo diálogo espiritual com homens sábios. Os Brâmanes, então conhecidos como Bharat, dominavam a Índia; era uma classe de pessoas que monopolizava o conhecimento das escrituras e definia o código de uma vida moral. O jovem príncipe, que se tornou menestrel, passou seis anos numa busca rigorosa de respostas. A determinada altura, durante esses seis anos, quando nem os Brâmanes conseguiram oferecer a Siddhartha as respostas que este procurava, começou a desenhar o mapa do seu próprio percurso filosófico.

A sua viagem levou-o ao rio Neranjara, próximo do que é hoje Gaya, no estado de Bihar, no Norte da Índia. Reza a lenda que, um dia ao entardecer, enquanto estava sentado por baixo de uma árvore (actualmente venerada como a árvore Bodhi ou a Árvore da Sabedoria) na margem do rio, Siddhartha alcançou a iluminação aos trinta e cinco anos de idade. Foi então que Siddhartha, o príncipe que podia ter sido rei, se tornou Buda, o *Iluminado*.

Fez o seu primeiro sermão em Isipatana (actualmente conhecida por Sarnath, próximo de Varanasi, no estado de Uttar Pradeshno, no Norte da Índia, a cinco ascetas, num santuário de veados. Durante os quarenta e cinco anos que se seguiram, o Buda ensinou pessoas de todas as origens — comerciantes, pedintes, reis, monges, estudiosos e pessoas vulgares em busca da verdade. Durante essas quatro décadas e meia da sua vida, fundou uma filosofia que transcende a religião tradicional e contém um modo intelectualmente racional e convincente de compreender a vida. Se há um pensamento que realmente resume o que o Buda ensinou, ele é: «Somos o nosso próprio refúgio, quem mais poderia sê-lo?» Neste pensamento está implícito que os seres humanos são os seus próprios mestres e não há nenhuma entidade ou ser elevado que controle as questões humanas. Na sua forma mais pura, o Budismo atribui ao indivíduo uma posição de total responsabilidade e, por conseguinte, cria total liberdade individual. Nos seus oitenta anos de vida, o Buda nunca se apropriou do papel de salvador, como fizeram os fundadores de outras grandes fés ou filosofias. Na verdade, a própria palavra *Buddha* na lingua sânscrita possui uma conotação inteiramente intelectual. Significa aquele que encontrou respostas para as questões, dilemas e situações da vida. O Buda é alguém que sofreu um despertar cerebral puro. O Buda afirmou, ao longo de toda a vida, que este despertar cerebral não está reservado apenas aos poucos escolhidos, podendo ser alcançado por qualquer pessoa que o deseje.

Os estudiosos budistas sustentaram que, embora o Buda pudesse ter tido consciência de que havia um conjunto de leis que regiam tudo na vida, e que os humanos comuns descreviam como Deus a entidade que consideravam personificar essas leis, o Buda reconheceu que, para os humanos viverem uma vida normal, sensata e, de um modo geral, calma, a intervenção divina era irrelevante. Foi para eliminar a dependência das pessoas de uma entidade elevada chamada Deus, que o Buda desenvolveu um conjunto de quatro verdades simples. Estas quatro verdades constituíram o primeiro sermão que fez aos cinco ascetas.

Antes de nos debruçarmos sobre as Quatro Nobres Verdades de Buda, é importante entender que o Buda encorajou as pessoas a duvidar. Acreditava que a dúvida era um grande obstáculo no caminho do Nirvana (a verdade ou realidade suprema), mas também a considerava como o primeiro passo importante para a aprendizagem. A menos que se desse esse passo e se vencesse esse obstáculo, não era possível atingir o Nirvana. De acordo com a sua visão, o Buda nunca formulou quaisquer artigos de fé. A dúvida e a ignorância não eram condenadas como pecados, sendo antes consideradas imperfeições que podiam ser eliminadas através do conhecimento e da compreensão.

Ao desenvolver o conceito das Quatro Nobres Verdades, o Buda estava claramente a recorrer às suas experiências, a começar pelo seu primeiro contacto com as realidades da vida depois de ter saído da existência isolada do seu palácio.

O Buda identificou as Quatro Nobres Verdades como Dukkha, Samudaya, Nirodha e Magga. Muitos estudantes do Budismo cometem o erro de traduzir *Dukkha* de forma bastante livre por «sofrimento». Depois precipitam-se, de forma totalmente irracional, a concluir que o Budismo é, no seu íntimo, pessimista. Nada podia estar mais longe da verdade. O Budismo não é nem pessimista nem optimista; é simplesmente realista. Um termo sânscrito descreve o Budismo como *yatha bhutam*, ou o «tal qual». Há um pragmatismo no Budismo que pode ser perturbador para aqueles que o seguem com base numa expectativa infundada de que poderá oferecer algo exótico e «oh, tão oriental». Fui testemunha deste desapego durante uma das audiências públicas do Dalai Lama numa manhã enevoada de Novembro, quando as brumas tinham começado a envolver os pinheiros à volta do seu bangaló. Uma das pessoas que se encontrava numa longa fila à espera para ser abençoada pelo Dalai Lama era um homem tibetano em cadeira de rodas. Quando o Dalai Lama surgiu com uma ponta da sua túnica caída sobre o antebraço direito, os tibetanos na fila caíram no chão como se tivessem sido atingidos por alguma força misteriosa. O homem tibetano na cadeira de rodas parecia ser uma figura familiar para os guardas do Dalai Lama. O Dalai Lama riu-se e disse ao homem: «Já não o via há algum tempo. Disseram-me que não está bem.»

O homem começou a chorar e, entre soluços, conseguiu dizer em tibetano: «Posso morrer em breve. Não estou nada bem.»

O Dalai Lama ficou sério e deu ao ancião uma garrafa de remédio tibetano. «Experimente este. Pode ser que funcione. Se assim não for, sabemos que todos temos de morrer. Faça-o em paz.»

Fiquei impressionado com a aceitação pragmática da morte como apenas mais um desenvolvimento na vida. Consegui fazer uma pergunta rápida, para grande aflição dos guardas do Dalai Lama. «A morte não parece preocupá-lo muito», arrisquei eu.

«Algo que acontece a todos os seres sencientes não devia ser considerado extraordinário. Além disso, esse conhecimento devia libertar-nos em vez de nos assustar», disse ele. Um casal de americanos por trás do ancião desatou a aplaudir espontaneamente a resposta concisa do Dalai Lama.

Embora o termo *Dukkha* geralmente indique dor, sofrimento, angústia ou mágoa — e o Buda quis dizer tudo isso —, também se aplica a conceitos mais profundos. Impermanência, insubstancialidade e vazio estão todos incorporados no termo *Dukkha*.

Samudaya, a segunda nobre verdade, resulta da primeira. No seu íntimo significa «sede, desejo, ganância ou ânsia que leva ao Dukkha». A sede, o desejo, a ganância, ou a ânsia podiam ser de prazeres relacionados com sentidos, riqueza, ideias, ideologia, dogmas, pontos de vista, opiniões e crenças. O Buda concluiu que todos os conflitos do mundo são essencialmente fruto de desejo ou sede egoístas. Além disso, defendia que esses desejos egoístas levavam à re-existência ou re-devir, a teoria do *karma* e, consequentemente, ao renascimento.

A terceira verdade, Nirodha, está relacionada com a libertação deste ciclo de renascimento, ou a cessação do Dukkha, e com o alcançar do Nirvana. O Nirvana é, na realidade, a eliminação do desejo ou sede, que, por sua vez, nos impede de renascer. Esta é, reconhecidamente, talvez a explicação mais curta e mais inadequada de um conceito que os estudiosos podem passar anos a tentar compreender. No entanto, numa introdução ao Budismo e às suas verdades, o Nirvana devia ser explicado como libertação do ciclo de renascimento causado por um desejo ou sede incessantes.

A quarta nobre verdade é Magga, ou o caminho para a cessação do Dukkha. É o caminho do meio e o caminho que o Buda escolheu. Este caminho evita ambos os extremos — por um lado, o caminho dos prazeres sensuais decadentes e, por outro, o caminho do ascetismo que exige autopenitência. O Buda passou mais de quatro décadas a ensinar sobre o caminho do meio.

À primeira vista, estas parecem ser verdades simples ou mesmo simplistas. Contudo, à medida que vão sendo esclarecidas através da interpretação de Buda, adquirem uma dimensão verdadeiramente profunda.

A versão do Budismo que chegou ao Tibete foi o Budismo Mahayana. *Maha* significa «grandioso» ou «grande» em sânscrito e *yana* significa «veículo» ou «sistema». O Budismo Mahayana é uma versão da filosofia que é menos doutrinária e mais aberta, ao contrário do Budismo Hinayana rival, ou «pequeno veículo». Em retrospectiva, o Budismo Hinayana não podia ter prosperado no Tibete, devido à longa tradição de animismo e xamanismo desse país, ambos incorporados no Budismo tibetano. A propósito, o Budismo tibetano também tem uma forte dose de Tantra, que era um conjunto de práticas misteriosas que ofereciam um caminho mais rápido para o Nirvana.

Padmasambhava, que fundou um mosteiro próximo de Lhasa por volta de 750 d.C., conservou muitos elementos do Tantra, mesmo enquanto tratava de adaptar o Budismo às condições locais. Quando o Budismo criou raízes no Tibete, instituiu abades e ordenou mendicantes, noviços e neófitos (crianças à experiência) religiosos. Criou também a seita dos Chapéus Vermelhos do Budismo tibetano, que foi rápida a consolidar a sua posição. Embora à superfície parecesse que o Budismo tinha conseguido transplantar-se firmemente para a paisagem religiosa do Tibete, os problemas espreitavam sob a superfície. Os xamanes Bon, sentindo-se depostos da sua posição de supremacia, começaram a reconquistar o terreno perdido. Foram tão agressivos na sua campanha que conseguiram afastar o Budismo do discurso nacional durante mais de um século. Só voltou a emergir em 1042, quando o grande mestre budista indiano e reformador, Atisha Dipankara (982-1054), visitou o Tibete. Passou os restantes doze anos da sua vida a ressuscitar o Budismo em toda a sua glória doutrinal, procurou eliminar as influências de Bon e trouxe o Budismo de volta à cena como a religião de eleição.

O Budismo tibetano estava dividido em quatro seitas: a seita vermelha, a seita amarela, a seita branca e a seita de várias cores. Alguns tibetanos incluem a seita preta como sendo a quinta, chefiada pelo Karmapa. Quer a seita vermelha quer a branca passam tempo considerável a estudar os Tantras, em vez de os aspectos mais espirituais do Budismo. A seita dos Chapéus Amarelos, a que o Dalai Lama pertence, foi fundada por Lopsang Drakpa, mais conhecido por Tsong-khapa, no século XIV. A seita dos Chapéus Amarelos é a corrente principal do Budismo Tântrico tibetano, que dá ênfase à disciplina e à aprendizagem. Os lamas desta seita deverão passar vinte anos em estudo académico antes de estudar os Tantras.

O Karmapa é considerado por muitos tibetanos como sendo o primeiro lama encarnado. O debate sobre quem detém a supremacia indiscutível sobre as questões religiosas e políticas do Tibete depara frequentemente com problemas devido às complexas definições hierárquicas entre as várias seitas. A crença mais amplamente aceite é a de que o Dalai Lama está, teoricamente, à frente da vida tibetana, embora na prática os chefes das várias seitas conduzam os seus próprios assuntos sem ter de obter a bênção do Dalai Lama. A maioria dos tibetanos acredita que o Dalai Lama reconhece o Karmapa e mesmo o Panchen Lama, mas o governo chinês discorda. Aqueles que discordam dizem que, historicamente, a autoridade do Dalai Lama nunca foi além da escola Gelugpa.

Os chineses afirmam que, mesmo em termos de cronologia histórica, o primeiro Karmapa, Dusum Khyenpo, viveu no século XII, mais de trezentos anos antes da escola Gelugpa ter sido fundada e antes de o Primeiro Dalai Lama ter sido reconhecido. Muitos estudiosos dizem que a linhagem Gyalwa Karmapa tem a diferença de se ter manifestado como a primeira aparição de lamas reencarnados no Budismo tibetano. Os que apoiam este argumento salientam igualmente que cinco Karmapas reencarnaram antes da aparição do Primeiro Dalai Lama, pelo que não podia ter sido o Dalai Lama a decidir sobre questões relacionadas com a encarnação ou sucessão Karmapa. No entanto, os apoiantes do Dalai Lama defendem que desde 1638 o Dalai Lama está à frente da vida tibetana e que, por isso, continua a ser a influência predominante. O governo tibetano no exílio sustenta que tem poderes para reconhecer as reencarnações de todas as quatro escolas.

Foi em resposta a rivalidades mutuamente destrutivas entre várias seitas religiosas que Tsong-khapa advogou um regresso à tradicional forma de vida budista. A reforma exigia também que a bruxaria, a feitiçaria e a magia fossem evitadas e que o celibato, a abstinência e o vegetarianismo fossem estabelecidos como condições para uma vida monástica disciplinada.

Historicamente, começando nos primórdios do século XIII, os poderes espiritual e temporal estão fundidos no Tibete. Segundo as crónicas tibetanas, em 1239 o general mongol, Godan, enviou tropas para lançar um ataque ao Tibete. As tropas mongóis conseguiram chegar até Lhasa. Abalada pela agressão, a liderança tibetana decidiu nomear Sa-pan, o abade do mosteiro de Sa-skya, como seu interlocutor para negociar com os mongóis.

Sa-pan e Godan encontraram-se no acampamento deste último em 1247. O que criou a primeira impressão favorável foi o facto de o abade ter curado Godan das suas maleitas. Mas mais importante, segundo fontes tibetanas, o que também desempenhou um papel na aproximação do guerreiro mongol, ao Budismo foram os rituais elaborados que o abade realizou. Aparentemente, o medo do desconhecido e do misterioso mudaram a natureza do discurso entre os dois. Os dois chegaram a um acordo segundo o qual, se o Tibete se submetesse à autoridade mongol, Sa-pan era nomeado funcionário mongol, na categoria de vice-regente. Kenneth Chen, no seu livro *Philosophy East and West*, escreveu: «O general mongol percebeu indubitavelmente que, embora pudesse subjugar os tibetanos pela força, não podia esperar ocupar o país pela força fosse por que período de tempo fosse, pois sabia que não podia fazer frente à magia e feitiçaria dos sacerdotes tibetanos — seria muito mais seguro exercer o seu domínio através de um tibetano.»

O acordo entre Godan e Sa-pan foi, segundo Chen, o início «da união dos poderes espiritual e temporal nas mãos do abade de Sa-skya, organizado por um poder exterior, os mongóis». No entanto, o abade de Sa-skya não conseguiu impor a sua autoridade sobre os outros mosteiros, causando uma indignação generalizada entre outras seitas.

A ascenção da seita dos Chapéus Amarelos aconteceu através de um movimento de reforma que procurava dar resposta a alguma da venalidade que caracterizava o regime antigo. A seita amarela não só combinava as características do Bonismo como também se arvorava em descendente directo da filosofia de Atisha Dipankara. Para os tibetanos, uma das principais atracções do Budismo em geral, e da seita dos Chapéus Amarelos em particular, era a crença na reencarnação. Embora a crença budista na reencarnação fosse motivada sobretudo pela lógica do ciclo cármico, para os tibetanos era a promessa de algo mais mágico, acostumados como estavam à religião Bon.

Desde a proclamação dos Dalai Lamas, em 1587, que a reencarnação do Dalai Lama está no centro da vida tibetana. Pela simples razão de ter nascido numa era em que as tecnologias de comunicação já se tinham notabilizado no mundo, o nascimento do Décimo Quarto Dalai Lama foi o mais bem documentado de entre todos os Dalai Lamas até agora. O seu nascimento, no obscuro Nordeste tibetano, e a sua subsequente ascensão à notoriedade mundial têm sido amplamente relatados.

3

CACAREJAR COMO UMA GALINHA E ACABAR COM RIXAS

Nuvens densas e escuras rodopiavam à volta do Monte Kyeri, que se elevava sobre um grande vale, antes de o amanhecer cair sobre a aldeia de Tengster, no Nordeste do Tibete. Os raios e trovões recorrentes aumentavam o magnetismo austero do Kyeri, que era venerado pelos quatrocentos e tal habitantes de Tengster como a morada da sua divindade protectora, Kye.

Apesar de ser ainda muito cedo, mas a alguns quilómetros de distância, no interior de uma casa de lama e tijolo, uma mulher de vinte e poucos anos foi despertada pela trovoada iminente. Ficou deitada na sua cama de pedra, ao lado do marido, Choekyang Tsering, durante algum tempo. Massajou gentilmente a barriga grávida e sorriu para si mesma. Algo lhe disse que um nascimento importante estava prestes a acontecer, mas não sabia bem o que isso significava. Tinha-se levantado e iniciado os afazeres domésticos matinais quando sentiu cãibras no estômago. Sabia que tinha chegado a hora, mas continuou a trabalhar. Os bebés não eram novidade na sua vida. O que estava prestes a nascer era o seu nono filho e, ao todo, viria a ter dezasseis, dos quais apenas sete sobreviveriam.

Foi para o estábulo para tratar do gado, seis *dzomos*, um cruzamento entre um iaque e uma vaca, cerca de oitenta carneiros e cabras, várias galinhas e três cavalos. No caminho, limpou a valeta feita de ramos de madeira de zimbro para a preparar para as chuvas. As mulheres em Tengster, como aliás em qualquer lado do Tibete, não deixavam a gravidez interferir com a vida diária. Muitas delas tinham os seus bebés sozinhas. Nunca se ouvira falar em cuidados pré-natais e em parteiras. Os médicos alopáticos não existiam de todo.

Tengster, que em tibetano significa «tigre que ruge», situa-se entre colinas ondulantes na província de Amdo. O clima tinha três estações razoavelmente definidas. Os verões eram quentes. As chuvas eram relativamente abundantes, tendo em conta o clima seco do resto do Tibete. Os invernos eram particularmente rigorosos e a neve acumulava-se em camadas de vários centímetros. Tengster situava-se no cimo de uma pequena colina sobranceira ao vale, onde as pastagens geralmente não eram cultivadas. Os nómadas traziam as suas manadas para pastar ali.

O mês de Julho de 1935 assistira a chuvas intermitentes e alguns arco-íris gloriosos. Enquanto as crianças de Tengster perseguiam esses esquivos arcos de sete cores, Sonam Tsomo agarrou o estômago, massajou-o mais uma vez e sentou-se junto de um fardo de palha. Os *dzomos* ruminavam e abanavam as cabeças, enquanto as galinhas corriam de um lado para o outro perto dela, à medida que se preparava para dar à luz. Meia hora depois tinha nascido um menino com quase quatro quilos.

Dois pormenores importantes, que seriam utilizados muito mais tarde para ilustrar o nobre nascimento do rapaz, não foram prontamente notados por causa das dores de parto de Sonam. A criança não chorou e saiu de olhos bem abertos. «A minha mãe uma vez disse-me, depois de eu ter sido escolhido como Dalai Lama, que não vira quaisquer sinais extraordinários que é suposto estarem presentes no nascimento de uma criança especial. Eu também não senti nada de especial», afirmou o Dalai Lama. «Lembro-me contudo que nasci de olhos abertos e não chorei. Pode ter sido porque já estava na minha décima quarta encarnação e tinha desenvolvido clareza acerca da vida.»

Foram relatados outros sinais de que podia ter ocorrido um nascimento importante, mas o Dalai Lama tem tendência para pô-los completamente de parte. A súbita recuperação do seu pai, Choekyang Tsering, após semanas de doença, foi considerada um desses sinais. Tinha evitado ir trabalhar até à manhã de 6 de Julho, quando acordou a sentir-se bem e fez oferendas de lamparinas de manteiga diante de uma estátua de Buda, no altar da família. A mulher gracejou: «Estiveste doente ou só com preguiça durante todas estas semanas?» Choekyang respondeu, com toda a franqueza, que tinha estado realmente doente mas que nessa manhã se tinha sentido «espontaneamente curado». Algum tempo mais tarde, um vizinho de uma das trinta e tal casas que rodeavam a cabana de seis divisões aproximou-se a correr do casal e informou-o de que um arco-íris estava a tocar no telhado da sua casa.

O menino foi chamado Lhamo Thondup, que significava «deusa realizadora de desejos». «O sexo não era muito importante quando se davam nomes aos bebés no Tibete. Eu era homem e, no entanto, deram-me o nome de uma deusa.» Algumas das primeiras memórias do Dalai Lama não prenunciam a vida que teria pela frente e, quando muito, salientam de modo fascinante o seu sentido de humor aguçado.

«Nessa altura não havia casas de banho no Tibete. Os chamamentos da natureza eram satisfeitos na natureza. Lembro-me de um dia, quando tinha dois anos, estar sentado lá fora para fazer o serviço, como dizem os ocidentais. Entretanto, avistei um camelo pela primeira vez na minha vida. Fiquei tão assustado que corri para casa sem terminar o que estava a fazer...

A minha mãe ainda demorou algum tempo a limpar-me. Alguns dias depois fiquei igualmente assustado quando um verme saiu de dentro de mim. Como é óbvio, nesse tempo não desparasitavam as crianças.»

O pai de Lhamo, Choekyang, era um homem de estatura média que se zangava facilmente. Possuía uma pequena quinta e cultivava cevada, trigo mourisco e batatas. Estava longe de pertencer à nobreza, mas não dependia de um senhor. A família levava uma vida razoavelmente desafogada.

O único desgosto de Choekyang em relação ao menino que se tornaria o Dalai Lama Vajradhara (o Lama que Tudo Abarca, Detentor do Raio) era ele não partilhar da sua paixão por cavalos. «O meu pai podia ter passado a vida a falar de cavalos. Compreendia instintivamente os cavalos. Eu, por outro lado, tinha medo deles. Bem tentou iniciar-me nas alegrias de compreender esse gracioso animal, mas não conseguiu.»

Choekyang tratava Lhamo como qualquer outra criança normal e às vezes batia-lhe. «Uma vez puxei-lhe o bigode enquanto estava a dormir. Deu-me logo uma bofetada.»

O Dalai Lama descreve a mãe, Sonam, como «uma das pessoas mais bondosas que alguma vez conheci». Lembra-se de uma história trágica sobre uma grande fome que assolou a China no final da década de 1930.

«A fome obrigara muitas famílias chinesas a abandonar as suas aldeias e a procurar sustento noutras paragens. Soube de um casal chinês que apareceu perto da nossa casa com uma criança morta nos braços. Andavam a pedir comida, que a minha mãe lhes deu. Depois perguntou-lhes se precisavam de ajuda para enterrar o filho. Disseram que não, acrescentando que o iriam comer. A minha mãe ficou horrorizada ao ouvir isso. Convidou-os a entrar e deu-lhes todo o nosso provimento de cereais e tudo o mais que possuíamos.»

«Eu era muito ligado à minha mãe. Via nela uma mulher de grande força e compaixão, que nunca se queixava, por muito difícil que a sua vida se tornasse.»

Quando Lhamo nasceu, os seus pais já estavam habituados a que um dos seus fosse declarado reencarnado. O irmão mais velho do Dalai Lama, Thubten Jigme Norbu, e o irmão logo a seguir a ele, Lobsang Samten, já tinham ingressado numa ordem budista. Thubten foi declarado a reencarnação de Tengster Rinpoche, um lama importante, e foi instalado em Kumbum, um dos mosteiros mais famosos. Lobsang foi enviado para o mesmo mosteiro para ser monge, embora não tivesse sido escolhido como reencarnado.

Até fazer três anos, Lhamo acompanhou a mãe para todo o lado. De vez em quando ela passava alguns dos afazeres domésticos menores para o filho, que estava sempre ansioso por ajudar. Certa vez, mandou-o à capoeira das galinhas para ir buscar ovos. Ele não voltou durante horas, o que deixou a família preocupada. Acabaram por encontrá-lo sentado junto de um ninho «a fazer de conta que era uma galinha». «O único problema era eu próprio não poder pôr ovos.»

Já com dois dos seus irmãos no mosteiro, nem Lhamo nem ninguém da família tinha antecipado o grande futuro que lhe estava reservado. Na tradição budista tibetana, é considerado praticamente impossível uma família ter mais de um *tulku*, ou reencarnado. «Seria uma grande surpresa se mais uma criança fosse declarada *tulku* na mesma família. Das muitas conversas que tive com os meus pais, especialmente com a minha mãe, anos mais tarde, torna-se evidente que não tínhamos antecipado nada mais. Também estava previsto que eu frequentasse a escola da aldeia, como outro irmão mais velho, Gyalo Thondup.»

Os pais de Lhamo eram religiosos, mas não a ponto de poderem ser chamados de devotos. Professavam as principais práticas budistas tibetanas, como fazer uma oferenda de lamparinas de manteiga e água no altar da família. Como em todos os lares de Tengster, também tinham um pau de bandeira onde erguiam uma bandeirola branca com orações inscritas. Ocasionalmente, Lhamo apontava para a bandeirola e perguntava o que estava escrito nela. «É claro que eu era demasiado novo para perceber quando me explicaram o que estava escrito nela. As palavras mais comummente usadas foram 'Om Mani Padme Hum' [Salve a Jóia no Lótus]. Fiquei mais tarde a saber que cada sílaba deste verso simbolizava seis divisões da mandala [a roda da vida tibetana]. Mas, em miúdo, a minha única preocupação era que um vento demasiado forte pudesse arrancar a bandeirola do pau.»

Dois dos passatempos favoritos de Lhamo eram cacarejar como uma galinha e acabar com rixas e defender os oprimidos «quer entre humanos quer entre animais».

«Recordo-me de correr atrás daquele que eu achava que era o atormentador em qualquer rixa. Simplesmente, não aguentava ver os mais fracos a serem atormentados. Muitos dos meus simpatizantes costumavam realçar com grande prazer como estas qualidades pressagiavam a minha vida futura. Pessoalmente, eu achava-as qualidades vulgares que todas as pessoas de bem deviam possuir.»

Uma vez que mal tivera três anos de infância normal, o começo de vida de Lhamo dificilmente seria considerado importante. Ele era, em muitos aspectos, uma criança tibetana típica que adorava comer *tsampa*, uma refeição básica feita de cevada, misturada ou com chá ou com leite e moldada em bolas. «Acho que a maioria dos não tibetanos não gosta de *tsampa*. Os chineses, é claro, não a suportam.»

Lhamo pode não se ter distinguido enquanto criança, mas havia sinais reveladores de que tinha algo de muito diferente. Era frequente fazer as malas e dizer que ia para Lhasa. Quando a família se sentava para uma refeição, ele invariavelmente ocupava a posição equivalente à do chefe de família.

«Em criança, segundo sei, nunca tive problemas em relacionar-me com ninguém. Era como se não houvesse estranhos no mundo. Tudo isto era descrito como sinais de nascimento nobre. Mas ainda não estou convencido.»

Enquanto Lhamo crescia, alheio a qualquer apoquentação relativa ao mundo fora da sua aldeia, a cerca de 1600 quilómetros de distância, na capital tibetana de Lhasa, a ansiedade e a preocupação começavam a abalar o governo. Cerca de dezoito meses após a morte do Décimo Terceiro Dalai Lama, Reting Rinpoche, o regente do Tibete via-se preso entre, por um lado, escaramuças constantes com os chineses na fronteira leste e, por outro, a descoberta de uma conspiração para derrubar o governo por parte de um funcionário laico chamado Lungshar. O duplo problema ameaçava seriamente a estabilidade do Tibete, que tão habituado estava à presença dominante do Décimo Terceiro Dalai Lama.

O regente estava igualmente preocupado com o facto de não haver relatos da reencarnação do Décimo Terceiro Dalai Lama. Sabia que apenas a descoberta e entronização de um novo Dalai Lama, por muito jovem que fosse, conseguiria evitar que as questões de estado ficassem fora de controlo.

Assim, em Lhasa, no Palácio de Potala, o palácio das mil salas, Reting Rinpoche, acompanhado de monges e funcionários laicos, começou a planear a procura do décimo quarto sucessor. O Décimo Terceiro Dalai Lama tinha deixado apenas algumas pistas quanto ao local onde este poderia ser encontrado.

4
DE MENINO TRAVESSO A DALAI LAMA REENCARNADO

No último dia, do décimo mês, do Ano Tibetano do Pássaro de Água, que calhou num sábado em meados de Dezembro de 1933, Choskyi Gyaltsen, o Décimo Terceiro Dalai Lama, soube que algo estava errado. Homem dado a trabalhar longas horas, não se sentia em condições de o fazer. O seu médico particular, Champa La, aconselhou-o a repousar, porque sabia que o Dalai Lama estava muito doente.

Entre a 1 e as 2 da manhã de domingo, o oráculo de Nechung, um médium com poderes para invocar espíritos, administrou um remédio ao Dalai Lama. Não é inteiramente claro que remédio fosse esse, mas ficou registado que Champa La disse em tom fortemente desaprovador, «*Men di norra nangzha.*» (Enganou-se no remédio). Se foi um erro deliberado ou acidental, continua, de uma maneira geral, por esclarecer. Algumas horas mais tarde, o Décimo Terceiro Dalai Lama exalou o seu último suspiro.

Os tibetanos acreditam que se alguém morre num domingo ou numa terça-feira, isso pode resultar em doença ou noutros problemas graves para a família do falecido. Como o Dalai Lama não tinha família, a sua morte a um domingo foi considerada como um sinal de que se avizinhavam tempos difíceis para o Tibete em geral.

O Décimo Terceiro Dalai Lama sem vida, sentado de pernas cruzadas na posição de lótus, tinha um aspecto contemplativo. Parecia estar a olhar fixamente para sul, enquanto milhares de tibetanos comuns desfilavam entoando mantras e girando rodas de oração sem olhar realmente para ele. Após o dia de homenagens, o salão estava vazio, à excepção da figura abandonada do Dalai Lama, de cinquenta e oito anos, e alguns monges que se ocupavam das suas tarefas domésticas. De forma muito misteriosa, a cabeça do Dalai Lama inclinou-se para oriente. Um dos monges reparou e virou-a suavemente de novo para sul. Na manhã seguinte a cabeça tinha-se virado novamente para oriente.

Os registos oficiais da época relatam que uma coluna de madeira seca de um templo próximo desenvolveu inexplicavelmente na sua base um fungo em forma de estrela e uma serpentária surgiu, aparentemente do nada, junto de uma escadaria do pátio principal do palácio. «A acumulação de nuvens no céu nordestino assemelhava-se a um ataque de milhares de elefantes», referia um relato. Eram todos considerados sinais de mau agoiro.

O Tibete mergulhava numa tristeza notória à medida que as pessoas choravam copiosamente à passagem do Décimo Terceiro Dalai Lama. Yeshi Dorjee, um pintor *thangka* que vivia não muito longe do Palácio de Potala, recorda: «Era como se tudo e todos tivessem congelado. Estava muito frio e vento. Soube que Sua Santidade tinha falecido enquanto estava a pintar. Pus o meu pincel de lado, saí, olhei na direcção do Potala e orei. Algo me disse que os tempos estavam a mudar para pior no Tibete.»

No interior do palácio, o regente e os seus subordinados, bem como outros monges, começaram a preparar-se para uma vida sem o Dalai Lama. «Soube que a cabeça de Sua Santidade virada para leste era considerada como um sinal de que talvez a sua reencarnação se encontrasse nessa direcção», disse Dorjee.

Regra geral, há um intervalo de nove meses a dois anos entre a morte do Dalai Lama e a sua reencarnação. Desde 1475, quando o Primeiro Dalai Lama morreu, aos oitenta e quatro anos, os reencarnados nasceram no espaço de, no máximo, dois anos. Em muitos casos, o intervalo foi inferior a um ano.

Preocupado com a ausência de quaisquer notícias sobre a reencarnação do Décimo Terceiro Dalai Lama, Reting Rinpoche decidiu procurar pistas sobre o próximo Dalai Lama em Lhamoi Latso, um misterioso lago a cerca de 140 quilómetros de Lhasa. Embora isso não seja longe em termos modernos, no Tibete dos anos 30, com o terreno montanhoso sem quaisquer estradas, até essa curta viagem era tudo menos fácil. Demorou dez dias a chegar a Lhamoi Latso.

O lago, situado no meio de picos carregados de neve que atingiam entre 5400 e 6000 metros, possui poderes místicos que foram descobertos pela primeira vez por Gedun Gyatso, o Segundo Dalai Lama, no século XVI.

Reting Rinpoche e a sua equipa chegaram a Lhamoi Latso no Verão do Ano Tibetano do Porco de Madeira. As chuvas intermitentes e os ventos muito intensos faziam o sol ardente parecer menos intenso à medida que o regente e a sua equipa se espalhavam pelas margens do lago. O regente entrou em profunda contemplação e, passado um bocado, abriu os olhos. Perscrutou com atenção as águas do lago com grande expectativa. O seu corpo estremeceu quando viu três caracteres tibetanos — *A*, *Ka* e *Ma* — aparecerem e desaparecerem subitamente. Teve então uma visão de uma estrutura semelhante a um templo de três pisos com telhado dourado e paredes com azulejos azul-esverdeados. Viu igualmente um caminho estreito que curvava para uma pequena colina e terminava perto de uma casa térrea com uma valeta.

Com um misto de excitação e descrença, o regente iniciou uma viagem de regresso a Lhasa, pensando durante todo o tempo no significado das revelações. Elas apontavam para a vinda de um novo Dalai Lama, mas ele e os seus colegas estavam perplexos, uma vez que não havia notícias do nascimento do Décimo Quarto Dalai Lama.

Os abades de Drepung, Sera e Ganden, os três mosteiros mais importantes do Tibete, reuniram-se em conferência, assim como os altos funcionários laicos liderados pelo regente. Todos eles lembraram que a cabeça do Décimo Terceiro Dalai Lama se tinha virado para leste após a sua morte. Juntando todas as pistas, tinham de procurar no Tibete oriental por uma casa térrea azul, numa colina próxima de um templo, com telhado dourado e azulejos azul-esverdeados.

Após grande debate, as autoridades espiritual e temporal decidiram recorrer ao oráculo do estado no mosteiro de Nechung. O óraculo de Nechung é um monge ou uma freira que serve de médium, através do qual as divindades conhecidas por *dharampal*, ou protectores da religião, comunicam. O oráculo é consultado para invocar espíritos sempre que é necessário tomar uma decisão muito importante. A invocação é um ritual elaborado e impressionante em que o oráculo, envergando vestes amarelas vivas brocadas com um espelho no peito, entra num transe convulsivo ao som de grandes tambores e oboés tibetanos, dançando incontrolavelmente e revirando os olhos quando uma divindade entra no seu corpo.

O oráculo deu instruções para enviar três equipas de busca, uma para Dakpo, a sudeste, outra para Kham, a este, e outra para Amdo, a nordeste. Quando as equipas de busca estavam prontas para partir, o Inverno começara a cair sobre Lhasa. A expedição teve início num dia de Setembro de 1938. Na véspera da sua partida, Kyitsang Rinpoche, um estudioso budista sexagenário do mosteiro de Sera, estava preocupado com um forte nevão. Tinha pela frente uma viagem penosa a cavalo e a pé, que se prolongaria por, pelo menos, dois meses, naquela que viria a ser a missão mais importante da sua vida. Embora o dia da viagem tivesse sido determinado segundo cálculos astrológicos, o nevão era um factor desencorajante.

Na manhã seguinte, enquanto Kyitsang Rinpoche reunia o seu grupo, o sol despontou e começou a derreter a neve. Em qualquer outra ocasião isso teria sido considerado uma ocorrência climatérica normal, mas nesse dia viram algo mais nisso.

Quando a equipa chegou a Kham dois meses depois, atravessando estepes inóspitas e montanhas colossais onde as temperaturas negativas eram frequentes, recebeu a informação de que o Panchen Lama, que só é superado pelo Dalai Lama, tinha identificado três possíveis crianças pretendentes à reencarnação. Uma delas, porém, tinha morrido antes de a equipa chegar até ela. A segunda provável reencarnação era um menino que tinha agarrado no rosário do Panchen Lama e se tinha recusado a largá-lo alguns meses antes, durante uma cerimónia de iniciação conhecida por Kalchakra.

Mas esse menino revelara-se uma desilusão, porque não conseguira reconhecer o rosário do Décimo Terceiro Dalai Lama. Era também extraordinariamente tímido e saíra a correr de casa, a chorar. Isso deixava apenas um reencarnado possível. Não está totalmente esclarecido como é que o Panchen Lama identificava possíveis reencarnados. Os materiais de referência e os peritos tibetanos afirmam que o processo funciona com base numa combinação de intuição e transmissão oral, numa pequena sociedade onde praticamente não há segredos.

O abade e sessenta cavaleiros nómadas receberam Kyitsang Rinpoche e Tsedrun Lobsang no mosteiro de Kumbum. Após um período de repouso, o cortejo deixou o recinto do mosteiro. Os dois homens de Lhasa quase caíram dos cavalos quando viram um templo de três pisos com azulejos azul-esverdeados. Viram também um caminho que contornava uma colina e terminava perto de uma casa térrea, azul, com uma valeta. Outro pormenor acidental que foi descoberto posteriormente, mas que provavelmente não era então conhecido, era que, enquanto regressava de uma visita à China e passava pela província de Amdo, o Décimo Terceiro Dalai Lama tinha parado próximo de um lugar não muito distante de onde a sua reencarnação nascera. Até agora, os sinais apontavam para o êxito.

Um elaborado estratagema visava dificultar o trabalho do aspirante à reencarnação. Assim, o abade vestia uma túnica vulgar enquanto Lobsang estava vestido de forma mais pomposa, de modo a fazê-lo parecer o líder do grupo. Quando o cortejo entrou na aldeia de Tengster, as crianças correram atrás dele e toda a comunidade de agricultores apareceu, apesar do frio de rachar. Sonam Tsomo trazia Lhamo à cintura e estava parada à porta. Não sabia que a equipa de busca se dirigia a sua casa, e foi com grande consternação que viu o abade e os outros entrar. Lhamo parecia divertido com a presença de tantas pessoas.

«A minha recordação desse dia é bastante nítida. Lembro-me que muitas pessoas foram a nossa casa. Reconheci muitas delas embora nunca as tivesse conhecido. Não quero parecer dramático, mas era como se nunca tivesse estado ausente por muito tempo», recordou o Dalai Lama.

Quando o abade se sentou, Lhamo saltou para o colo dele e agarrou no seu rosário dizendo: «Quero este rosário.» Pressentindo uma oportunidade para testar o rapaz, Kyitsang Rinpoche disse-lhe que só podia ficar com ele se reconhecesse o abade. «Disse-lhe prontamente que era um lama do mosteiro de Sera. O abade pediu-me que reconhecesse Tsedrun Lobsang e eu fi-lo.»

Sessenta e tal anos após o evento, o Dalai Lama falou acerca dele como se tivesse ocorrido ontem. «Eu sabia que estavam a tentar testar-me, mas, como era pequeno, não percebia bem. Contudo, lembro-me nitidamente de como os seus rostos se iluminaram quando reconheci o abade e Tsedrun Lobsang.»

O Dalai Lama referiu que é difícil descrever como os conseguiu reconhecer a todos. «Lembrar o passado é um processo que não é fácil de explicar. Algo desperta as nossas memórias subconscientes e deita-as cá para fora, aparentemente sem qualquer esforço. Como afirmei, senti como se nunca tivesse estado ausente.»

A equipa de busca esforçava-se por, primeiro, esconder a sua alegria e, depois, a sua reverência. Foi enviada uma mensagem codificada para Lhasa sobre a eventual descoberta. Quatro semanas mais tarde, foi recebida uma resposta instruindo a equipa de busca a continuar a testar ainda mais o menino, pedindo-lhe para reconhecer alguns objectos de uso pessoal do Décimo Terceiro Dalai Lama. Tiveram o cuidado de apresentar ao rapaz conjuntos de dois artigos que pareciam idênticos, para o confundir. Durante o período de avaliação, não foi dito a ninguém que reencarnação é que Lhamo podia ser.

Um dia, quando a equipa de busca regressou à casa de Lhamo, o pai não estava. Objectos como dois rosários pretos, dois rosários amarelos, dois bordões com castões de ferro e bronze, respectivamente, e tambores de marfim foram dispostos diante de Lhamo. Mostraram-lhe igualmente dois tambores de marfim, um ornamentado e outro simples. Ele escolheu o último e acertou. A facilidade do rapaz em distinguir o real da imitação, sem qualquer esforço aparente, resolveu a questão. «Mais tarde disseram-me que eu até tinha dito que as minhas dentaduras eram guardadas num determinado aposento e numa determinada arca. Encontraram-nas lá.»

«Isto pode parecer misterioso e até mágico para a maioria das pessoas, mas quando vi aqueles objectos, o que senti não foi nada de extraordinário. Era como se estivesse a olhar para coisas a que estava habituado. Nos meus momentos privados tento analisar alguns destes ditos poderes. Mas receio não ser capaz de o fazer», confessou o Dalai Lama.

Após a facilidade de Lhamo em passar os testes, a equipa de busca percebeu que os caracteres *A*, *Ka* e *Ma* indicavam Amdo, Kumbum e o eremitério de Karma Shar-ston, respectivamente. Depois de todos os testes terem confirmado a sua reencarnação, foi revelado à sua família que ele era a reencarnação de um lama importante. «Praticamente não tenho qualquer lembrança da reacção deles. Mas lembro-me de muitos rostos cheios de lágrimas e devoção para comigo. É claro que não percebi a razão de tanta agitação, mas desde esse dia intensifiquei a minha exigência de ir para Lhasa.»

A notícia do nascimento do Décimo Quarto Dalai Lama, entre eles, deixou exultantes os simples habitantes de Tengster. Havia celebrações e paradas frequentes pelas ruelas estreitas da aldeia. Um menino travesso, de três anos, cujas bochechas costumavam apertar com tanto prazer, tinha-se subitamente tornado um Buda vivo, completamente superior a eles, às suas limitações e, talvez, até à sua compreensão.

«De vez em quando tento lembrar-me de como foi que as reacções das pessoas mudaram. Lembro-me da súbita distância que passaram a manter em relação a mim. Lembro-me igualmente de as outras crianças quererem brincar comigo e não poderem. Nada tinha mudado para mim, mas tudo tinha mudado para todos à minha volta. É estranho, mas é verdade.»

5

O ADEUS AO MUNDO TERRENO

O adeus de Lhamo Thondup ao mundo terreno não decorreu sem obstáculos de monta. O maior de todos eles foi o General Ma Pu-feng, um corrupto senhor da guerra muçulmano, responsável pela administração de Amdo, então parte da provincia chinesa de Chinghai. A descoberta do Décimo Quarto Dalai Lama numa aldeia sob a sua jurisdição proporcionava ao general uma oportunidade irresistível de ganhar algum dinheiro. O General Ma disse a Kyitsang Rinpoche que deixaria o menino encarnado partir para Lhasa em troca de 300 000 dólares de prata. O dinheiro do resgate teve de ser arranjado por Kyitsang Rinpoche a partir de Lhasa.

Mas o pagamento desse resgate não foi suficiente. Pressentindo ainda outra grande oportunidade, o General Ma ordenou também que o menino fosse formalmente declarado a reencarnação do Décimo Terceiro Dalai Lama, no mosteiro de Kumbum. Esta exigência foi feita com o objectivo de aumentar o prestígio do mosteiro como o local onde o novo Dalai Lama fora acolhido pela primeira vez. Essa jogada foi motivada pelos evidentes ganhos pecuniários que se obteriam com contribuições generosas que os crentes fariam a um mosteiro que tinha tido a honra de proclamar um novo Dalai Lama.

Kyitsang Rinpoche rapidamente percebeu o motivo por trás da exigência do general. Não podia, de forma alguma, concordar com isso. O general, dando mostras da sua adaptabilidade, disse ao dignitário de Lhasa que estava disposto a abdicar da sua exigência de 300 000 dólares de prata. Em vez disso, exigia a colecção completa das túnicas do Décimo Terceiro Dalai Lama, os ornamentos do trono e as edições completas dos textos budistas sagrados de Kangyur e Tengyur gravados a letras de ouro. Lhasa não teve outra escolha senão anuir. O resgate foi organizado através de um grupo de mercadores muçulmanos que seguia a caminho de Meca para o *hadj*.

Alheio às mesquinhas intrigas de bastidores de um general corrupto, Lhamo Thondup levava uma vida tão normal quanto a que é permitida a um Buda vivo. A veneração absoluta substituiu a afeição que os habitantes da aldeia tinham por ele. Os seus pais começaram a manter uma distância estudada. Sempre que fazia exigências típicas da sua idade, estas eram-lhe concedidas sem contestação, ao contrário do que acontecia antes, em que muitas vezes seria repreendido.

Então, um dia no Verão do Ano do Coelho de Terra, ou 1939, Lhamo Thondup foi acordado muito antes do nascer do Sol e vestido a rigor. «Lembro-me de acordar rabugento e ramelento perguntando-me o que se estava a passar. A minha mãe disse-me que tínhamos de ir ao mosteiro de Kumbum. Não percebi por que é que uma criança haveria de ser acordada a meio da noite, vestida a rigor e levada fosse para onde fosse.» O mosteiro de Kumbum Jampa-ling foi fundado em 1583 pelo Terceiro Dalai Lama, Sonam Gyatso (1543-1588), próximo do Lago Kokonor. Foi nesse local que nasceu Tsong-khapa (1357-1419), o fundador da tradição Gelugpa.

Esse amanhecer mudou para sempre a vida de Lhamo, então com quatro anos. Pôs um ponto final na sua curta relação com a laicidade e elevou-o a um estatuto que apenas um reduzido número de seres humanos tinha atingido. A 10 de Julho de 1939, pouco mais de uma semana após o seu quarto aniversário, Lhamo Thondup e a família encetaram a primeira viagem decisiva da sua vida. Cerca de 350 cavalos, iaques, camelos e mulas foram enfileirados para um séquito de cinquenta pessoas. Um *dreljam* especial, ou palanquim, foi montado sobre duas mulas para transportar o menino que seria o Décimo Quarto Dalai Lama e Lobsang Samten, um irmão três anos mais velho. Para um menino cuja definição do mundo ia pouco além da soleira da porta, o que se iria passar ao longo das seis décadas seguintes seria o equivalente humano do cataclismo geológico que tinha criado a sua terra natal.

O percurso do cortejo de Amdo a Lhasa passava pelo Vale de Sândalo, através de dúzias de lagos. «Embora ainda fosse uma criança, lembro-me de uma sensação de espanto completo durante a viagem. Viam-se os lagos a brilhar ao sol resplandecente. Sempre que via manadas de *drong* [iaques selvagens] ou *kyang* [burros selvagens] ou grupos de *gowa* e *nava* [veados pequenos] sentia que estava a descobrir algo extraordinário.»

Os viajantes tiveram de viajar durante quase três meses, todos os dias desde o amanhecer ao entardecer e depois armar tendas de pêlo de iaque, até chegarem aos arredores de Lhasa. «Mesmo para um Dalai Lama, isso era muito tempo para não se ficar aborrecido», disse o Dalai Lama soltando a gargalhada que era a sua imagem de marca. «Só para combater o aborrecimento, arreliava e pegava-me com o meu irmão Lobsang, provocava uma discussão e depois ganhava invariavelmente. De vez em quando, Kyitsang Rinpoche deleitava-nos com algumas histórias engraçadas para quebrar a monotonia de uma viagem tão longa. Era frequente chegarmos a vias de facto e devo dizer que era o meu irmão quem estava sempre a levar. Era frequente chorar no fim da briga. Olhando para trás, parece que estava a ser indulgente para com o irmão mais novo.»

Estávamos a chegar ao Outono de 1939 quando o cortejo alcançou as margens do rio Thuptopchu. O governo tibetano enviou dois aristocratas e dez funcionários, juntamente com uma tenda amarela que pertencia ao Décimo Terceiro Dalai Lama, e quatro pequenas embarcações de couro de iaque.

Uma vez que era necessário manter o segredo sobre que reencarnação é que o menino era realmente, nem mesmo aos seus pais foi revelado em que é que o seu filho estava prestes a ser ungido. Após a sua paragem nas margens do rio Thuptopchu, o cortejo atravessou o Tonghor e chegou à aldeia de Bumchen. Lhasa ainda se encontrava a algumas semanas de distância. A tenda amarela foi levantada no meio de um tapete de flores amarelas. No interior da tenda estava o trono ornamentado onde o menino Dalai Lama se sentaria. Foram-lhe oferecidas mandalas. Por essa altura, Kyitsang Rinpoche tinha decidido que já era tempo de dar a conhecer às pessoas quem o rapaz realmente era.

«Embora os meus pais soubessem que eu devia ser alguém importante, até então não lhes tinham dito qual a reencarnação que eu realmente era. Recordo-me que foi próximo de Bumchen que souberam com certeza o porquê de tanto alvoroço. Do pouco que me lembro, creio que foram dominados pela alegria e pela gratidão. Em retrospectiva, eles perceberam o que significava ter um filho que seria o Dalai Lama, particularmente a minha mãe. Ela percebeu que, para todos os fins práticos, eu desapareceria do seu mundo. Não sei se me senti triste ou se tive uma sensação de perda. Passava-se tanta coisa que não me lembro bem de como me senti», disse o Dalai Lama.

Entretanto em Lhasa, o Kashag, ou o Gabinete, decidiu que não podia continuar a manter a descoberta em segredo. Além de tudo o resto, de acordo com os cálculos astrológicos tibetanos, o menino Dalai Lama tinha de entrar em Lhasa antes do final do oitavo mês do calendário tibetano, dado que o período posterior era considerado pouco auspicioso.

À medida que o cortejo se aproximava de Lhasa, os tibetanos apareciam às centenas, trazendo incenso e prostrando-se diante dele. A maioria chorava abertamente sem olhar para cima, para não cometer o sacrilégio de o olhar directamente nos olhos. O seu caminho para o mosteiro de Shapten, a sua primeira paragem depois de chegar a Lhasa, estava repleto de pessoas que aguardavam para o ver de relance. Essa esmagadora devoção podia ter estragado com mimos até o ser humano mais equilibrado, mas para o Dalai Lama de quatro anos parecia ser um dia como os outros.

A metamorfose

Não há nenhuma perspectiva detalhada sobre o que passa pela cabeça de uma criança no limiar da quase divindade. A acreditar no sentimento do próprio Dalai Lama sobre o assunto, e juntando os muitos relatos dos meses que antecederam a sua ascensão, parece que essencialmente o rapaz de quatro anos se deixou ir na corrente. É dificil argumentar que o Dalai Lama se manteve tão calmo apesar da crescente devoção, porque, sendo uma criança, não compreendia muito bem o que se estava a passar. Várias horas de observação de perto do Dalai Lama em diferentes situações e muitas conversas particulares com ele revelaram, para lá de qualquer dúvida, que sabia perfeitamente o que tinha pela frente. A estranha sensação de familiaridade que demonstrou em todos os momentos do percurso até à sua entronização também reforçou a ideia de que o Dalai Lama detinha pleno controlo. Diversos incidentes são ilustrativos deste ponto de vista.

Um teve lugar no décimo quinto dia do oitavo mês do Ano Tibetano do Coelho de Terra 2066 (1939). Quando o Dalai Lama iniciou a última fase da sua viagem a Lhasa, no caminho marcado com linhas de giz brancas e amarelas ao longo do qual ardiam grandes paus de incenso, o oráculo de Nechung, com um ar assustador e aprisionado num misterioso transe, espreitou para o palanquim que transportava o Dalai Lama. O oráculo de Nechung tinha um aspecto tão perturbador que até alguns dos cavalos do cortejo se assustaram quando o viram. Mas o menino Dalai Lama reagiu sem qualquer sinal exterior de medo, choque, ou mesmo surpresa. É difícil explicar como é que uma criança de quatro anos, desenraizada da vida simples da sua aldeia e lançada para um tumulto tão avassalador, se conseguiu manter impassível perante tais visões e sons. Quando o oráculo de Nechung, de rosto deformado, espreitou lá para dentro, a reacção instintiva do Dalai Lama foi colocar à volta dele um *Kata*, um lenço de seda branco de cerimónia com oito símbolos auspiciosos representados. Exemplos desses foram abundantes durante a contagem decrescente até à posse do Dalai Lama.

Normalmente, o Dalai Lama não fala sobre o que está por trás do óbvio. Tem tendência a menosprezar questões que procuram descobrir o que significou para ele a metamorfose enquanto criança. Em consonância com a modéstia que lhe é característica, poucas vezes, ou quase nunca, dá uma resposta que deixe entrever alguns dos recantos mais privados do seu ser. Contudo, durante uma entrevista comigo, fez uma rara revelação: «O que para si pode parecer uma mudança fundamental, para mim foi meramente uma continuação. Embora muitos dos pormenores fossem novos, de uma maneira geral não reagi aos acontecimentos à minha volta, porque me sentia muito familiarizado com o meio. É dificil, para mim, descrever o que senti ou se senti alguma coisa. Por exemplo, o incidente com o oráculo de Nechung. Sei que a reacção normal de uma criança teria sido ficar assustada com o que viu, mas a mim não me parecia nada de extraordinário. Era uma visão que tinha tido muitas vezes e durante muito tempo.»

Sir Basil Gould, o dignitário político de Sikkim que representou o governo britânico colonial na Índia na entronização do Décimo Quarto Dalai Lama, escreveu que ficou impressionado com a «extraordinária firmeza do seu olhar», que demonstrava claramente que o rapaz reconhecia muitos dos colegas próximos do seu predecessor. «Outra coisa em que repararam foi na devoção e amor, que quase transcendia o amor das mulheres, dos abades que o servem. A seguir, talvez na beleza das suas mãos. E, entretanto, todos se tinham dado conta de que estavam perante uma Presença», escreveu Gould. É curioso o facto de Gould ter mencionado as mãos do Dalai Lama, porque, mesmo agora, a maioria das pessoas que o conhece considera-as cativantes.

Num dia de Dezembro de 1997, durante uma audiência geral, quando o Dalai Lama abençoa pessoas, um Sikh aguardava pacientemente a sua vez no pátio interior da residência oficial do Dalai Lama, em McLeod Ganj, no cimo de uma montanha a cerca de 2000 metros de altitude. Os Sikhs vêm tipicamente da região do Punjab, no Norte da Índia, e seguem o Siquismo, uma filosofia religiosa indiana que tem pouco mais de quinhentos anos de idade. O Sikh não parava de dizer às outras pesoas na fila: «Olhem para as mãos de Sua Santidade. Parece que foram feitas especialmente para abençoar o mundo.» Um turista suíço à frente do Sikh concordou e, no seu inglês macarrónico, disse: «As mãos de um bebé... muito inocentes e, ainda assim, divindade... Quero dizer, divinas.»

O Dalai Lama, é claro, não costuma dar importância a essas atenções, considerando-as «não só embaraçosas mas... como é que vocês lhes chamam... ridículas, compreende».

Tempa Tsering, cunhado do Dalai Lama e antigo secretário dos negócios estrangeiros do governo tibetano no exílio, explica: «Sua Santidade não gosta que as pessoas dêem tanta importância ao que ele é. Está genuinamente convencido de que é um vulgar monge. É claro que os tibetanos e milhões de outros budistas não acreditam, nem por um instante, nessa descrição, mas ele acredita sinceramente que devia ser tratado como um monge vulgar. Não consegue entender por que razão é que as pessoas haveriam de falar com fascínio de coisas como as mãos.»

Para alguém que, durante praticamente os seus setenta e um anos de vida, foi considerado uma divindade, o Dalai Lama aparenta ser excepcionalmente humilde. «Pouco se escreveu sobre a sua metamorfose de uma simples criança de aldeia em Dalai Lama. Uma das razões é o facto de Sua Santidade não gostar de encorajar nada que se assemelhe a reverência ou devoção. A outra razão, mais convincente, poderá ser o facto de não haver muitas pessoas que tenham o acesso que lhes permita discutir esses pormenores», disse Tempa Tsering.

No decurso de várias entrevistas e interacções, tentei, directa e indirectamente, descobrir o que o próprio Dalai Lama pensa dessa curiosidade. A gargalhada foi a resposta mais comum. Quando decidia responder, dizia coisas como: «Está a ver, eu não analiso essas coisas», ou «Deixe-me continuar a ser um simples monge», ou «Sou como você, só que com um pouco mais de sorte». A resposta mais reveladora foi: «Todos nós podemos ser Budas. O que é preciso é despertar.»

6

LHASA EM TUMULTO

Os dedos do pintor Thankga, Yeshi Dorjee, tremeram quando pegou no seu pincel, naquela manhã de Outubro de 1939. Tinha apenas vinte e quatro anos e nunca tivera nenhuma doença. Encarregue com frequência pelo governo tibetano de dar vida aos mosteiros, a pintura era a paixão de Dorjee, e achava que a sua mão era «uma das mãos mais firmes» de Lhasa. O tumulto no ar parecia perturbá-lo. Sabia que o novo Dalai Lama estava nos arredores da «residência dos deuses». Continuou a misturar as cores erradas. Era como se nunca tivesse pintado na vida.

«Nessa manhã decidi que não pintaria até Sua Santidade chegar. Estava demasiado excitado. Talvez a sua chegada me inspirasse a recuperar o tempo perdido», disse Dorjee, praticamente cego e surdo aos oitenta e dois anos, quando o conheci em McLeod Ganj, em 1997. Lembrou-se de Lhasa adquirir um «brilho extraordinário» na contagem decrescente para a chegada do Dalai Lama. «Outubro é um mês frio na cidade, mas em 1939, quando Sua Santidade chegou, tudo parecia perfeito. Havia muito brilho, ao contrário do habitual. Como pintor teria adorado trabalhar mais vezes com uma luz como essa. Mas algo no ar me impedia de trabalhar. Era como se estivesse a ser comandado a prestar atenção àquele que estava prestes a chegar», acrescentou Dorjee em tom quase místico. Dorjee afirmou que as pessoas em Lhasa sabiam que o Dalai Lama estava no mosteiro de Rigya, aproximadamente três quilómetros a leste da capital, aguardando com grande expectativa pelos poderes sobrenaturais fabulosos do menino. «Muita gente em Lhasa pensava que o novo Dalai Lama fora abençoado com poderes sobrenaturais. Eu sabia que isso não podia ser verdade, porque os Dalai Lamas não se entregam a magia e feitiçaria. São seres mais filosóficos do que mágicos», disse Dorjee. No final da década de 1930, Lhasa era uma cidade com cerca de 15 000 habitantes, dos quais praticamente metade eram monges. Tinha passado sem a presença de um Dalai Lama durante quase sessenta anos e estava inclinada a esticar os limites da credulidade. Nessa época, a cidade mal alcançava um quilómetro e meio e havia pessoas por todo o lado. «Se alguém tivesse dito que o Dalai Lama vinha a voar com as suas próprias asas desde Tengster, muitos teriam acreditado porque estavam desesperados pelo regresso do Dalai Lama diminiu espaço a Lhasa», disse Dorjee a rir.

Sendo um pintor que concebe visualmente a vida, Dorjee lembrava-se com bastante nitidez das cores presentes nas cerimónias de boas-vindas. «A tenda do Dalai Lama era amarelo-vivo, porque essa era a sua cor característica. No interior havia desenhos em azul, vermelho e amarelo. Lembro-me que o poste do telhado da tenda tinha a imagem de um pavão. É por isso que chamam à tenda a Tenda do Pavão», disse Dorjee. O que conferia dramatismo à presença já de si notável do Dalai Lama entre eles era o facto de se verem milhares de pessoas à espera, com rodas de oração, paus de incenso, lenços de seda brancos, ou simplesmente de mãos postas, ao longo do caminho entre Rigya e Lhasa. «Havia um grupo de soldados chineses que liderava a procissão, seguido por guarda-costas a cavalo com os seus chapéus mongóis. O regente era o que estava mais próximo do palanquim que transportava Sua Santidade. Vi igualmente o pai e a mãe do Dalai Lama e os seus dois irmãos», contou-me Dorjee.

«Vislumbrei pela primeira vez o menino que tinha vindo para nos salvar. Parecia estar completamente controlado. Disseram-me que tinha apenas quatro anos de idade, mas parecia saber tudo. Era como se estivesse a regressar a casa depois de uma curta pausa», disse Dorjee.

O cortejo do Dalai Lama demorou dois dias a fazer a viagem de Rigya para Lhasa por causa de todos os rituais e das boas-vindas pelo caminho. Primeiro, ele e a sua comitiva dirigiram-se ao Templo de Jokhang, o mais sagrado dos santuários tibetanos, construído no século VII pelo rei Songtsen Gampo e depois reconstruído no século XVII. O templo, em cuja réplica mais pequena perto de Dharamshala o autor passou bastante tempo, exerce um forte impacte nos visitantes. A entrada principal do Jokhang é encimada por uma roda do Dharma dourada com oito raios, com dois veados dourados de cada lado. Os oito raios da roda significam o Caminho Óctuplo para a iluminação. Os veados lembram aos visitantes que o Buda fez o seu primeiro sermão num parque de veados. Até mesmo a réplica do Templo de Jokhang, perto de Dharamshala, deixa os visitantes boquiabertos. O modo de andar do visitante muda perceptivelmente quando entra no complexo. O Templo de Jokhang original alberga o Jowo Buda, uma escultura budista que a rainha chinesa de Gampo, Gyasa, trouxe como parte do seu dote. Reza a lenda que, depois da morte de Gampo, Gyasa escondeu a escultura no templo. Diz-se que a escultura budista histórica sobreviveu até hoje. Tal como as histórias misteriosas que envolvem tudo em Lhasa, há muitas sobre a forma como o Jokhang foi construído num lago. A lenda em que se acredita mais facilmente diz que Gampo atirou um anel seu e decidiu construir um templo onde este caísse. Caiu num lago onde uma stupa [relicário] branca apareceu por encanto, convencendo-o a construir aí o templo. Tal como as paredes originais do primeiro pátio, as da réplica na Índia também são orladas de lamparinas votivas. As lamparinas tremeluzentes elevam o ambiente já de si impressionante do templo a uma nova dimensão.

Uma vez no interior do templo, a cabeça do Dalai Lama foi completamente rapada por Reting Rinpoche, o regente, como parte da sua iniciação como monge. Teve de abdicar do seu nome, Lhamo Thondup, para adquirir o seu nome religioso, Jamphel Ngwang Lobsang Yeshe Tenzin Gyatso, que significa «Santo Senhor, Glória Gentil, Grande Orador, Compassivo, Defensor da Fé, Oceano de Sabedoria». Como sempre, o Dalai Lama tem uma saída engraçada sobre tudo isso. «Eu tinha uma grande cabeleira. Foi-se tudo de uma vez. Já não podia pentear o cabelo. O meu cabelo desapareceu, mas fiquei com um nome muito maior. Esse nome significava tanta coisa que eu tive de me esforçar muito para estar à altura de alguns dos atributos que as pessoas pensavam que eu tinha», confessou o Dalai Lama controlando o riso a muito custo.

Perguntei-lhe qual dos atributos que lhe tinham sido dados achava realmente possuir. «É suposto eu dizer todos, para as pessoas não ficarem desapontadas. Acho que sou um grande orador, isso é certo. Falo muito. Quanto ao resto não sei», disse ele ironicamente.

Após a tonsura e a mudança de nome rituais, o Dalai Lama foi levado para o Palácio de Norbulingka. Embora o Norbulingka, que significa «jardim precioso», seja a residência de Verão dos Dalai Lamas, Tenzin Gyatso foi levado para lá apesar de se estar no início do Inverno. «Mesmo no Inverno, fiquei bastante impressionado com a beleza do palácio», disse o Dalai Lama. Construído pelo Sétimo Dalai Lama, no século XVIII, o Norbulingka era, até então, uma obra em curso. Os sucessivos governantes continuavam a aperfeiçoá-lo, acrescentando mais edifícios e estruturas, até se transformar num aglomerado de palácios e pavilhões com 350 salas, rodeado por um parque verde luxuriante cheio de almiscareiros, pavões, peixes e outros animais. «O solo do Norbulingka era muito fértil. Havia todas as espécies de árvores como os choupos, os zimbros e as árvores que dão flor. Muitas das sementes das árvores eram importadas da Índia», afirmou o Dalai Lama, que só mais tarde viria a descobrir isso.

A vida no Norbulingka, segundo o próprio, era uma diversão e uma alegria intermináveis. Aos quatro anos era considerado demasiado novo para iniciar os estudos formais das escrituras budistas. Como era o escolhido, podia fazer o que muito bem lhe apetecesse. Passava a maior parte do seu tempo a brincar com os irmãos Gyalo Thondup, de doze anos, e Lobsang Samten, de oito. Os parentes e irmãos do Dalai Lama estavam hospedados numa casa de quinta, a cerca de quinze minutos a pé do palácio. Tinha muito tempo e «habilidade» para os visitar com regularidade acompanhado por um criado, embora não fosse suposto fazê-lo. «Para mim, um dos principais atractivos era a comida em minha casa. Podíamos comer ovos, peixe e carne de porco. Enquanto monge budista, não era suposto eu comer comida não-vegetariana. Mas na altura não conseguia resistir. Até fui apanhado a comer um ovo por um alto funcionário. Tive de lhe pedir para sair e ele saiu», disse o Dalai Lama.

Precisamente quando algumas pessoas dentro do palácio começavam a duvidar da nobreza do menino lama, ele fez-lhes uma surpresa. O Décimo Terceiro Dalai Lama dissera à mãe que tinha deixado ficar a dentadura num determinado armário dentro de um determinado aposento do palácio. O menino foi levado até ao local onde apontou para uma caixa de madeira. Quando foi aberta, um ajudante encontrou um conjunto de dentaduras que pertencera ao seu antecessor. «Eu pura e simplesmente sabia. Não sei como, mas sabia. É claro que na altura não as podia usar. E agora também não as uso», disse ele mais uma vez fazendo pouco caso das suas curiosas memórias passadas.

Entre o final de Outubro de 1939 e o início de Fevereiro de 1940, o Dalai Lama viveu em Norbulingka. Não sabia que tinha uma cerimónia de iniciação e de entronização muito maior pela frente, aquela que iria estabelecê-lo para sempre como o líder laico e religioso do Tibete. Disse que nunca prestou muita atenção ao que estava para vir, porque na sua idade, e não obstante o facto de ser suposto estar na sua décima quarta reencarnação, não percebia bem a razão do alarido que se gerava à sua volta. Era verdade que sempre que era colocado numa situação, como quando o oráculo de Nechung inesperadamente enfiou a cabeça no seu palanquim, o Dalai Lama reagia com estranha familiaridade. A sensação de já cá ter estado antes é algo com que nasceu. Se previa o que a vida lhe reservara, nunca o quis revelar. «Diria que me sentia mais familiar que presciente», explicou o Dalai Lama, sem se preocupar em dar mais pormenores, embora muitos dos seus assistentes acreditem piamente que ele é um homem de grande clarividência.

As pessoas de Lhasa pareciam pensar que seis anos sob o domínio do regente e os primeiros seis dias na presença do Dalai Lama não podiam ser mais diferentes. As pessoas do Tibete, em geral, e de Lhasa, em particular, sempre tiveram uma forte ligação com os Dalai Lamas. Dado que o Décimo Quarto aparecia após um interregno de quase seis anos, estavam à espera de uma mudança. «Sob o domínio do regente, era uma vida normal sem grandes pontos altos. Mas assim que o Dalai Lama entrou em cena, parecia que tínhamos sido todos elevados um ou dois níveis mais acima. Tornei-me mais prolífico no meu trabalho e talvez ainda melhor que antes. Estávamos em segurança sob o domínio do regente, mas estávamos felizes na presença do Dalai Lama», disse Dorjee.

No início de Fevereiro, o regente, o Kashag, e todos os altos funcionários andavam atarefados a ultimar febrilmente os planos para a entronização iminente. Enquanto o pensamento do mundo estava concentrado na ascensão de Adolf Hitler e da ponderosa máquina militar na Europa, a 3600 metros, no coração dos Himalaias, as pessoas de Lhasa preparavam-se para entronizar o novo deus-rei. «Não tenho a certeza se alguém em Lhasa sabia realmente que a Europa estava prestes a ser arrasada por uma grande guerra. Eles nem sequer sabiam que a Europa existia. Estavam contentes por o novo Dalai Lama estar prestes a tomar conta dos seus destinos», disse Dorjee.

As autoridades laicas tibetanas escolheram a ocasião auspiciosa do Losar, o novo ano, o Ano do Dragão de Ferro, para ungir Lhamo Thondup como o Décimo Quarto Dalai Lama. A data de 22 de Fevereiro de 1940 foi escolhida para a entronização. «Eu achava-me completamente alheio ao que estava a ser planeado. Sentia que algo importante ia acontecer, mas não sabia exactamente o quê», disse o Dalai Lama.

Contudo, as pessoas em Lhasa, incluindo Dorjee, sabiam exactamente o que ia acontecer. «O Potala via-se há muito tempo sem o seu principal residente e os tibetanos, sem a sua principal inspiração», disse Dorjee. «Mas isso estava prestes a mudar. Lembro-me de ter feito um *thangka* especial para assinalar a cerimónia iminente. Não sei ao certo onde deixei o quadro. Desapareceu para sempre.»

O irmão mais velho do Dalai Lama, Thubten Jigme Norbu, que não participava na cerimónia de entronização porque ainda se encontrava no seu mosteiro de Kumbum, afirmou: «Eu sabia que a entronização estava muito próxima. Ansiava por assistir, mas não podia. Tinha as minhas próprias responsabilidades no Kumbum. Na altura da entronização, tinha-se espalhado a palavra em Tengster sobre quem o meu irmão mais novo realmente era. E, com isso, a minha importância também aumentou.»

7

O NOVO GOVERNANTE DO TIBETE AINDA NÃO TEM CINCO ANOS

21 de Fevereiro de 1940 foi um dia glorioso em Lhasa. A temperatura nessa manhã era de cerca de 50 graus. Em Lhasa, a 3600 metros, sem nuvens, o sol parecia ainda mais quente. Lhasa mostrava-se delirantemente festiva. «Não me lembro de Lhasa parecer tão gloriosa antes e desde 21 de Fevereiro de 1940», disse o pintor Yeshi Dorjee. «Não vi um único rosto sem um sorriso.»

No interior do Palácio de Potala, nos seus aposentos residenciais, Lhamo Thondup preparava-se para assumir um papel que não escolhera, mas que aceitara com uma facilidade muito invulgar na sua idade. Não tendo ainda cinco anos, exibia uma familiaridade intuitiva para com o que estava prestes a tornar-se. Disseram-lhe que nascera para ser o rei de tudo o que podia observar no Tibete e estava prestes a ser formalmente ungido. Acordou cedo, como sempre. «Creio que por volta das três da manhã. Ainda estava muito frio e eu queria dormir mais. Disseram-me que esse dia ia ser importante», recordou ele.

No exterior do Potala, ao longo do caminho que vinha de Norbulingka, um odor a incenso queimado pairava no ar. Ao longo de todo o caminho havia milhares de homens, mulheres e crianças com as suas melhores túnicas de seda, chapéus e jóias. O azul e o vermelho eram as cores dominantes. As mulheres cantavam espontaneamente e os homens aplaudiam. Todas as classes, com terras e sem terras, pequena nobreza e gente vulgar, comerciante e camponês, tinham saído à rua em peso. Os pais transportavam os filhos aos ombros, e as mães, as filhas. «Lembro-me que nenhuma pessoa em Lhasa ficou em casa nesse dia. Independentemente das suas posses, saíram à rua com as suas melhores roupas, jóias e sapatos. Era como se todas tivessem um casamento na família. Após quase seis décadas, o odor a incenso ainda está fresco no meu nariz», recordou Dorjee.

A procissão que transportava o Dalai Lama era uma lição de protocolo elaborado. Sir Charles Bell, o oficial britânico em Lhasa, descreveu no seu relato da ocorrência os pormenores que deram vida à cena:

Primeiro vinham os criados, em póneis e a pé, vestidos com túnicas verdes, culotes azuis e chapéus de aba larga com borlas vermelhas, transportando a comida, os utensílios de cozinha, as vestes e a roupa de cama do Dalai Lama; camareiros para estar à disposição do seu mestre no Potala; ajudantes transportando altos estandartes para afastar os maus espíritos; alguns membros da delegação chinesa, lamas séniores seguidos pelo Oráculo do Estado e pelos secretários-chefes; os póneis que encabeçavam a procissão com magníficos arreios de seda; os monges principais do mosteiro de Potala com vestes de cor púrpura guarnecidas de bordados dourados e prateados; os funcionários laicos menos importantes com as suas longas túnicas de muitas cores, camisas pretas e chapéus brancos, à barco, colocados de lado sobre a cabeça e atados sob as orelhas; funcionários laicos por ordem crescente de hierarquia, todos hirtos com pesados brocados. E depois, por entre as nuvens de incenso que andavam à deriva pelo caminho, e no meio de colunas de porta-estandartes, vinham duas longas colunas duplas de homens em uniformes verdes folgados e chapéus vermelhos com plumas brancas, segurando cordas — que iriam ser necessárias para a escalada até ao Potala — e homens de vermelho com chapéus amarelos, carregando, à medida que se deslocavam com pequenos passos arrastados, os jugos que suportavam os postes do grande palanquim dourado do Dalai Lama.

Do interior do palanquim ornamentado, o mundo parecia formidável aos olhos de Lhamo Thondup. «Não me lembro de todos os detalhes, mas lembro-me de filas e filas de pessoas com túnicas azuis e vermelhas. Lembro-me do perfume do incenso. Lembro-me de espreitar pelas cortinas douradas e ver os meus guardas a andar em passo cadenciado. Lembro-me também de parte do guarda-sol do pavão. Tenho uma vaga ideia do regente no seu chapéu amarelo», disse o Dalai Lama. Esta foi a cerimónia que marcou a sua chegada ao Palácio de Potala, a 21 de Fevereiro. O dia seguinte ia ser ainda mais grandioso. Os aposentos residenciais do Dalai Lama eram predominantemente vermelhos. Junto às colunas lacadas a vermelho, estava o seu assento, no cimo de um sofá de madeira vermelho. O salão tinha uma janela inteiriça à frente que deixava entrar a luz do Sol durante todo o dia. O Dalai Lama referiu que a combinação do tapete vermelho, das colunas vermelhas e das pinturas murais cor-de-laranja contribuiu para um «efeito impressionante» à luz do sol. «Lembro-me muito bem disso até hoje», disse ele.

No dia seguinte, pouco depois do nascer do Sol, os convidados começaram a chegar ao enorme salão de audiências, ao fundo do qual se encontrava o Trono do Leão, o assento cerimonial para os Dalai Lamas. O salão estava completamente lotado, quer por laicos, quer por altos funcionários. As oferendas expostas perto do trono incluíam dois cavalos enviados pelo marajá de Sikkim, bem como um grande número de presentes do governo britânico trazido por Sir Charles. Incluíam uma barra de ouro recém-cunhada pela Casa da Moeda de Calcutá, dez sacos de prata, três espingardas, seis rolos de tecido fino de diferentes cores, um relógio de pulso e uma pulseira de ouro, uma caixa de música, dois casais de periquitos e uma rede de jardim. O oficial britânico ofereceu, a título pessoal, um relógio-de-cuco em ouro com um rouxinol, um automóvel a pedais e um triciclo. Havia outros presentes como estátuas de ouro de Buda, sacos de pó de ouro, um dente de elefante e lingotes de prata.

«Lembro-me perfeitamente do relógio-de-cuco. Lembro-me igualmente do automóvel a pedais. O meu primeiro instinto foi abrir o relógio, mas não o fiz», disse o Dalai Lama.

O Dalai Lama entrou no salão precedido pelo toque de trompas e clarins tibetanos. Conseguiu subir os primeiros degraus do trono, mas depois teve de ser levado ao colo. Assim que se sentou no Trono do Leão, a vista pareceu-lhe encantadora. «Havia imensas pessoas a curvar-se em reverência à minha frente. Algumas vinham prostrar-se diante de mim. Achei engraçado. Sorria de vez em quando», disse ele.

O grau de autoconfiança que a criança daquela idade demonstrou perante uma cerimónia tão esmagadora não passou despercebido a Sir Charles: «O interesse extraordinário da criança nos procedimentos, a sua presença e a sua habilidade infalível para fazer a coisa certa à pessoa certa, na altura certa.»

Quando recordei ao Dalai Lama a descrição de Bell, mostrou-se divertido. «Nunca pensei nisso dessa forma. Como disse, tinha um forte sentimento de familiaridade sobre o que estava a acontecer à minha frente. Não tive de fazer nenhum esforço suplementar. Era como se já tivesse feito aquilo antes», disse ele.

A pretensão de Bell de que, de todos os presentes que o menino recebeu, foi dos britânicos que gostou mais, tinha algum fundo de verdade. «Fiquei fascinado com o que Sir Charles trouxe, especialmente os periquitos, que eu não parei de pedir até que mos trouxeram. Não tenho a certeza se isso significava que gostava mais dos britânicos do que do resto», riu-se ele.

Uma vez terminada a cerimónia de posse, após uma série de eventos que se prolongou pelo dia inteiro, o Dalai Lama foi acompanhado de volta aos seus aposentos. O seu irmão Lobsang Samten também foi autorizado a ficar no palácio, próximo do seu quarto. Lobsang não gostava particularmente de viver no palácio, porque durante o dia era solitário e à noite era assustador, por causa das grandes sombras que os seus habitantes projectavam nas paredes, quando passavam à frente das lamparinas. «O meu irmão tinha medo das grandes sombras projectadas pelo pessoal que ia e vinha por entre as lamparinas. Eu, por outro lado, não reagia a nada disso. Além disso, havia um guarda à porta do meu quarto», disse ele.

A vista do palácio para o rio Kyi Chu era magnífica, mas sempre que o Dalai Lama olhava para fora, percebia que não podia ir lá quando queria.

Havia um telescópio montado no terraço dos seus aposentos, de onde podia explorar as vistas da cidade de Lhasa, nos sopés. «Ocasionalmente, a visão de outras crianças a brincar livremente costumava pôr-me a pensar sobre a razão por que não podia fazê-lo. Em breve comecei a brincar com os criados do palácio», disse ele. A infância despreocupada do Dalai Lama durou mais um ano. Quando fez seis anos, foi inscrito num curso de estudos budistas que iria durar os dezoito anos seguintes. Centrava-se principalmente na investigação metafísica e na meditação. «Percebi muito cedo que estava muito interessado em muitas questões profundas. Interessava-me igualmente por aquilo que qualquer criança se interessaria. Quando fiz dez anos, sei que estava verdadeiramente envolvido nos estudos budistas», disse ele.

Os invernos, entre Dezembro e Abril, eram passados no Potala, que o Dalai Lama considerava ser «um lugar não muito bom para viver», e os verões eram passados no Norbulingka, «que era um lugar óptimo porque podia ir para o ar livre e comungar com a natureza.» Ao mesmo tempo que abordava conceitos como o nada e a impermanência, os dois princípios básicos do Budismo, o Dalai Lama também se envolveu em preocupações mais mundanas como reparar relógios avariados, «ou partir os que estavam bons e depois consertá-los». Também gostava de consertar automóveis. «Conduzi um às escondidas, na minha adolescência, e quase dei cabo dele. Não podiam repreender-me muito por isso», disse ele.

A vida no interior do Potala era bastante estruturada e disciplinada, quer para o Dalai Lama, quer para Lobsang. Ambos tinham de acordar muito antes do amanhecer e tomar banho. A única concessão permitida ao escolhido era ter água quente, ao contrário do seu irmão, que tinha de se remediar com água fria. O banho era seguido por uma hora de meditação. Às sete da manhã era hora do pequeno-almoço. O pequeno-almoço consistia em chá de manteiga e *tsampa*. Às 9 da manhã, os funcionários e os monges do palácio reuniam-se para comer sopa, arroz e iogurte. Esta hora coincidia igualmente com uma audiência diária. A isto seguiam-se duas horas de escola, pelas quais nem o Dalai Lama nem Lobsang ansiavam especialmente. O que os mantinha sob controlo eram dois chicotes na parede, que eram ocasionalmente usados no irmão mais velho, por vezes para compensar as travessuras do mais novo. «Lobsang suportou alguns castigos duros por mim, porque não podiam castigar o Dalai Lama», disse Sua Santidade.

Dorjee, que regressou à sua vida de pintor *thangka* depois do fim das festividades, referiu que, em finais da década de 1940, «o ambiente no Tibete começou a mudar outra vez». Com a ascensão do movimento comunista, Dorjee sentiu que as coisas estavam a começar a ficar fora de controlo. «Ouvia-se nas conversas de rua que os chineses estavam a planear algo em grande no Tibete. Com os chineses era caso para estarmos preocupados, porque eles faziam sempre as coisas com grande ponderação», disse ele.

A sublevação política na China comportava consequências graves para o Tibete. Em 1949, quando o Dalai Lama fez catorze anos, as relações do Tibete com a China tinham-se deteriorado rapidamente e estavam muito tremidas. «Os comunistas não gostavam da base em que o Tibete assentava. Não gostavam do Budismo. Não gostavam de religião. Embora eu considerasse louváveis muitos aspectos do Comunismo e concordasse com eles, comecei a ver que, no seu íntimo, não queria que as pessoas procurassem conhecimento espiritual. Verifiquei que aquilo que defendíamos estava em conflito directo com aquilo que eles defendiam», disse o Dalai Lama.

Quando o Exército Popular de Libertação invadiu o Tibete, em 1949, o Dalai Lama sabia, tal como Dorjee, que os chineses não estavam a agir de acordo com um plano a curto prazo, mas sim segundo uma estratégia a longo prazo. «Quando nos invadiram em 1949, fiquei desanimado. Era óbvio que não iam ficar por ali», disse Dorjee.

Um ano mais tarde, o Dalai Lama foi instado pelo regente, pelo Gabinete e pela Assembleia Nacional a assumir plena autoridade política aos quinze anos, três anos antes da maioridade tradicional. «A situação no Tibete era tal que havia necessidade de as pessoas se reunirem à volta de um símbolo. Eu era considerado esse símbolo», afirmou o Dalai Lama. Enquanto adolescente, tinha de conciliar as difíceis questões que os estudos das escrituras budistas lhe levantavam com as crescentes exigências a que a sua posição como autoridade política suprema obrigava. A partir de 1949, o Dalai Lama foi forçado a desempenhar um duplo papel como líder da igreja budista tibetana e como chefe de Estado de facto, a cuja porta se encontrava um dos exércitos mais ameaçadores do mundo.

«Que mudança, desde o tempo em que o Dalai Lama chegou a Rigya, em Outubro de 1939, a Novembro de 1950, quando foi forçado a tomar as rédeas do Tibete porque os chineses não gostavam de nós! Em Fevereiro de 1940, Lhasa celebrava animadamente a chegada do novo Dalai Lama. Em Fevereiro de 1950, não tínhamos a certeza se sobreviveríamos como país», recordou Dorjee, sentado na sua casa de duas divisões em McLeod Ganj. «Já não consigo ver, mas ainda tenho presente na memória a imagem do momento em que os soldados chineses tomaram Lhasa de assalto. Pareciam todos tão novos e, no entanto, eram tão frios. Parecia que Mao lhes tinha feito uma lavagem ao cérebro para os convencer de que éramos uns bárbaros e que tínhamos de ser civilizados e libertados da "opressão" do Dalai Lama. Tudo mentiras, mentiras descaradas», disse Dorjee, pedindo em seguida que não lhe falasse mais de história. «Estou muito velho e não suporto o facto de nunca mais voltar a ver o Tibete», confessou ele.

Ao contrário de Dorjee, que podia expressar o seu optimismo e pessimismo sem qualquer inibição, no Palácio de Potala, o Dalai Lama tinha não só de pesar cada palavra que proferia como também medir cada passo que dava. «Tinham passado apenas cinco anos desde o final da Segunda

Guerra Mundial. O mundo não tinha tempo para o Tibete e para o que a China nos estava a fazer. Tive de envidar todos os esforços para ver se podíamos co-existir pacificamente», disse o Dalai Lama. É bastante evidente que esses esforços não tiveram grande resultado, como os acontecimentos nos meses que se seguiram iriam sublinhar de forma tão chocante.

8
ÍNDIA, CHINA E TIBETE

O factor Índia no destino do Tibete não foi explorado com qualquer grau de seriedade. As duas nações foram unidas, não só pelas suas tradições espirituais partilhadas, como também por algo mais elementar em termos geológicos. A sua ligação geológica é tão forte como a sua ligação espiritual. O Dalai Lama descreve a Índia como a «Arya Bhoomi» do Tibete, ou terra de inspiração. O papel da Índia no passado, presente e futuro do Tibete revelou-se marginal, em parte por causa de sucessivas lideranças do país, a começar no seu primeiro governo, em 1947, terem preferido não ser o centro das atenções. O sucesso da campanha do Dalai Lama para manter a questão do Tibete viva a nível internacional pode ser substancialmente atribuído à existência livre de que gozou na Índia. «Estamos eternamente gratos à Índia e ao seu povo por fazer tanto pelo Tibete e pelos tibetanos. Se encararmos a situação em termos do número de anos da minha vida aí passados, a Índia é a minha casa», disse o Dalai Lama.

Se o Budismo é o eixo à volta do qual o Tibete girou durante, pelo menos, um milénio, então podia argumentar-se que, pelo menos durante esse tempo, a Índia fez parte da sua existência. Durante séculos, os mestres budistas indianos visitaram o Tibete, lançando as bases da sua vida espiritual. Nos tempos modernos é difícil imaginar o Tibete sem o Budismo. É impossível dizer se o Budismo foi bom para o Tibete ou se o colocou num rumo em que o seu povo se tornou tão dócil e confiante que acabou por perder o controlo da sua própria terra e destinos. Estas são questões que não têm respostas definitivas. Os grandes historiadores analisam a história com frieza e sem emoção, sem misturar as suas inclinações pessoais, preconceitos, preferências e desejos nos processos que estão a relatar e a interpretar. Tal análise do Tibete iria invariavelmente criar uma imagem em que a influência da Índia no país foi igual ou até maior, que a da China.

Dez meses depois de a Índia se ter tornado uma república, a 26 de Janeiro de 1950, emergindo de quase duzentos anos de subjugação por parte dos colonialistas ingleses, a China anexou o Tibete, o único estado-tampão entre os dois gigantes asiáticos. Os historiadores não têm a certeza se o momento da anexação do Tibete foi deliberado ou casual, preocupada como estava a Índia em reparar dois séculos de pilhagem e empobrecimento. Menos de três anos antes, o subcontinente tinha sido esmagado por uma das sublevações mais brutais e trágicas da história humana, quando o Paquistão se tornou um país independente. A divisão da Índia, segundo moldes religiosos por parte da potência colonial britânica em retirada, levou a uma sangria sectária da pior espécie. Centenas de milhares de hindus e muçulmanos foram chacinados, enquanto vizinhos se tornavam inimigos de um dia para o outro. Milhões foram despejados de suas casas com a roupa que tinham no corpo, sujeitos às repercussões de uma fronteira traçada arbitrariamente.

Quando o Exército Popular de Libertação (EPL) entrou no Tibete, praticamente sem oposição, a Índia, o vizinho mais importante do Tibete a sudoeste, mais não pôde fazer que olhar de soslaio. Não estava em posição de desafiar o seu agressivo vizinho. A sua própria nacionalidade estava a nascer, os cofres do estado estavam praticamente vazios, os seus 300 milhões de habitantes eram maioritariamente pobres, e a sua força armada ridiculamente mal equipada. O que é mais importante, uma nova república ainda estava atónita a tentar compreender a divisão da Índia e as suas consequências sangrentas. O primeiro primeiro-ministro da Índia, Jawaharlal Nehru, resumiu correctamente a difícil situação do país numa carta ao ministro do interior, Sardar Patel: «Não podemos salvar o Tibete, como seria nosso desejo, e a simples tentativa de o salvar poderia muito bem acarretar-lhe problemas maiores. Seria injusto para o Tibete que lhe trouxéssemos problemas sem ter a capacidade de o ajudar efectivamente. No entanto, talvez sejamos capazes de ajudar o Tibete a manter uma grande parte da sua autonomia.»

«Há que lembrar que nem o Reino Unido, nem os Estados Unidos, nem na verdade qualquer outra potência, está particularmente interessada no Tibete ou no futuro daquele país. Estão é interessados em embaraçar a China», disse Nehru.

Patel, um homem de expressões austeras, ao contrário do mais literário Nehru, respondeu com um laconismo característico, dizendo: «[Embora] nos consideremos amigos da China, os chineses não nos consideram amigos.» Os críticos de Nehru — e há legiões deles na Índia — argumentam que o primeiro-ministro aristocrático, de um modo geral um astuto juiz da geopolítica, estava cego no que se referia à China. Mesmo no auge da campanha da Índia pela independência em relação aos britânicos, as suas opiniões sobre a China eram altamente lisonjeiras. Durante um discurso na Sociedade Cultural Sino-Indiana, em Santiniketan, perto de Calcutá, a 23 de Dezembro de 1945, Nehru disse: «[A Segunda Guerra Mundial] certamente aproximou-nos mais que nunca da China, quer física quer psicologicamente. A guerra fez com que a China olhasse para o que estava a Oeste em vez de para o que estava a Este. O centro de actividades na China aproximou-se da Índia com o desenvolvimento de comunicações rodoviárias e aéreas. Actualmente é possível estar no coração da China após uma breve viagem de um dia. Todos estes factores, que podem ter acontecido ao longo do tempo, mas que foram acelerados pela guerra, conduziram a associações e aproximações mais estreitas entre a China e a Índia.» No mesmo discurso, Nehru também indicou claramente de que forma esperava que a Índia e a China trabalhassem em conjunto:

A Índia e a China, que desempenharam um papel diferente nos assuntos mundiais, estão actualmente a passar por uma espécie de turbilhão. Na China, tomou o rumo óbvio de uma guerra civil, e na Índia, o problema tem raízes profundas. Estas diferenças entre o nosso próprio povo resultam num certo enfraquecimento da nossa capacidade de influenciar o mundo, o que é profundamente lamentável. Agora que as hostilidades cessaram no Teatro do Pacífico, a Índia e a China deviam ter tido o privilégio de comandar o rumo futuro dos acontecimentos. Uma China forte e unida e uma Índia forte e unida têm de se aproximar mais uma da outra. A sua cordialidade e amizade trarão não só benefícios mútuos como também benefícios para o mundo em geral. Há na China e na Índia certos elementos e tradições, que não existem no Ocidente, e que são essenciais para o equilíbrio mundial.

Seja como for, uma coisa parece ser mais que certa, e é a seguinte: Não haverá equilíbrio neste mundo a menos que haja equilíbrio na Índia, na China e no Sudeste Asiático. Não haverá harmonia nem paz, mesmo que por pouco tempo, e muito menos por períodos prolongados, a menos que os problemas da Ásia sejam resolvidos de forma satisfatória, a menos que a agressão e a ingerência dos países ocidentais na Ásia acabe, de uma vez por todas.

Com opiniões tão optimistas sobre o seu futuro adversário, Nehru tinha evidentemente interpretado mal as reais intenções da China, à medida que o mundo saía da agitação da Segunda Guerra Mundial. O que não ajudava, segundo alguns críticos, era o facto de dois dos conselheiros mais próximos de Nehru serem Krishna Menon, antigo embaixador da Índia nas Nações Unidas e ministro da defesa, e K. M. Pannikar, embaixador da Índia na China, ambos manifestamente socialistas nas suas inclinações políticas e próximos da China. Em vez de se concentrar na anexação do Tibete, mais imediata e eventualmente com consequências em termos territoriais, Nehru preferiu preocupar-se com a Guerra da Coreia (1950-1953).

A invasão chinesa do Tibete ocorreu apenas cinco anos após o final da Segunda Guerra Mundial, com a Europa, a América e o Japão a braços com um profundo cansaço da guerra e graves problemas económicos. A alienação do pós-Segunda Guerra Mundial e as tensões na Europa tinham dividido o mundo nos blocos ocidental e oriental. O bloco ocidental, liderado pelos Estados Unidos, estava aprisionado numa fervilhante guerra de nervos com o bloco oriental, liderado pela União Soviética. Não obstante o cada vez menor apetite da comunidade mundial por guerras, a Coreia do Norte, apoiada pela União Soviética e pela China, invadiu a Coreia do Sul, instigando os Estados Unidos a intervir juntamente com uma coligação das Nações Unidas.

Na opinião de Nehru, em parte apoiada pela análise fornecida por Menon e Pannikar, a Guerra da Coreia podia enfraquecer a situação da adesão da República Popular da China às Nações Unidas, que, por sua vez, podia debilitar a sua visão de criar um novo eixo de potências não-alinhadas na Ásia, incluindo a Índia e a China.

A República da China nasceu em 1912, no final da dinastia Qing, colocando um ponto final em mais de dois mil de anos de domínio imperial. Durante a sua existência, a República da China foi agitada pelo despotismo dos senhores da guerra, pela invasão japonesa e pela guerra civil, antes de ser derrotada pelos Comunistas, em 1949. Embora a República da China fosse um membro fundador das Nações Unidas desde 1945, a ascensão do Partido Comunista e a sua tomada de poder na China continental não significavam automaticamente que a República Popular da China fosse a sucessora natural da República da China nas Nações Unidas. Até 1971, a República da China foi reconhecida como o único governo legítimo da China, embora tivesse a sua sede em Taiwan. Mas, uma resolução aprovada pela Assembleia-geral das Nações Unidas, em 1971, retirou esse reconhecimento e, em vez disso, reconheceu a República Popular da China como a representante legítima. A esperança de Nehru de que a China fosse um membro activo e influente do movimento dos não-alinhados, um grupo de países que reclamavam ser independentes quer do bloco ocidental quer do bloco oriental, foi desmentida por Pequim.

É possível que, na altura, a lógica de Nehru de manter a China do lado da Índia, fizesse sentido. Contudo, em retrospectiva, parece ter sido contraproducente. Apesar de a Índia ter sido reduzida a uma sombra do que fora devido a invasões estrangeiras frequentes anteriores a 1950, havia aqueles que pensavam que a Índia podia fazer a diferença no Tibete. O *The Economist*, que naquela época era conhecido por não ter uma visão particularmente lisonjeira da Índia, escreveu num editorial: «Tendo mantido total independência da China desde 1912, o Tibete tem fortes pretensões a ser considerado um Estado independente. Mas cabe à Índia tomar a iniciativa nesta questão. Se a Índia decidir apoiar a independência do Tibete como estado-tampão entre si própria e a China, a Grã-Bretanha e os EUA farão bem em também lhe estender o reconhecimento diplomático formal.»

A anexação do Tibete apanhou Nehru de surpresa. Queixou-se de que tinha sido «levado a acreditar, pelo Ministério dos Negócios Estrangeiros chinês, que os chineses resolveriam o futuro do Tibete de forma pacífica, através da negociação directa com os representantes do Tibete». Dada a história dos comunistas chineses, é difícil imaginar por que razão Nehru levaria à letra promessas do Ministério dos Negócios Estrangeiros chinês.

Em Abril de 1951, Pequim tinha conseguido coagir Lhasa a celebrar o Acordo de Dezassete Pontos intitulado «Acordo do Governo Popular Central e do Governo Local do Tibete sobre Medidas para a Libertação Pacífica do Tibete». A nomenclatura foi cuidadosamente escolhida, de modo a descrever o governo do Tibete como o governo local e a China como o governo central. A linguagem do acordo foi abertamente ponderada em detrimento do Tibete. «A nacionalidade tibetana é uma das nacionalidades com uma longa história dentro das fronteiras da China e, como muitas outras nacionalidades, desempenhou o seu dever glorioso durante a criação e o desenvolvimento da nossa grande Pátria», dizia.

Foi apresentado, à delegação tibetana enviada para discutir o acordo, um projecto de acordo que não abordava a maioria dos seus receios. Já enfraquecida pela agressão de 1950, a delegação sentiu-se obrigada a entrar numa qualquer espécie de acordo para evitar mais hostilidades militares por parte de Pequim. Descrevendo as circunstâncias que acabaram por levar à coerção da delegação tibetana a assinar os acordos, o Dalai Lama relatou: «A nossa delegação disse categoricamente aos chineses que o Tibete era um Estado independente. Apresentaram fortes evidências nesse sentido, mas os chineses não concordaram. Redigiram um acordo revisto que continha dezassete artigos e que foi apresentado à delegação como um ultimato. A nossa delegação foi impedida de fazer quaisquer alterações. Além disso, foram injuriados e ameaçados com violência pessoal, bem como com mais acção militar contra o povo do Tibete. Não foram autorizados a enviar os artigos ao meu governo nem a mim.»

A delegação tibetana assinou o acordo sem usar a chancela oficial. Usaram chancelas pessoais. «Tenho absoluta certeza de que não usaram a nossa chancela oficial. Nesse sentido, na prática, o Acordo de Dezassete Pontos ainda não era um acordo. Mas os chineses concluíram convenientemente que eram favas contadas. Rejeitei-o na altura e continuo a rejeitá-lo agora», disse o Dalai Lama.

Três anos após o Acordo de Dezassete Pontos ter sido promulgado, durante a sua segunda visita à China, em Maio de 1954, tendo sido a primeira em 1939, Nehru pareceu entender-se bem com o primeiro-ministro chinês Chou En-lai. Nehru ficou impressionado com a «força espantosa» que os chineses demonstravam na construção da sua nação. A visita iria ser decisiva, já que a Índia e a China assinaram o famoso acordo de cinco pontos, conhecido como o Acordo de Panchsheel, que falava de «não-agressão mútua», «não-ingerência mútua nas questões internas um do outro», e de «coexistência pacífica». O acordo foi encarado com grande desconfiança por parte dos adversários políticos de Nehru, muitos dos quais acreditavam que este tinha, na realidade, condenado o futuro do Tibete.

Nessa época, Jyotindra Nath Dixit era um ambicioso diplomata de carreira e tornar-se-ia mais tarde secretário dos negócios estrangeiros da Índia e conselheiro de segurança nacional e distinguir-se-ia como um dos mais brilhantes estrategas de política externa. Analisou a posição de Nehru de uma perspectiva mais lata. Em entrevistas em 1997, Dixit, que faleceu em Janeiro de 2005, afirmou!, «É fácil rejeitar a política de Nehru em relação à China como sendo gravemente defeituosa e ingénua. Mas se olharmos para as circunstâncias geopolíticas no âmbito das quais evoluiu, faz todo o sentido. É verdade que o grande primeiro-ministro acreditou piamente na China, mas a sua premissa de base, de que a Índia e a China tinham de trabalhar em conjunto, uma ideia que está a ser posta em prática por ambos no século XXI, não estava inerentemente errada.»

«A mera dimensão e a realidade da sua proximidade geográfica ditou que os dois tinham de encontrar uma maneira de estar do mesmo lado no que respeita à abordagem de muitas questões internacionais. A visão de Nehru de manter a China do lado da Índia na tentativa de criar um eixo não-alinhado não podia ser censurada. No entando, o que se podia questionar era a sua incapacidade administrativa para ver a realidade dos interesses e ambições individuais da China.»

Dixit afirmou que o que os críticos descrevem como o fracasso de Nehru foi, na realidade, uma consequência de falta de visão. «Nas circunstâncias em que Nehru se encontrava teria sido imprudente da parte da Índia assumir uma posição abertamente antagonista à China simplesmente porque não nos agradava a sua política. Acrescentaria, no entanto, o seguinte: a política da Índia em relação à China, sob o comando de Nehru, necessitava certamente de uma grande dose de cepticismo e dúvida», declarou ele.

Que o cepticismo e a dúvida faltavam visivelmente na política da Índia em relação à China estava explicitamente claro no Acordo de Panchsheel, de 1954, entre os dois países, quatro anos depois de Pequim ter tomado conta de Lhasa. Por volta da altura da visita de Nehru a Pequim, em Maio desse ano, o governo chinês estava a apertar o seu controlo sobre o Tibete, estacionando aí mais de 200 000 tropas. Não era surpresa para ninguém que a China estava disposta a assinar um acordo que falava de não-ingerência mútua. Se o Tibete tinha importância para a Índia, devido aos seus laços comerciais, culturais e religiosos de há muitos séculos, a visita de 1954 não parecia sublinhar qualquer compromisso numa relação com o Tibete. Na verdade, quando muito, parecia debilitar alguns desses laços com a formalização solene das relações sino-indianas. A incredulidade de Nehru em 1950 perante a invasão chinesa do Tibete praticamente não foi abordada nos seus intercâmbios com os líderes chineses durante a sua primeira visita oficial.

«Embora estivéssemos profundamente consternados com a invasão chinesa e a resposta relativamente apagada da Índia, eu sentia-me optimista em relação à visita do primeiro-ministro Nehru», disse o Dalai Lama. «Considerâramos sempre a Índia como a terra da nossa inspiração e uma civilização que estaria sempre do nosso lado. Quando o Acordo de Panchsheel foi anunciado, eu tinha bastantes dúvidas sobre as verdadeiras intenções de Pequim. Não-ingerência mútua significava dizer à Índia para não falar do Tibete.»

Quando Nehru visitou a China, a força repressora de Pequim sobre Lhasa era firme e crescente. Era óbvio para a maioria dos tibetanos que, se não houvesse um reviravolta extraordinária na geopolítica, perderiam a sua terra para sempre. Se o Dalai Lama teve então um mau pressentimento, não o revelou a ninguém. «Para mim, estava a tornar-se óbvio que estávamos a perder o Tibete para a China», recordou ele. «Mas não que a situação se tornasse tão desesperada que acabasse por me obrigar a abandonar o país.»

A visita de Nehru a Pequim acabou por ser um exercício de grande bonomia asiática entre este e Chou En-lai, inspirando o líder indiano a inventar uma expressão duradoura mas muito injuriosa: «Hindi-Chini Bhai Bhai» (irmandade sino-indiana). Apesar de ter admitido que ficou desagradavelmente surpreendido com a acção chinesa no Tibete quatro anos antes da sua visita, Nehru parecia demasiado desejoso de separar as relações sino-indianas dos desenvolvimentos em Lhasa. Não obstante a resposta franca de Nehru de que, uma vez que a Índia não estava em posição de ajudar o Tibete a ponto de poder resolver a questão, não devia fazer absolutamente nada, os tibetanos, em geral, e o Dalai Lama, em particular, contavam que Nova Deli usasse muito mais a sua influência do que acabou por fazer. «Entendi as motivações e a lógica do primeiro-ministro Nehru. Mas também achei que subestimou a influência da Índia, e a sua própria, nas questões mundiais», concluiu o Dalai Lama.

Dois anos após a visita de Nehru, surgiu uma oportunidade de o Dalai Lama conhecer pessoalmente Nehru durante o aniversário de 2500 anos do nascimento do Buda, na Índia. O Dalai Lama foi convidado pelo Marajá Kumar de Sikkim para assistir às celebrações, deixando os chineses extremamente preocupados com o facto de ele poder não regressar. Na realidade, a suposição chinesa não estava longe da verdade, dado que o Marajá Kumar estava a conspirar activamente para convencer o governo indiano a conceder asilo ao Dalai Lama e a angariar o apoio dos EUA para o plano. O Dalai Lama chegou a Nova Deli a 26 de Novembro de 1956, juntamente com o Panchen Lama.

O encontro entre Nehru, de sessenta e sete anos, e o Dalai Lama, de vinte e um anos, foi muito cordial, mas os dois, separados por mais de quarenta e cinco anos, tiveram dificuldade em estabelecer imediatamente uma ligação. Um era um estadista mundial, aristocrata de origem e expansivo na sua filosofia política e, no entanto, astuto na arte da *realpolitik*, tendo estado no centro de um dos maiores movimentos políticos mundiais contra a subjugação imperial. O outro, embora altamente intuitivo, era inexperiente em questões mundiais, naturalmente discreto e movido pela sua fé na inerente bondade de todos os seres humanos. Nehru e o Dalai Lama não podiam ser mais diferentes um do outro. O que os unia, todavia, era a sua profunda compreensão do espírito da civilização indiana tal como se manifesta no Budismo. «Nehru era um homem notável, um grande líder e intelectual», explicou o Dalai Lama. «Percebi que tinha de zelar pelos interesses da Índia, mas não achei que os interesses da Índia fossem diferentes dos do Tibete. Foi aí que discordámos.»

«Percebi que, ao mesmo tempo que o seu coração estava connosco, tibetanos, a sua cabeça estava preocupada com a difícil questão de contrabalançar os velhos laços da Índia com o Tibete e a necessidade de trabalhar com a China. Mas continuo a achar que Nehru tinha mais poder como líder da Índia do que julgava», disse o Dalai Lama.

«Encontrámo-nos muitas vezes durante a minha estada em Nova Deli. Expliquei ao primeiro-ministro a nossa situação. Ele reiterou a sua posição de que a Índia não podia fazer muito pelo Tibete e sugeriu que eu resolvesse todas as questões pendentes com Chou En-lai, que estava previsto visitar a Índia em Janeiro. Nehru disse também que ninguém no mundo reconhecia a independência do Tibete, pelo que seria melhor para nós trabalharmos no âmbito do Acordo de Dezassete Pontos. Como é óbvio, eu esperara mais de Nehru, mas ele tinha as suas próprias motivações», racionalizou o Dalai Lama. A posição de Nehru sobre a invasão chinesa do Tibete era tudo menos crítica, dominado como estava pelo seu desejo de que os dois gigantes asiáticos trabalhassem em parceria no que se referia às grandes questões internacionais.

Durante essa visita, o Dalai Lama mencionou a Nehru o seu desejo de procurar asilo na Índia. «Nehru não estava a favor nessa altura», recordou o Dalai Lama. «A minha impressão de Nehru era de que estava genuinamente preocupado com os tibetanos, mas estava igualmente preocupado com o futuro da Índia.»

A visita de 1956 à Índia permitiu ao Dalai Lama vislumbrar as possibilidades, caso optasse por abandonar o Tibete. O seu encontro com Chou En-lai acabou por se revelar melhor do que esperara. Quando se queixou de que os chineses estavam a impor reformas aos tibetanos, Chou En-lai pareceu genuinamente surpreendido. «Mostrou-se muito amistoso e disposto a ouvir-me sobre as nossas questões. Até nos prometeu que iria transmitir as nossas opiniões a Mao», disse o Dalai Lama.

Chou En-lai também conheceu Thubten Jigme Norbu, o irmão mais velho do Dalai Lama e o primeiro lama encarnado da família, que se tornou abade do poderoso mosteiro de Kumbum. «A minha impressão de Chou En-lai é que estava inclinado a resolver as nossas questões, mas não tinha autoridade para o fazer. Afinal, naquela época tudo dependia do Presidente Mao. Partilhei com Sua Santidade as minhas opiniões. Disse que as perspectivas não eram favoráveis, apesar do que Chou estava a dizer», disse Norbu.

Chou En-lai voltou à Índia após a visita à Europa e encontrou-se novamente com o Dalai Lama. «Disse-me que a situação no Tibete tinha piorado e que a revolta contra a presença chinesa se tinha intensificado. Fiquei com a sensação de que ele continuava a não perceber por que razão é que os tibetanos haviam de querer revoltar-se. Depois disse-me que o Exército Popular de Libertação agiria de modo a pôr fim a qualquer revolta», relatou o Dalai Lama.

Quando o Dalai Lama regressou a Lhasa, em Março de 1957, ele e a maioria das pessoas na capital sabiam que a sua vida aí estava a tornar-se insustentável. Mas Tenzin Gyatso continuava a acreditar que podia dar a volta à situação. «Na altura acreditava que podia discutir com os chineses e convencê-los da futilidade da sua acção no Tibete. Mas agora, quando olho retrospectivamente para essa época, parece-me que a China nunca fez nada para se retractar. Os chineses sempre pensaram que são o centro do mundo, o que, claro está, é muito errado. Os chineses nunca hesitariam em fazer algo assim, se se tivessem decidido a isso, mesmo que estivesse errado», disse o Dalai Lama.

Os últimos dois anos do Dalai Lama em Lhasa, que se seguiram à sua visita a Nova Deli, foram de mau agoiro, o prenúncio do destino iminente.

9

INSINUAÇÕES DE FRATRICÍDIO

Em finais da década de 1950, quando o Exército Popular de Libertação se preparava para invadir o Tibete, alguns dos seus oficiais encontraram-se com Thubten Jigme Norbu. A sua missão era conseguir que Norbu ficasse do lado deles e contra o seu irmão mais ilustre.

O acordo proposto a Norbu pelos interlocutores chineses era de um cinismo surpreendente. «Depõe o teu irmão e nós faremos de ti governador-geral do Tibete», foi o que os oficiais lhe disseram. Como se isso não fosse suficientemente chocante, os oficiais sugeriram algo ainda mais cínico — podia optar pelo fratricídio, caso o Dalai Lama se recusasse a cooperar.

«Disseram que destruiriam tudo o que fosse tibetano, a sua religião, a sua cultura, os seus costumes e assim por diante [caso não cooperássemos].» Norbu, de oitenta e quatro anos, que dirige um centro cultural tibetano em Indianapolis, no Indiana, lembrava-se vivamente. «Disseram que se Sua Santidade não cooperasse com os comunistas, então eu devia matá-lo. Tive de me controlar muito perante uma sugestão tão abominável. Disseram que aqueles que cometessem esse tipo de actos pela causa do Comunismo seriam recompensados com um alto cargo. Não sei porquê, mas sempre odiei o Comunismo.»

«Era evidente que os chineses não gostavam de nada em nós, tibetanos. Vinham ter comigo todos os dias e diziam-me todo o tipo de coisas. Criticavam tudo, desde os nossos hábitos às nossas roupas. Faziam comentários sobre as vestes dos nossos monges, dizendo que desperdiçávamos muito pano. Diziam para usarmos um casaco e umas calças. Depois criticavam a religião, em geral, e o Budismo, em particular», afirmou Norbu.

O Tibete ficou na mira de Pequim imediatamente após a ascensão do Partido Comunista Chinês, em 1949. Pouco depois de os comunistas terem subido ao poder, a elite política da China começou a engendrar maneiras de «libertar» o Tibete de «forças imperialistas e do regime feudal reaccionário em Lhasa». As crónicas tibetanas anteriores à invasão do Tibete têm referências a sinais «sobrenaturais» dos problemas vindouros. Um relato dizia que durante a meditação no mosteiro de Ganden, o Dalai Lama viu a estátua de Yamantaka, a divindade do terror e da destruição, mover a cabeça e olhar para leste com uma expressão ameaçadora. Houve uma série de desastres naturais, incluindo um forte tremor de terra e secas. Houve também relatos de nascimentos aberrantes, quer em humanos quer em animais. Diz-se que houve edifícios de templos que se desmoronaram sem razão aparente.

Entre as razões de relevo usadas para justificar a sua iminente acção contra os tibetanos — não sendo de somenos importância os seus hábitos de vestuário —, o Partido Comunista falou da prática da escravatura ou de servidão no Tibete. Acusaram igualmente os tibetanos de sacrifício humano. Embora a escravatura ou a servidão existissem no Tibete, onde as famílias pobres muitas vezes vendiam os seus filhos a licitantes que lhes pagavam *shoring*, ou o «preço do leite materno», também eram correntes na China. De acordo com muitas estimativas, havia até quatro milhões de crianças escravizadas na China, na década de 1930.

Há alguns indícios de que o chocante ritual de sacrifício humano existiu no Tibete, mas foi anterior à chegada do Budismo. Seja como for, não tinha a aprovação oficial do governo tibetano ou do clero budista. O que manteve vivas as histórias sobre sacrifício humano foi uma prática fúnebre que alguns tibetanos seguiam. Quando morriam rapazes novos, os seus corpos eram enterrados em posição vertical sob edifícios importantes. Em alguns casos, em vez dos corpos, eram enterradas imagens. Mas não era uma tradição religiosa cruel; era meramente uma forma de enterro.

Determinado como estava a submeter o Tibete ao seu controlo, o regime comunista não levou muito tempo a agir. Em Outubro de 1950, o Exército Popular de Libertação tinha entrado em Chamdo, a capital da província de Kham e quartel-general do Comando Oriental do Exército Tibetano. Kham foi praticamente arrasada pelo Exército Popular de Libertação, que prendeu o governador da província, Ngawang Jigme Ngabo. Simultaneamente, o exército chinês estava também a infiltrar-se discretamente na província fronteiriça de Amdo, no Nordeste do Tibete, com o máximo cuidado para a sua acção não atrair a atenção internacional.

A escalada da presença militar chinesa forçou o Dalai Lama, com quinze anos, e um grupo de altos funcionários do seu governo, a abandonar a capital e a instalar uma administração provisória perto da fronteira indiana em Yatung. Os chineses perceberam que a atitude do Dalai Lama podia enviar um sinal errado para dentro e para fora do Tibete. Em Julho de 1951, os oficiais chineses convenceram o Dalai Lama e os funcionários governamentais por ele escolhidos a regressar a Lhasa.

«Mesmo sendo tão novo, a minha lembrança é a de um exército chinês determinado, empenhado em assumir o controlo do Tibete. Fomos persuadidos a regressar com a ideia de que ainda podíamos evitar mais incursões por parte dos chineses», lembrou o Dalai Lama, cerca de quarenta e cinco anos após o sucedido. Menos de dois meses depois de o Dalai Lama e os seus funcionários terem confiado nas promessas dos chineses, 3000 «forças de libertação» chinesas invadiram Lhasa, em Setembro de 1951. Durante os três anos seguintes, Pequim agiu rapidamente no sentido de consolidar o seu domínio sobre o Tibete, estacionando aí 220 000 tropas do Exército Popular de Libertação, em 1954.

Em Abril de 1956, os chineses instalaram o Comité Preparatório para a Região Autónoma do Tibete em Lhasa, chefiado pelo Dalai Lama. «O objectivo do comité era descrito, de forma bastante astuciosa, como destinando-se a modernizar o país. Os perspicazes membros do governo tibetano, incluindo o Dalai Lama, perceberam que, na verdade, se esperava que o comité cumprisse à risca as orientações chinesas sobre quaisquer reivindicações iminentes que fizessem», disse Tempa Tsering, cunhado do Dalai Lama e funcionário influente do governo tibetano no exílio.

No final dos anos 50, Lhasa tornou-se cada vez mais politizada e a ascensão do Mimang Tsongdu, um grupo popular e espontâneo de cidadãos, fez crescer a resistência não-violenta. Cartazes que denunciavam a ocupação foram afixados por toda a cidade. Pedras e excremento de iaque seco foram arremessados em paradas de rua chinesas. Durante esse período, quando a directiva de Pequim ainda era cortejar os tibetanos em vez de os oprimir, apenas os líderes e oradores mais radicais do Mimang Tsongdu enfrentavam a prisão.

Em Fevereiro de 1957, muitas zonas no Leste do Tibete estavam a ficar agitadas, à medida que as guerrilhas locais de Kham e de Amdo infligiam pesadas baixas no exército chinês. Os ataques forçaram as autoridades do exército a deslocar 100 000 forças do Tibete ocidental para o Tibete oriental. As tentativas de desarmar os ferozes membros da tribo Khampa fizeram escalar a resistência a tal ponto que o Exército Popular de Libertação foi obrigado a começar a bombardear a região. Os mosteiros foram pilhados e foram presos nobres, monges e líderes de guerrilha. Muitos deles foram torturados e executados publicamente, para enviar uma mensagem de terror a outros que pudessem tencionar juntar-se à resistência.

A luta nas distantes províncias de Kham e Amdo forçou milhares de refugiados tibetanos a fugir para Lhasa, já inundada por 30 000 tropas do Exército Popular de Libertação em vigilância constante, à medida que a população da capital aumentava drasticamente. Centenas de abrigos e acampamentos temporários levantaram-se de repente nos arredores da capital. Nos meses que se seguiram, a revolta começou a fermentar por toda a Lhasa. No início do Inverno de 1958, dezenas de milhares de guerrilheiros e tibetanos comuns, no interior e em redor de Lhasa, começaram a entrar em confronto com as tropas chinesas. No final de 1958, o comando militar chinês tinha diante de si uma revolta a toda a escala. Finalmente, tiveram de usar o seu trunfo — ameaçar bombardear o palácio do Dalai Lama se a revolta não fosse contida.

«Lembro-me que, no início de 1959, estava muito preocupado com os exames finais do Geshe Lharampa [o doutoramento em filosofia budista com ênfase na metafísica]. A metafísica é uma disciplina muito difícil e requer muita concentração. Até o Dalai Lama tem de estudar a sério. Não podemos fazer batota e passar», disse Sua Santidade a rir. «Mas também tinha os acontecimentos no exterior do [templo de] Jokhang na ideia. Lhasa não era feliz nessa época. As pessoas estavam zangadas com a presença do Exército Popular de Libertação.»

A 1 de Março de 1959, dois oficiais de baixa patente do exército chinês fizeram uma visita ao Dalai Lama, no Jokhang, o centro espiritual do Budismo tibetano. Construído em 647, durante o governo de Songtsen Gampo, o templo era também um local de aprendizagem para os Dalai Lamas. O pretexto para a visita dos dois soldados era o de convidá-lo para uma representação e um lanche no quartel-general do exército chinês. Queriam que se comprometesse de imediato com uma data. «Disse que podia fazê-lo apenas depois de terminadas as cerimónias que envolviam os meus exames finais», disse o Dalai Lama.

Tempa Tsering colocou o convite em perspectiva. «Essa visita era extraordinária por muitas razões, mas posso dar-lhe as duas mais importantes. Por um lado, convites de tal natureza são transmitidos sempre através do Kashag [o Gabinete tibetano]. Por outro, essas festas eram normalmente celebradas no palácio e não no quartel-general militar. Alguma coisa não batia certo com esse convite», disse ele.

«Nesses dias de 1959, pairava um ambiente estranho em Lhasa. Era perceptível que estávamos com graves problemas e que estes não tinham que ver apenas com a presença de um grande número de efectivos da tropa chinesa. Eram apenas sinais do tempo», disse Norbu.

Cinco dias depois de os dois oficiais de baixa patente do exército terem estado com o Dalai Lama no Jokhang, o General Tan Kuan-sen, um dos três chefes militares de Lhasa, chamou o abade superior para saber quando é que o Dalai Lama assistiria à representação no acampamento do exército. Depois de alguma discussão, acordaram a data de 10 de Março. 8 de Março era Dia da Mulher, data em que o General chinês Tan Kuan-sen costumava intimidar o povo de Lhasa e ameaçar bombardear mosteiros a menos que os Khampas abrandassem os seus ataques.

Na manhã de 9 de Março, dois oficiais chineses visitaram o chefe dos guarda-costas do Dalai Lama, solicitando que se encontrasse com o Brigadeiro Fu no quartel-general militar. O que Fu tinha a dizer ao chefe não prometia nada de bom. Fu disse que a visita do Dalai Lama ao quartel-general do exército, saindo do Palácio de Norbulingka, teria de ser feita sem qualquer cerimónia. Não seria permitido que os guarda-costas acompanhassem o Dalai Lama nem que os soldados tibetanos entrassem no quartel-general.

«Parecia um sinal evidente, dado que nessas visitas Sua Santidade era sempre acompanhada por uma comitiva de vinte e cinco guardas armados.

O trajecto da sua viagem era invariavelmente acompanhado por gente de Lhasa. O que os chineses nos estavam a pedir soava muito suspeito», recordou Tsering.

«Foi-me dito pelos meus assistentes que os chineses não estavam a preparar coisa boa. Não quis levantar problemas, porque queria sondar as intenções chinesas», disse o Dalai Lama. No entanto, a população de Lhasa pensou de maneira diferente. No dia da visita programada, cerca de 300 000 tibetanos rodeavam o palácio para impedir que o Dalai Lama visitasse o quartel-general chinês.

«Lembro-me da imensa multidão no exterior do palácio. Lembro-me que as pessoas estavam muito ansiosas. Lembro-me que não queriam que eu saísse do palácio, porque temiam pela minha segurança. Pensavam que eu podia ser levado à força para Pequim, para participar na Assembleia Nacional Chinesa. Vendo as suas emoções, não tive outra escolha senão decidir contra a visita ao quartel-general do exército», disse o Dalai Lama.

Essa decisão acabou por ser fatídica. Desde essa altura, a vida em Lhasa entrou numa espiral de descontrolo. Dois dias mais tarde, milhares de mulheres saíram para as ruas segurando cartazes que diziam O TIBETE PARA OS TIBETANOS. Uma delegação de mulheres entregou um pedido de ajuda no consulado indiano. Uma fonte diplomática indiana que estava presente na altura afirmou: «Embora as pessoas em Lhasa parecessem combativas e determinadas a enfrentar os chineses, era óbvio para qualquer pessoa atenta, que os tibetanos já tinham perdido a sua terra para o Exército Popular de Libertação. Eu sabia que estávamos a assistir aos últimos dias de um Tibete autónomo.»

A recusa do convite por parte do Dalai Lama fez com que, em Lhasa, fossem traçadas linhas de batalha entre os tibetanos e os chineses. Os membros do Mimang Tsongdu começaram a barricar as ruas estreitas ao mesmo tempo que as tropas chinesas reforçavam as suas posições. O Dalai Lama e os seus assistentes começaram a planear um golpe que iria mudar a sua vida e a história do Tibete para sempre. Decidiram fugir.

«Eu sabia que a minha permanência em Lhasa já não era sustentável. Nos meus momentos privados, sentia-me triste por não ter outra alternativa senão abandonar o país», recordou o Dalai Lama, uma tarde, quase quarenta anos depois, sentado num sofá ocre no seu gabinete privado em McLeod Ganj. Parecia pensativo, nostálgico e um pouco emocionado. «Bem vê, passavam-se demasiadas coisas para eu poder ficar. Os meus assistentes acharam que eu tinha de fugir para me manter vivo.»

De acordo com os registos tibetanos, a 15 de Março, 3000 guarda-costas do Dalai Lama saíram de Lhasa para ocupar a sua posição ao longo da provável rota de evasão. Os membros da tribo Khampa, que os chineses queriam que o Dalai Lama reprimisse, colocaram alguns dos seus homens de maior confiança em pontos estratégicos. Cerca de 50 000 efectivos das tropas chinesas, fortemente armados estavam às portas de Lhasa e eram várias vezes mais numerosas que as forças tibetanas.

A 17 de Março, Lhasa acordou com um nó no estômago. Alguma coisa parecia estar errada. À tarde, os chineses desistiram de dissimular a suposta «tomada pacífica» do Tibete. O exército disparou dois tiros de morteiro contra o palácio de Verão de Norbulingka. Os seus disparos não atingiram os muros do palácio, mas caíram suficientemente perto para o Dalai Lama tomar uma decisão.

«Todos no palácio me aconselharam a fugir imediatamente. Eu não tinha a certeza, porque queria ficar a defender o povo do meu país. Disseram-me que, se continuasse vivo, ainda podia fazer a diferença», recordou o Dalai Lama.

O momento decisivo chegou às 10 horas dessa noite. Numa acção carregada de ironia, o Dalai Lama foi obrigado a desfazer-se das suas vestes ocre e a substituí-las por um uniforme de soldado e transportar uma arma. Iniciou então a longa viagem para a Índia. Dois dias depois, rebentaram combates violentos, com civis tibetanos mal armados a entrar em combates corpo a corpo com as tropas chinesas. Centenas de munições foram disparadas contra o Norbulingka. Fontes tibetanas dizem que milhares de pessoas morreram nos dias seguintes. Duzentos membros da guarda pessoal do Dalai Lama foram executados publicamente por um pelotão de fuzilamento. Três dos mosteiros mais importantes de Lhasa, Ganden, Sera e Drepung, foram bombardeados e gravemente danificados. Segundo uma estimativa, mais de 86 000 tibetanos foram mortos no espaço de poucos dias, em resultado da fuga do Dalai Lama.

Após duas semanas de uma traiçoeira viagem a cavalo pelas montanhas, a 31 de Março de 1959, o Dalai Lama e os funcionários que o acompanhavam chegaram à fronteira indiana no Desfiladeiro de Khenzimane. Dois dias mais tarde chegaram a Tawang, sede do Posto de Fronteira Nordeste (NEFA). A região é actualmente conhecida por Arunachal Pradesh, um dos vinte e sete Estados da Índia.

«Estávamos todos muito cansados. Lembro-me que tive uma crise de desinteria, um problema que descobri ser muito comum na Índia. Encontrei-me na Índia, a terra na nossa inspiração espiritual. Estava simultaneamente contente e triste, triste por termos sido forçados a abandonar a nossa pátria, mas contente por estarmos na Índia, onde o Budismo começou», disse o Dalai Lama.

A 3 de Abril, o primeiro-ministro da Índia, Jawaharlal Nehru, informou o parlamento de que Nova Deli tinha concedido asilo ao Dalai Lama, à sua família e às restantes pessoas que o acompanhavam. A 18 de Abril, o Dalai Lama, juntamente com a sua mãe, irmã, irmão, três sacerdotes e mais cerca de oitenta pessoas foram para Tezpur, em Assam. Foi recebido por funcionários indianos e quase duzentos jornalistas que aí se tinham reunido para cobrir aquilo a que chamaram «a história do século».

«Lembro-me que os jornalistas estavam curiosos sobre tudo, sobre quem eu era, como me propunha lidar com a ocupação do Tibete, quando planeava regressar. Agora, quando penso nessa época, digo a mim mesmo que as perguntas não se alteraram. Continuo na Índia e os chineses continuam no Tibete», disse o Dalai Lama num raro momento de melancolia.

Entre as declarações que o Dalai Lama fez em Tezpur, contava-se um veemente repúdio do Acordo de Dezassete Pontos de Maio de 1951, que afirmou ter sido obrigado a assinar, «sob coacção», pela China, em Pequim.

O Dalai Lama e a sua comitiva não sabiam ao certo o que lhes reservava o futuro na Índia. Não sabiam onde seriam instalados. Não sabiam quanto tempo viveriam no país. A única coisa que sabiam era que eram refugiados, muito importantes é certo, mas, ainda assim, refugiados. «Percebi imediatamente que tinha perdido a minha pátria. Nessa altura não sabia quanto tempo duraria o meu exílio, mas pressenti que não ia ser curto», disse o Dalai Lama. A comitiva soube, pelo governo da Índia, que seria oferecida ao Dalai Lama uma casa de exílio em Mussoorie, uma pitoresca cidade montanhosa nos Himalaias, no Norte da Índia. Sabia-se que, na melhor das hipóteses, seria uma solução temporária. Os funcionários do Dalai Lama foram informados de que Nehru tinha decidido que seriam, no devido tempo, transferidos para uma graciosa povoação dos Himalaias chamada McLeod Ganj, no estado de Himachal Pradesh. «Não importava o lugar, desde que não fosse muito quente», disse o Dalai Lama.

O ACORDO DE DEZASSETE PONTOS, MAIO DE 1951

Acordo sobre Medidas para a Libertação Pacífica do Tibete. Assinado e ratificado em Pequim, a 23 de Maio de 1951.

[O preâmbulo do acordo sublinhava que o Tibete tinha uma «longa história dentro das fronteiras da China», descrevia as forças imperialistas agressivas no Tibete que tinham de ser «eliminadas com êxito» e reivindicava que ambas as partes (tibetanos e Governo da República Popular da China — GRPC) tinham, em resultado de conversações, concordado em «celebrar o acordo e garantir que seria implementado.»]

1. *O povo tibetano unir-se-á e expulsará as forças agressivas imperialistas do Tibete; o povo tibetano regressará à grande família da Terra-Mãe — a República Popular da China (RPC).*
2. *O governo local do Tibete ajudará activamente o Exército Popular de Libertação (EPL) a entrar no Tibete e a consolidar as defesas nacionais.*
3. *Em conformidade com a política relativa a nacionalidades estabelecida no Programa Comum da Conferência Consultiva Política do*

Povo Chinês (CPPCC), assiste ao povo tibetano o direito de exercer autonomia regional nacional sob a liderança unificada do GRPC.

4. *As autoridades centrais não alterarão o sistema político em vigor no Tibete. Do mesmo modo, as autoridades centrais não alterarão o estatuto, as funções e os poderes estabelecidos do Dalai Lama. Funcionários de várias patentes exercerão os cargos como habitualmente.*
5. *O estatuto, as funções e os poderes do Panchen Ngoerhtehni serão mantidos.*
6. *Por estatuto, funções e poderes do Dalai Lama e do Panchen Ngoerhtehni entende-se o estatuto, as funções e os poderes do Décimo Terceiro Dalai Lama e do Nono Panchen Ngoerhtehni na altura em que mantinham relações amistosas e pacíficas um com o outro.*
7. *A política de liberdade de crença religiosa estabelecida no programa comum da CPPCC será implementada. As crenças religiosas, os costumes e os hábitos do povo tibetano serão respeitados e os mosteiros de lamas serão protegidos. As autoridades centrais não efectuarão qualquer alteração no rendimento dos mosteiros.*
8. *As tropas tibetanas serão reorganizadas gradualmente no EPL e tornar-se-ão parte da força de defesa da RPC.*
9. *A língua falada e escrita e a educação escolar da nacionalidade tibetana serão desenvolvidas gradualmente de acordo com as condições concretas existentes no Tibete.*
10. *A agricultura, a criação de gado, a indústria e o comércio tibetanos serão desenvolvidos gradualmente e os meios de subsistência do povo serão melhorados de acordo com as condições concretas existentes no Tibete.*
11. *Em questões relacionadas com várias reformas no Tibete, não haverá coerção por parte das autoridades centrais. O governo local do Tibete levará a cabo reformas por moto próprio e, quando o povo exigir reformas, estas serão resolvidas por meio de consulta com os principais funcionários do Tibete.*
12. *Desde que os antigos pró-imperialistas e oficiais pró-Kuomintang [Guomindang] cortem definitivamente relações com o imperialismo e o Kuomintang e não participem em actos de sabotagem ou resistência, podem continuar a exercer os cargos independentemente do seu passado.*
13. *O EPL que vai para o Tibete submeter-se-á às políticas acima referidas e será igualmente justo em todas as compras e vendas e não tirará arbitrariamente o que quer que seja ao povo.*
14. *O GRPC terá responsabilidades centralizadas por todas as questões externas da região do Tibete; manterá uma coexistência pacífica com países vizinhos e estabelecerá e desenvolverá as relações comerciais e mercantis justas com base na igualdade e no benefício e respeito mútuos pelo território e pela soberania.*

15. *Com vista a assegurar a implementação deste acordo, o* GRPC *criará um Comité Militar e Administrativo e um quartel-general da Zona Militar no Tibete e — à excepção do pessoal para aí enviado pelo* GRPC *— utilizará tanto pessoal tibetano local quanto possível para participar no trabalho. O pessoal tibetano local que participa no Comité Militar e Administrativo pode incluir elementos patrióticos do governo local do Tibete, de vários distritos e de vários mosteiros principais; a lista de nomes será dada a conhecer após consulta entre os representantes designados pelo* GRPC *e as várias partes interessadas e serão submetidos ao* GRPC *para nomeação.*
16. *Os fundos de que o Comité Militar e Administrativo, o quartel-general da Zona Militar e o* EPL *que entre no Tibete necessitem serão fornecidos pelo* GRPC. *O governo local do Tibete deverá ajudar o EPL na aquisição e transporte de comida, forragem e outras necessidades diárias.*
17. *O presente acordo entrará em vigor imediatamente após assinatura e aposição dos carimbos.*

Assinado e carimbado pelos delegados do GRPC *com plenos poderes concedidos pelo Delegado-Chefe Li Weihan [Presidente da Comissão de Questões relacionadas com a Nacionalidade] e três delegados, [e por] delegados com plenos poderes do governo local do Tibete concedidos pelo Delegado-Chefe Kaloon Ngabou Ngawang Jigme [Ngabo Shape] e quatro delegados.*

10

NOVOS DEUSES NO TIBETE

O Tibete sem o Dalai Lama era como o Tibete sem as suas montanhas. Parecia um lugar incompleto. Para os tibetanos, a sua ausência, embora considerada temporária, significava ter de reinventar a vida como a tinham conhecido até então. O país tinha perdido o seu ponto de referência mais importante. «Disseram-me mais tarde que o povo de Lhasa teve uma sensação de perda depois da nossa fuga. Estavam deprimidos, ansiosos e zangados. Eu sentia o mesmo por eles», disse o Dalai Lama.

A saída dramática de alguém que consideravam destinado divinamente e acreditavam ser dotado de poderes insondáveis teve um impacte psicológico devastador no povo tibetano. Os estudiosos não se debruçaram ainda adequadamente sobre o que acontece a um povo quando aquele em quem depositou a sua confiança mais sagrada é retirado do seu seio. A fuga do Dalai Lama criou um vazio que o povo preencheu com emoções várias. Uma reacção típica foi resumida pelo pintor Yeshi Dorjee, que disse: «O povo de Lhasa acreditava que a fuga do Dalai Lama do Tibete fazia parte de um plano divino superior. Acreditavam, e alguns ainda acreditam, passadas tantas décadas, que regressaria a Lhasa mais triunfante e poderoso que nunca. Tinham de continuar a acreditar que isso aconteceria algum dia.» Outra reacção característica era entrar em total negação e fazer de conta que nada tinha mudado, uma reacção generalizada entre as gerações mais velhas de tibetanos. A terceira reacção, que não era, nem de perto, nem de longe, tão generalizada como as duas primeiras, era acreditar que tinha havido uma mudança na liderança divina e que os chineses eram os novos deuses no Tibete.

A derrota extraordinariamente fácil do exército tibetano às mãos do Exército Popular de Libertação e a subsequente fuga do Dalai Lama de Lhasa eram vistas por uma minoria do povo tibetano como um sinal claro de que Mao Tse-tung era a nova divindade que presidia ao Tibete. Esta minoria ficou desiludida por o deus em quem tinha investido tanta fé e confiança não ser, afinal, invencível, mas ter fraquezas de que nunca tinha suspeitado. Tal como as crianças da vizinhança, na minha infância, esta minoria tinha atribuído ao Dalai Lama poderes que ele nunca afirmou possuir.

«Lembro-me de alguns dos meus vizinhos, aqui em McLeod Ganj, se perguntarem se o Dalai Lama era realmente o tipo de monge poderoso que tinham sido levados a acreditar ou não passava apenas de um mito», disse Dorjee. «A explicação que eu lhes dava era que os Dalai Lamas nunca se apresentaram como sendo algo mais que estudiosos budistas eruditos e iluminados. Têm as mesmas fraquezas humanas que todos nós. Como é que um monge pode enfrentar o poderio do Exército Popular de Libertação? Alguns tibetanos estão desapontados, porque acreditaram erradamente que o Dalai Lama era invencível. A culpa é deles e não do Dalai Lama.»

Wang Lixiong, um escritor chinês, escreveu o seguinte na edição de Abril de 2002 do jornal britânico *New Left Review*:

> *Dificilmente podia haver dúvidas sobre quem tinha realmente mais poder, entre o Dalai Lama e Mao Tse-tung. Na Batalha de Chamdo, em 1950, as tropas de elite do Exército Tibetano foram totalmente esmagadas pelo Exército Popular de Libertação; o Dalai Lama teve de se refugiar em Yatung. Em 1959, com dezenas de milhares de rebeldes a manifestar-se nas ruas de Lhasa, o Exército Popular de Libertação demorou pouco mais de 20 horas a triunfar e o Dalai fugiu para o exílio. Inevitavelmente, os tibetanos ficaram perturbados com esta disparidade. A divindade perante a qual se tinham prostrado provara ser menos invencível do que o que eles pensavam.*

Lixiong afirmou que era improvável que Pequim tivesse compreendido os desenvolvimentos no Tibete em termos de religião. Por outras palavras, estava a sugerir que o povo do Tibete necessitava de alguma coisa, qualquer coisa, em que acreditar. O autor parafraseou a máxima de Karl Marx de que a religião é o ópio do povo:

> *O período entre 1960 e 1966 — desde a repressão final da Revolta até ao início da Revolução Cultural — assistiu a um movimento que começou por um «despertar» e terminou numa mobilização geral na região. A imagem predominante da altura era a de Mao a acenar o seu boné militar com estrelas vermelhas de um edifício distante, semelhante a um templo; os tibetanos estavam demasiado familiarizados com o forte odor religioso de tal cena, que sempre tinha suscitado neles uma resposta emocional intensa. Mergulharam no frenesim da Revolução Cultural, inflamados quer por um fervor fideísta quer por interesse material. Contudo, ao mesmo tempo que gritavam* slogans *«ateístas» contra os mosteiros, as opiniões subjacentes ainda lá estavam; só que Mao tinha simplesmente substituído nas suas mentes o Dalai Lama como o deus.*

Lixiong interpretou erradamente esta mudança nos acontecimentos como significando que os tibetanos renunciavam ao Dalai Lama como sendo «o eternamente condenado» e aceitavam Mao como o mais «poderoso governante» que iria «perdurar para sempre». Traçou paralelos interessantes entre o culto do Dalai Lama e o culto de Mao e sobre a forma como o primeiro se metamorfoseou sem esforço no outro. Na opinião de Lixiong, os tibetanos não tinham grande problema em «mudar de lado», acostumados como estavam a seguir um certo tipo de figura omnipotente, fosse ela Tenzin Gyatso ou Mao. «Se as cerimónias concretas do culto de Mao fossem ligeiramente diferentes, a sua essência espiritual estaria suficientemente perto do lamaísmo para permitir uma mudança fácil», escreveu Lixiong. «Pendurar o retrato de Mao numa cabana e fazer-lhe uma vénia diária, recitar as suas "máximas" enquanto se segurava o Pequeno Livro Vermelho, não estava assim tão longe das orações e prostrações diárias habituais perante a imagem familiar do Dalai Lama.»

Lixiong argumentou que aquilo de que os tibetanos precisavam era de um conjunto de rituais apaziguadores, que o Budismo oferecia. Em linguagem de tecnologia de informação moderna, se o Dalai Lama fosse o Windows 2000, Mao seria o Windows XP. Fazer a transição era apenas uma questão de alguns ajustes nas suas crenças. Embora a analogia de Lixiong seja intelectualmente correcta, falta-lhe um ponto fundamental sobre a psicologia do povo tibetano. É perfeitamente possível que alguns deles sentissem e se comportassem da forma que o autor sustenta. Mas, de uma maneira geral, não era como se, pelo facto de terem uma necessidade desesperada de acreditar em algo ou em alguém, os tibetanos comuns não hesitassem em reorganizar o seu panteão e colocar nele alguns deuses Han. A ideia de que rapidamente se voltaram para Mao, em vez de para Tenzin Gyatso, e para o Pequeno Livro Vermelho em vez de para o Om Mani Padme Hum*, e que se aderiram a uma nova religião chamada Revolução Cultural não é apenas cínica, é simplista. A afirmação de Lixiong também revela uma falta de compreensão sobre a razão pela qual as pessoas se sentem compelidas a acreditar em algo bastante mais misterioso e inatingível que as meras opções ideológicas mundanas. As pessoas acreditam na religião, porque a consideram um objectivo mais grandioso que as suas banais preocupações diárias. Adoram figuras como o Dalai Lama, porque, bem ou mal, vêem nelas qualidades e atributos que acreditam eles próprios não poderem possuir, mas aos quais vale a pena aspirar. Se a pessoa que é alvo

---

* A tradução literal do mantra é «Salve a jóia no lótus!». Mas o Dalai Lama sugere um significado mais elaborado. «As seis sílabas, *Om Mani Padme Hum*, significam que, seguindo a prática que se baseia na união indivisível de método e sabedoria, podemos transformar o nosso corpo, discurso e mente impuros no corpo, discurso e mente puros de um Buda.»

da sua adoração, devoção ou reverência é merecedora de tal atenção já é uma questão totalmente diferente. É possível que muitos tibetanos tenham substituído o Dalai Lama por Mao nos seus corações, mas a extensão dessa mudança de divindades não era, de modo nenhum, tão generalizada como os Comunistas gostariam. É surpreendente que, mais de quatro décadas e meia depois de ter fugido, o Dalai Lama continue a ter influência sobre os tibetanos no Tibete, enquanto Mao praticamente se extinguiu.

Muitos dos conselheiros do Dalai Lama, embora cientes de que, no rescaldo imediato, alguns tibetanos se viraram para Mao e para o Comunismo em vez de para o Dalai Lama e para o Budismo, tinham uma explicação diferente. Um alto funcionário comentou: «A questão não é a do Dalai Lama *versus* Mao, e do Budismo *versus* Comunismo. O povo do Tibete não acredita no Dalai Lama e no Budismo porque foi forçado a fazê-lo ou porque quer acreditar em alguma coisa. Ao contrário do Comunismo, que é dogmático e regimental, o Budismo está aberto à interpretação individual. A sua crença provém de um sentido de convicção sobre o que a instituição do Dalai Lama representa e sobre o que o Budismo simboliza. Defender que, de um só golpe, Mao e o Comunismo substituíram o Dalai Lama e o Budismo é demonstrar quão mal informado se está sobre o povo tibetano e a sua psicologia.»

Um tema recorrente em que os apoiantes da «libertação» do Tibete insistem é que os camponeses e outros nos degraus mais baixos da escada social aceitaram a sua própria opressão e exploração como sendo o destino. Aqueles que defendem esta escola de pensamento dizem também que o fatalismo, uma filosofia indiana única que consiste em aceitar a posição social sem contestação, chegou ao Tibete com o Budismo, trazendo consigo o mesmo sentido de resignação difundido entre as massas comuns da Índia. Em nenhuma circunstância o Budismo, como aliás o Hinduísmo, advoga que o sofrimento nesta vida será recompensado com uma vida fabulosa no Além e, por conseguinte, não faz qualquer sentido as pessoas contestarem um regime opressivo ou explorador que é dirigido pelo divinamente ordenado. A ideia de que o clero budista criou este estratagema elaborado para perpetuar o seu jugo explorador sobre as massas pobres é tão fantástica que eleva o discurso a um nível completamente irredutível. Como todas as religiões organizadas, o Budismo tibetano também foi vulnerável a abuso por parte do clero. Os tibetanos e o Dalai Lama reconhecem falhas graves. «Já ouvi este argumento muitas vezes antes, e já não considero necessário refutá-lo», disse o Dalai Lama. «Muitos estudiosos chineses defenderam que os Dalai Lamas eram essencialmente senhores feudais que mantinham uma fachada de espiritualidade para esconder a opressão e exploração do seu próprio povo. Isso é completamente errado. O Budismo nunca exige devoção ou fé incondicionais. O Budismo é mais cerebral que qualquer outra filosofia que conheço. No entanto, reconheço que em muitos dos mosteiros a religião foi utilizada erradamente como um instrumento de controlo e, ao longo dos séculos, os Dalai Lamas fizeram tudo o que estava ao seu alcance para garantir que os monges não abusavam da sua autoridade.»

Segundo Tempa Tsering, a partida do Dalai Lama de Lhasa lançou a cidade num «frenesim indescritível». «Ao contrário do que os chineses afirmam, os tibetanos rejeitaram resolutamente o render da guarda em Lhasa», afirmou ele. «Revoltaram-se de uma forma que o EPL foi incapaz de controlar durante meses. A morte e a destruição estavam na ordem do dia. Mais uma vez, os chineses argumentaram que os próprios tibetanos comuns se viraram contra os mosteiros e tudo o que os lembrasse do Dalai Lama. Isso é ridículo. Como é que explicam que, durante quatro décadas após Sua Santidade ter sido forçada a fugir, continue a ser a figura mais venerada em todo o Tibete?»

O ponto de vista de Tsering encontra justificação numa fonte muito improvável. Lixiong citou um crescimento económico anual de 10 por cento no Tibete, entre 1991 e 1999, mais elevado que na própria China. Afirmou que o rendimento *per capita* para agricultores e criadores de gado cresceu 9,3 por cento por ano e para os residentes urbanos 19,6 por cento. Admitiu que, embora o Tibete fosse «agora mais próspero que nunca na sua história», o progresso não tinha valido à República Popular da China a obediência dos tibetanos. Na verdade, observou que um número crescente deles ainda eram fieis ao Dalai Lama, que, referiu ele com um certo humor revelador, «nunca lhes deu um chavo». Não obstante o seu progresso, milhares de tibetanos ainda tentam atravessar os Himalaias para entrar ou na Índia ou no Nepal.

A afirmação de Lixiong foi secundada independentemente por um novo grupo de refugiados que o autor entrevistou em 1997, em McLeod Ganj. Os refugiados disseram que muitos oficiais chineses Han reformados frequentavam mosteiros para saber mais sobre o Budismo e muitos deles acabaram por adoptá-lo. Um monge jovem relatou: «Conheci um polícia reformado que disse que se sentia tão desapontado com a sua vida que decidiu procurar algumas respostas através do Budismo. Na realidade, até disse que lamentava ter feito, sob as ordens dos seus superiores, coisas contra os tibetanos que agora reconhecia estarem erradas.»

Vinda de um escritor chinês de manifesta clareza intelectual, a conclusão de que mais tibetanos se tornaram devotos do Dalai Lama, apesar do crescimento económico e da consequente prosperidade que o domínio chinês trouxe ao Tibete, é bastante assombrosa. «Embora Mao não gostasse de religião, sinto que percebia que o Budismo era diferente da religião. Sabia que o Budismo se prendia com o discurso racional. A um certo nível, no início da minha vida, eu também sentia admiração por alguns dos conceitos do Comunismo. Por isso, sabe, não podemos ser dogmáticos sobre nada», disse o Dalai Lama.

Até hoje, o Dalai Lama acredita que, em conjunto, os chineses e os tibetanos podiam ter criado algo valioso sem que um renunciasse à independência de pensamento e liberdade de prática religiosa a favor do outro. Quando fugiu do Tibete, o Dalai Lama não tinha uma ideia definida sobre o que a vida lhe reservava e quanto tempo ficaria fora do seu país natal. O que sabia, com toda a certeza, era que tinha de tirar o melhor partido de tudo o que lhe acontecesse.

11

McLEOD GANJ, DHARAMSHALA, ÍNDIA

McLeod Ganj mal se distingue na cadeia montanhosa de Dhauladhar (Cordilheira Branca), na região de Pir Panjal, nos Himalaias Exteriores. Mesmo em 2005 seria um exagero descrever McLeod Ganj como uma cidade. Em 1960, quando o Dalai Lama aí chegou pela primeira vez, chamar-lhe cidade teria sido uma perfeita mentira. Na altura era um mero aglomerado, com um punhado de cabanas, uma igreja e um cemitério construído pelos britânicos no início do século XX. Na melhor das hipóteses, era uma aldeola que tinha nascido no meio de uma floresta de pinheiros, carvalhos himalaios, redodendros e cedros. Com a reputação de ser um dos locais mais húmidos da Índia, McLeod Ganj está frequentemente perdida nas nuvens. Nesta cidade de uma só rua, onde toda a gente conhece toda a gente, as brumas fornecem o único refúgio. A 1800 metros, a altitude da cidade é relativamente baixa quando comparada com a cadeia de montanhas de Dhauladhar, que se eleva a pique até mais de 5200 metros a partir do sempre bonito Vale de Kangra. Até à década de 1940, juntamente com Dharamshala, uma cidade situada na encosta, cerca de 300 metros mais abaixo, McLeod Ganj era uma estância montanhosa ocasional para os governantes britânicos imperiais que vinham para aqui para fugir ao calor debilitante das planícies indianas. A cidade vai buscar o nome a David McLeod, vice-governador do estado vizinho do Punjab.

«A diferença entre Lhasa e McLeod Ganj era imensa. Lhasa não tinha vegetação, praticamente não chovia e, como é óbvio, não havia floresta. Mas McLeod Ganj impressionou-me por ser muito bonita e cheia de florestas. Acho que vi mais chuva nas minhas primeiras semanas aqui que em toda a minha vida em Lhasa», disse o Dalai Lama. A decisão do governo de Nehru de realojar o Dalai Lama e a sua comitiva em McLeod Ganj foi motivada pela intenção de manter o máximo de distância possível entre o Dalai Lama e o centro político da Índia, em Nova Deli, sem parecer um anfitrião indelicado. Na mesma medida, Nehru, enquanto anfitrião generoso, também tinha em mente considerações climáticas, dado que o seu convidado não estava habituado ao calor e ao pó das planícies indianas.

De modo muito fortuito, o Vale de Kangra acaba por ter alguma importância histórica, uma vez que aí se podem encontrar vestígios das raízes mais antigas do Budismo. Cerca de treze séculos antes de o Dalai Lama chegar, o monge-peregrino chinês Hsuan Tsang escreveu que havia cerca de cinquenta mosteiros na região, com cerca de dois mil monges em 635 d.C. Embora não se encontrassem na rota de uma série de invasões da Índia pelo Norte, por parte de guerreiros da Ásia Central, Dharamshala e McLeod Ganj foram afectadas pela paisagem etnográfica em mutação. Os britânicos estacionaram um regimento em Dharamshala em 1849. Seis anos mais tarde, Dharamshala tornou-se numa pequena mas próspera sede administrativa do Distrito de Kangra. Lord Elgin, vice-rei da Índia britânica e antigo governador-geral do Canadá, gostou tanto de Dharamshala que registou o seu desejo de ser enterrado aí. Após a sua morte, em 1863, foi enterrado no cemitério da Igreja de São João do Deserto. Os historiadores dizem que se Lord Elgin tivesse vivido mais tempo, Dharamshala podia ter-se tornado a capital de Verão da Índia britânica em vez de Simla, outra estância montanhosa em Himachal Pradesh.

A vinda para McLeod Ganj não foi apenas uma deslocação geográfica para o Dalai Lama e a sua comitiva; foi uma experiência profundamente transformadora na medida em que tiveram de se readaptar social, emocional, cultural e mesmo financeiramente a uma vida como refugiados. Mudar-se do Palácio de Potala, com as suas mil salas, para um modesto bangaló britânico foi o menor dos seus problemas. Mas o próprio Dalai Lama minimizou os desafios. «Na qualidade de monge budista, tinha feito o voto de pobreza. Não podia possuir nada. Não podia ter riqueza ou propriedade pessoal. Não me fez qualquer diferença viver no Palácio de Potala ou neste encantador bangaló», disse o Dalai Lama, sentado na varanda sobranceira a um pequeno pátio, por trás do qual se estendiam quilómetros de natureza em estado selvagem. «De início senti terrivelmente a falta de Lhasa e do meu povo. Mas em breve me habituei à vida no exílio. A Índia era como uma segunda casa para mim. Ao longo de quarenta anos, tornou-se praticamente a minha primeira casa.»

Para um bangaló de montanha, a residência oficial do Dalai Lama é relativamente grande, talvez com mais de 900 metros quadrados. Pintada de amarelo-claro, possui várias divisões, mas os seus aposentos são bastante modestos, constituídos por uma única cama e sem ornamentos de espécie alguma. As suas audiências pessoais são conduzidas sobretudo numa grande sala de estar com sofás ocre no meio. Ao contrário de Lhasa, onde o Palácio de Potala era suficientemente grande para qualquer pessoa se perder, o bangaló de McLeod Ganj parecia ainda mais pequeno que um anexo. O desafio de equilibrar o seu estatuto venerado entre os tibetanos como um deus-rei e a sua vida como um refugiado político comum era mais difícil para os assistentes do Dalai Lama que para o próprio monge. A sua vida no Potala era meticulosamente orquestrada pelo afastamento dos laicos. Raras eram as ocasiões em que saía do palácio e, quando aconteciam, eram envolvidas por uma mistura de acessórios monásticos, reais e ritualísticos. Por um lado, nunca andava a pé. Um palanquim adornado com seda amarela e transportado por vinte guardas trajados com mantos verdes e chapéus vermelhos era o meio de transporte preferido. Tipicamente, a caravana do Dalai Lama consistia em centenas de assistentes, monges, músicos e polícia monástica com chicotes. Como o próprio admite, os chicotes não eram meramente decorativos; eram usados de vez em quando para manter à distância devotos importunos. A maioria dos tibetanos laicos nunca teve a coragem de olhar o Dalai Lama nos olhos. Muitos encolhiam-se em subserviência perante ele, mas os poucos que ficavam tão dominados pela sua presença que queriam aproximar-se não escapavam aos chicotes. «Eu desaprovava veementemente essa demonstração de autoridade e pompa. Punha-me na posição deles e imaginava como me sentiria se o meu líder viajasse rodeado de tanto aparato. Não ia gostar», opinou o Dalai Lama.

A demonstração de autoridade e pompa foi a primeira da vida do Dalai Lama no exílio. Enquanto o seu secretariado fazia o melhor que podia para o resguardar das investidas dos lugares-comuns que um refugiado tem de enfrentar, a mudança das circunstâncias também teve consequências inesperadamente positivas. «No íntimo, o meu irmão foi sempre um democrata. Pode ter gostado de ser reverenciado e venerado por pouco tempo, mas Sua Santidade nunca se sentiu realmente confortável por ser tratado com tanta atenção», disse Thubten Jigme Norbu. «Em muitos aspectos a vida no exílio tem sido boa para Sua Santidade, porque foi exposto a oportunidades que nunca poderia ter explorado se tivesse permanecido em Lhasa, no Potala, isolado do resto do mundo. Cedo começou a descobrir o que era a vida real.»

«O meu irmão é um homem muito inquiridor. Não gosta de estar confinado. Gosta de comunicar e de se misturar com as pessoas, de participar num diálogo. Por vezes, o seu estatuto como Dalai Lama atrapalha isso. Em Lhasa teria sido impossível para ele fazer muitas das coisas que faz no exílio», disse Norbu.

Sendo pessoas persistentes, os tibetanos que vieram com o Dalai Lama rapidamente começaram a reconstruir as suas vidas em McLeod Ganj. Se acreditavam que a sua estada na Índia ia ser temporária, não o demonstravam. No fundo, muitos deles sabiam que tinham sido permanentemente deslocados e qualquer esperança de regressar a casa tinha de permanecer num reino distante sem qualquer influência na sua sobrevivência diária. Não tiveram outra escolha senão continuar com as suas vidas. Os primeiros meses em McLeod Ganj foram passados sobretudo a estabelecer raízes, a criar uma infra-estrutura administrativa em redor do Dalai Lama, e a estabelecer um plano para garantir que o Tibete não era esquecido pelo resto do mundo. «Nos primeiros dias, por vezes especulava, no meu espírito, sobre o que haveria para além da cadeia de montanhas de Dhauladhar. Conseguia sentir no ar que estávamos nas proximidades do Tibete, mas que o caminho ainda era longo. Será que podia saltar por cima da montanha e aterrar no Tibete?, perguntava a mim mesmo», disse o Dalai Lama, dando um raro vislumbre do seu estado de espírito na década de 1960. Mas ele sabia que não se podia dar ao luxo de cismar com o que podia ter sido, e que devia sim preparar-se para o que tinha pela frente. E o que tinha pela frente não parecia encorajador.

O sentimento de não ter Estado foi avassalador para a comitiva do Dalai Lama nos primeiros tempos. E para alguém que personificava o próprio Estado, o desafio era ainda maior. «Nos meus momentos privados, costumava perguntar a mim mesmo o que a vida reservava ao Tibete. Sendo um budista, a impermanência é o âmago da minha filosofia. Eu sabia que não ter Estado não seria uma situação permanente. O Estado era, afinal, um estado de espírito», disse o Dalai Lama.

A vida no exílio faz com que qualquer pessoa, especialmente o Dalai Lama, sobre quem recai uma responsabilidade tão grande, se torne inventiva e inovadora. Seria de imaginar que séculos de tradição tibetana de um tratamento especial concedido à pessoa do Dalai Lama o tivessem coibido de avançar com a sua agenda de democratizar as instituições. Palanquins de seda, polícia monástica de chicote em punho, palácios esplendorosos, tronos elevados, ajudantes servis, devotos em delírio e atenção implacável até ao mais pequeno gesto teriam todos contribuído para um poderoso argumento — mesmo para alguém tão iluminado como o Dalai Lama — de não quebrar as tradições introduzindo a democracia. Mas o Dalai Lama já se tinha resolvido, em Lhasa, a desmantelar a supremacia inatacável da sua ordem.

«O Décimo Terceiro Dalai Lama introduziu muitas medidas democráticas na estrutura de governação. Era, no fundo, um progressista e sabia que, no fim de contas, os Dalai Lamas não devem controlar o estado das coisas. Começámos a desenvolver uma constituição democrática pouco depois de nos termos instalado em McLeod Ganj. Em 1963, decidi anunciar formalmente uma constituição democrática baseada em princípios budistas. Sabia então, e continuo ainda hoje a acreditar, que as instituições são mais importantes que a pessoa do Dalai Lama», disse ele.

A vida no exílio não dava tempo ao Dalai Lama e ao seu pessoal para lamentarem o seu destino. No ano em que chegou à Índia, o Dalai Lama apelou às Nações Unidas para se concentrarem na questão do Tibete. Esse apelo resultou na primeira resolução da ONU pedindo à China para respeitar os direitos humanos dos tibetanos e o seu desejo de autodeterminação. Em 1961 e 1965 foram adoptadas duas outras resoluções. Para além das questões da democratização das instituições tibetanas e da internacionalização da causa tibetana, o Dalai Lama tinha um terceiro plano, muito mais a longo prazo. «Para mim, o desafio mais importante era como preservar a cultura, a herança, a língua e as tradições tibetanas. Para além de termos de nos assegurar que os refugiados na Índia tinham meios decentes de sobrevivência económica, tínhamos igualmente de nos empenhar para que a sua cultura e herança não só permanecessem intactas como até florescessem», disse ele. Uma das suas primeiras medidas no exílio foi criar o Instituto Tibetano de Artes Performativas, em 1959, bem como o Instituto Central de Altos Estudos Tibetanos, uma universidade para tibetanos na Índia. «Tínhamos igualmente de preservar séculos do nosso conhecimento espiritual e de ensinamentos budistas tibetanos. Sabia então que os chineses estavam decididos a apagar a nossa cultura e herança para sempre. Tinha de arranjar uma maneira de a preservar na Índia», disse ele.

Embora o Dalai Lama tivesse sido designado formalmente para assumir pleno poder político como chefe de Estado e governo, em Novembro de 1950, em Lhasa, só depois de chegar à Índia é que começou a perceber plenamente o funcionamento de um governo. Em Lhasa, apesar do seu título oficial e da tradição que exigia que o governo o consultasse sobre todas as questões, o Dalai Lama nunca se envolveu realmente nos assuntos quotidianos de Estado.

Em McLeod Ganj, a situação era fundamentalmente diferente. Viu-se obrigado a tomar as rédeas da situação e a conduzir a tomada de decisões. «A perda da nossa casa era uma questão séria, mas tive de continuar a nossa luta pela libertação do Tibete. Isso significava agir em várias frentes», disse o Dalai Lama.

Quando o Dalai Lama anunciou a promulgação de uma constituição democrática, a 10 de Março de 1963, para coincidir com o aniversário da revolta de 1959, a China encolerizou-se. A China acusou a Índia de «provocação grave» ao não impedir que o Dalai Lama publicasse a declaração a partir do seu solo. Pequim afirmou igualmente que Nova Deli não se tinha «resignado» com a soberania da China sobre o Tibete. Um ano mais tarde, no mesmo dia, o Dalai Lama publicou outra declaração, mais uma vez para indignação da China, que reiterou o seu protesto contra a Índia. Num claro sinal a Pequim de que Nova Deli não partilhava a opinião da China sobre as actividades do Dalai Lama na Índia, o governo de Nehru autorizou o líder tibetano a empreender a sua primeira viagem ao estrangeiro, a países budistas da Ásia. O governo autorizou-o igualmente a enviar os seus representantes a outros países, como a Suíça. Em Março de 1964, Nehru tinha setenta e quatro anos e estava muito doente. É provável que, face à humilhação da Índia na Guerra da Indochina em 1962 (em que a China se apossou descaradamente de território fronteiriço indiano), e talvez por acreditar que o tempo não estava do seu lado, Nehru tivesse decidido alterar dramaticamente a sua política para com a China.

«Fiquei com a impressão de que Nehru estava a perceber que devia ter confiado menos na China. Essa pode ter sido uma razão pela qual, nos últimos dois a três anos da sua vida, alterou a forma de lidar com a questão do Tibete e da China. Já não parecia disposto a pôr panos quentes na questão com Pequim», disse Jyotindra Nath Dixit. «Nehru estava completamente desapontado com a China e, se tivesse vivido mais tempo, não me admiraria de ver uma abordagem agressiva radicalmente nova por parte da Índia em relação à China.»

12

MAO, BUDISMO E TANTRA

Quando o Dalai Lama nasceu, Mao já era um pensador e revolucionário político experimentado, com quarenta e dois anos. Nascido em 1893, Mao foi contemporâneo do Décimo Terceiro Dalai Lama. Quando Mao e o Dalai Lama se encontraram pela primeira vez, o líder «máximo» da China já tinha mais de sessenta anos, enquanto o seu homólogo tinha pouco mais de vinte. Com base em todos os relatos disponíveis, incluindo comentários do próprio Dalai Lama, os dois deram-se bem. Em muitos aspectos, a relação entre Mao e o Dalai Lama era parecida com a relação entre o Dalai Lama e Nehru. Quer Nehru quer Mao eram mestres absolutos nas suas capacidades ideológicas, e o Dalai Lama reconheceu grande mérito em ambos, embora não concordasse com as suas políticas.

O Dalai Lama lembrava-se com muita clareza e com uma admiração oculta da primeira vez que apertou a mão de Mao, em Pequim. «Mao tinha um aperto de mão firme. Tinha o aperto de mão de um homem muito seguro de si», disse ele. A autora Mary Craig citou o Dalai Lama como tendo dito que se sentia «na presença de uma força magnética poderosa» quando conheceu Mao. Na verdade, foi também sugerido que o Dalai Lama queria tornar-se membro do Partido Comunista. «É claro que Mao tinha uma grande presença, mas não me deixei enganar por aquilo que eram as suas intenções em relação ao Tibete. Realmente, vi mérito na ideologia comunista, na medida em que reclamava representar os direitos do cidadão comum, mas dizer que eu queria tornar-me um comunista, bem vê, era um exagero. Nasci para ser budista, e o Budismo percebeu muito antes de qualquer outra filosofia comparável o que os comunistas perceberam mais de 2500 anos depois, em termos de bem-estar humano», esclareceu o Dalai Lama.

A um nível puramente pessoal, Mao compreendia a posição de reverência sem crítica de que o Dalai Lama gozava no seio da sociedade tibetana. Também Mao tinha alcançado esse estatuto elevado no seio do seu próprio universo, em que — e de forma muito paradoxal — os jovens comunistas o consideravam um deus alternativo. É difícil apoiar a teoria de que parte da motivação de Mao para assumir o controlo do Tibete era eliminar um deus rival na pessoa do Dalai Lama. Há aqueles que acreditam que, não obstante os seus protestos públicos, no fundo Mao estava bastante fascinado pelo Budismo, especialmente por algumas das suas práticas mais obscuras, como o Tantra. Fontes tibetanas importantes afirmam ter a certeza de que Mao não se opunha ao Budismo *per se*, mas apenas na medida em que representava uma filosofia que podia rivalizar com o Comunismo. Dizem que o «Grande Timoneiro» gostava bastante desta filosofia e até encorajava outros a venerá-la, embora estivesse em nítido contraste com o que a sua ideologia comunista representava.

Segundo o *Tibetan Review,* de Janeiro de 1995, Mao afirmou oficialmente o seguimte sobre o Dalai Lama: «O Dalai Lama é um deus, não um homem. Seja como for, é visto como tal pela maioria da população tibetana.» Para um homem que considerava a religião como o «ópio do povo», Mao não via qualquer contradição no facto de o Comunismo ter surgido como uma nova religião e ele próprio como o seu novo deus. «Não discutimos religião com grande pormenor, mas apercebi-me de que ele não estava à vontade com o tema. Conhecia certamente o Budismo. Conhecia também o Tantra», afirmou o Dalai Lama.

Há histórias que dizem que Mao era um praticante do Tantra, que o seu médico particular, Li Zhisui, reclamava tê-lo ajudado a conservar um apetite sexual insaciável até uma idade muito avançada. Zhisui escreveu igualmente sobre a deificação de Mao. «O culto de Mao disseminou-se nas escolas, fábricas e comunas — o Presidente do Partido tornou-se um deus», escreveu ele.

Ficará sempre no reino da especulação o que terá levado Mao a lançar um ataque tão violento contra o Tibete e o seu povo. Uma explicação óbvia, mas não necessariamente completa, era a que se tratava de controlo territorial. Outra explicação era a de que a República Popular da China procurou expandir a Revolução Cultural a um país e a um povo que a China considerava bárbaro. Há uma crença generalizada de que o próprio Mao desconhecia os efeitos devastadores da Revolução Cultural na cultura do Tibete. Embora Mao a tivesse iniciado, a Revolução Cultural foi tomada de assalto pela juventude do país, que a transformou numa revolta contra o *statu quo* em todos os estratos sociais. É um facto que se encontra devidamente registado que um número considerável de tibetanos jovens se alistaram no movimento e alguns deles se viraram contra o regime budista. Críticos do Dalai Lama argumentaram frequentemente que ele e o seu governo no exílio preferiram varrer para debaixo do tapete o facto de muitos jovens tibetanos terem participado na Revolução Cultural e se terem, de facto, aliado aos seus homólogos chineses Han na destruição de muitos símbolos da supremacia lamaísta. «É muito possível que alguns jovens tibetanos tenham realmente aderido à Revolução Cultural. Muitos deles foram arrebatados pela força do momento. Mas argumentar que a Revolução Cultural recrutou jovens tibetanos em grande escala é falsear a história. Pura e simplesmente não é verdade. A noção de que o Dalai Lama representava um estrutura semelhante contra a qual os comunistas chineses Han se estavam a insurgir no seu próprio país é absurda», disse Tempa Tsering, o cunhado do Dalai Lama.

Mao viveu ainda dezassete anos depois de o Dalai Lama abandonar o Tibete. Foi tempo suficiente para o Dalai Lama observar os efeitos da Revolução Cultural. A brutalidade que a Guarda Vermelha de Mao desencadeou no Tibete foi seguida em McLeod Ganj com muita tristeza e um sentimento de abandono. Tudo o que se passava no Tibete parecia confirmar o que se dizia que o Dalai Lama tinha visto durante uma sessão de meditação antes da invasão chinesa. A expressão que viu no rosto de Yamantaka, a divindade do terror e da destruição, era tão cruel que só podia ter significado uma catástrofe de grandes proporções. O Dalai Lama preferiu não falar sobre o que viu durante essa meditação no mosteiro de Ganden, se é que realmente viu algo.

O Dalai Lama observou que Mao parecia não deter o controlo total de tudo o que a sua própria Guarda Vermelha fazia. «Não tenho a certeza se Mao sabia ou aprovava o grau de brutalidade e violência no Tibete. Não estou a absolvê-lo da responsabilidade, mas o homem que conheci não me parecia do tipo que presidisse a tudo isto», disse o Dalai Lama. No entanto, foi esse mesmo homem que presidiu à ruína do Tibete.

O despontar de 1976 foi importante quer para tibetanos quer para chineses. Havia relatos de que o oráculo de Nechung tinha feito algumas previsões dramáticas que enviaram o Dalai Lama para o que se reclamava ser o seu mais longo retiro na Índia. Durante os retiros, o Dalai Lama costuma entrar em completa reclusão durante várias semanas e participa em práticas e rituais de que raramente se fala. Os retiros oferecem ao Dalai Lama uma oportunidade de se regenerar espiritualmente. Alguns acreditam que o Dalai Lama poderá usar tais retiros para criar circunstâncias especiais e, por vezes, drasticamente destrutivas contra uma ordem de coisas com que não concorda. O retiro de 1976, segundo o Dalai Lama, foi «uma prática extremamente rigorosa que exigiu completa reclusão ao longo de várias semanas. Estava relacionado com um ensinamento muito especial do Quinto Dalai Lama». No entanto, segundo o autor Claude B. Levenson, o resultado desse retiro específico foi bastante drástico, incluindo «um grande tremor de terra na China com milhares de vítimas. [O tremor de terra ocorreu em Tangshan em Julho de 1976.] Depois, Mao fez a sua última vénia no palco da vida. Isso levou um indiano que estava próximo dos tibetanos a declarar: "Chega, parem de rezar, caso contrário o céu cairá sobre as cabeças dos chineses."» O tremor de terra afectou Mao pessoalmente, uma vez que, segundo o seu médico, a cama onde estava a dormir estremeceu e a casa onde estava abanou.

Há quem diga que, durante o retiro, o Dalai Lama realizou um ritual secreto para «libertar» Mao. Por volta da altura em que Mao morreu, a 9 de Setembro de 1976, o Dalai Lama estava em Ladakh, uma parte do estado de Jammu e Caxemira que faz fronteira com o Tibete, para dirigir uma iniciação Kalchakra. De acordo com a autobiografia do Dalai Lama, no dia a seguir à morte de Mao, «choveu toda a manhã. Mas, à tarde, apareceu um dos mais belos arco-íris que alguma vez vi. Tinha a certeza que devia ser um bom presságio».

«Os retiros são, por natureza, profundamente espirituais e nenhum aspecto de qualquer retiro pretende lesar nada nem ninguém. As pessoas fazem todo o tipo de afirmações sobre o que o Dalai Lama faz durante um retiro. Posso dizer-lhe, com toda a autoridade, que nada do que se afirma é verdade, ainda que remotamente», disse um monge tibetano sénior.

A morte de Mao eliminou o mais importante ponto de referência histórico na China para o Dalai Lama. Mao foi o último elo de ligação na China entre o Dalai Lama e o Tibete. Embora tivesse sido o homem que preparou e levou a cabo a invasão, ocupação e conquista do Tibete, Mao ainda representava um tempo em que o Tibete era livre. Pelo menos por um breve período, o Dalai Lama e Mao conseguiram estabelecer uma aparente relação de cooperação. Mao viu no líder tibetano um meio de compreender a ordem feudal e religiosa tibetana. Por sua vez, o Dalai Lama viu em Mao uma pessoa que tinha, pelo menos, a capacidade de compreender a importância de uma relação amistosa entre os dois países, se não mesmo a vontade para forjar realmente tal relação. O sucessor de Mao, Deng Xiaoping, era uma entidade totalmente desconhecida para os tibetanos no exílio. Para grande surpresa do governo tibetano no exílio, Deng foi rápido a admitir os erros cometidos no Tibete em nome da Revolução Cultural. Gradualmente, eliminou muitas das restrições impostas ao Tibete durante os dias da revolução. Em 1978, Deng deu ao Dalai Lama uma oportunidade de regressar ao Tibete, e o líder da República Popular da China também se ofereceu para discutir tudo excepto a independência total. O Dalai Lama concordou. Muitos historiadores dizem que esse foi um grave erro de julgamento por parte do Dalai Lama, mas os líderes tibetanos e seus conselheiros pensam o contrário. Em 1977, o Dalai Lama não tinha considerado outras opções que não a independência, embora reconhecesse as limitações da capacidade do seu governo para realmente a concretizar.

Em retrospectiva, parece que a oferta de 1978 merecia ser explorada, quanto mais não fosse para descobrir se Deng era sincero ou estava meramente a exibir-se. Mas era evidente na altura, e ainda o é mais hoje, passados praticamente trinta anos, que desde que os chineses ocuparam o Tibete, nunca tinham tido qualquer intenção de o abandonar. Os tibetanos dizem que Mao não fez nada para ter lucro a curto prazo. Quando conquistou o Tibete, foi para sempre, pelo menos de acordo com a definição de «sempre» no contexto geopolítico moderno. Mao e os seus correligionários acreditavam sinceramente que o Tibete tinha de ser libertado do jugo do clero budista, e os tibetanos da sua servidão secular. Não estavam preocupados com o pequeno detalhe incómodo de que os próprios tibetanos não se opunham à ordem religiosa e política que tinha sobrevivido durante séculos. A revogação drástica de Deng de muitas das políticas de Mao criou algumas esperanças na comunidade tibetana no exílio, mas foi de pouca duração, como demonstraram os dez anos seguintes.

13

CONVERSAR OU NÃO CONVERSAR

Durante as últimas duas décadas do século XX, a natureza complexa das relações sino-tibetanas tornou-se evidente. Até uma nação como a China, conhecida por ser inflexível e movida por um sentimento peremptório em questões de controlo territorial, teve de fazer sucessivas tentativas para estabelecer contacto com o Dalai Lama, directa e indirectamente, de modo a chegar a uma solução viável. A posição inicial chinesa, segundo a qual, com a conquista de 1950, o Tibete tinha plena e definitivamente regressado ao seu antepassado geopolítico natural, nunca foi realmente aceite pelos próprios líderes chineses, e as diversas tentativas de reconciliação com o Dalai Lama feitas ao longo de décadas podem ser interpretadas como indicação disso. Havia a percepção, no seio da chefia, de que o Tibete era um acrescento não forçado ao território da China. Havia também a percepção de que, enquanto o Dalai Lama permanecesse fora do seu país, o seu potencial para criar problemas separatistas tenderia a aumentar.

O próprio Dalai Lama brincou com isso uma vez. «Se os líderes chineses tivessem sido justos, decentes e razoáveis para com os irmãos e irmãs tibetanos, é possível que o meu nome não tivesse ganho tanta notoriedade a nível internacional, porque eu teria permanecido no Tibete», afirmou ele. Acrescentou ainda que teria preferido ser menos conhecido internacionalmente e ter-se-ia contentado com um Tibete autónomo, em vez de se tornar famoso internacionalmente mas continuar sem Estado.

Em Março de 1979 deu-se o primeiro contacto de alto nível entre os líderes chineses sob o comando de Deng Xiaoping e os líderes tibetanos representados por Gyalo Thondup, um irmão mais velho do Dalai Lama, que tinha então cinquenta e um anos de idade. Segundo Thubten Jigme Norbu, o irmão mais velho do Dalai Lama (então com cinquenta e sete anos), Thondup lembrava-se bem do encontro que tivera com Deng. Durante uma série de entrevistas em Bloomington, Indiana, onde dirige um centro tibetano, Norbu, com oitenta e três anos de idade, disse: «Parecia certamente que Deng estava inclinado para avançar alguns passos no sentido do estabelecimento de um contacto sério com Sua Santidade. No entanto, eu não tinha a certeza se Deng seria capaz de mudar o pensamento monolítico dos líderes do seu próprio partido. Estava empenhado numa ambiciosa agenda de reforma das políticas do seu compatriota Mao e essa parecia uma tarefa intimidante.»

Norbu disse que o seu irmão voltou do encontro com a impressão de que Deng estava pessoalmente interessado em resolver a questão, mas também que estava ciente de que tinha de gerir diversas opiniões frequentemente conflituosas no seio do Partido Comunista. «Esse foi claramente um factor que pesou mais que qualquer ideia pioneira que Deng possa ter tido em mente. Por alguma razão, nunca fui optimista em relação a essas conversações, uma vez que a China não está interessada no regresso do Dalai Lama à sua pátria», afirmou Norbu.

No Phayul, um sítio noticioso tibetano na Internet, a 11 de Julho de 2005, dois peritos tibetanos, Tashi Rabgey e Tseten Wangchuk Sharlho, afirmaram:

> *Deng revelou um sério interesse em encetar conversações com o líder tibetano exilado quando concordou em autorizar missões destinadas a descobrir os factos, a partir de Dharamshala, para investigar em primeira mão as condições no Tibete. Nesses primeiros dias impetuosos da liderança de Deng, parecia ser possível a discussão de, nada mais, nada menos, que o estatuto político do Tibete. Dada a notável determinação política transmitida pela iniciativa de Deng, por que razão as conversações do início da década de 1980 não conduziram a um diálogo substantivo entre Pequim e o Dalai Lama?*
>
> *Sem dúvida, a proposta inicial de compromisso de Deng demonstrou um interesse inequívoco na normalização das relações com o Dalai Lama. Todavia, por muito prometedora que esta iniciativa possa ter parecido a partir do exterior, em breve se tornou evidente que, na verdade, havia pouca base para conversações substantivas nesta primeira fase. O fosso das expectativas entre as duas partes era demasiado vasto para se poder contemplar um diálogo sério. Da parte de Pequim, a audácia da nova política do Tibete tinha sido baseada no cálculo incorrecto dos riscos da China ao envolver-se com os líderes tibetanos exilados. Os líderes chineses estavam preocupados, em parte, em pôr um ponto final à perigosa existência do Dalai Lama no exílio e realçar a legitimidade da governação chinesa no Tibete. Mas a decisão de cortejar os líderes tibetanos exilados também foi induzida por considerações estratégicas.*

Na altura, parecia certamente que a iniciativa de Deng era demasiado conciliatória para seu próprio bem. Foi igualmente enfraquecida pelo facto de procurar reviver a era de 1950, quando parecia possível que o Dalai Lama voltasse a aceitar as posições de autoridade qualificada que os chineses estavam dispostos a conceder-lhe. A falha inerente à proposta de Deng era não reconhecer que os próprios tibetanos, especialmente os que estavam no exílio, liderados pelo Dalai Lama, tinham rejeitado há muito o consenso da década de 1950. Nomeadamente, tinham repudiado o Acordo de Dezassete Pontos, que disseram ter assinado sob coacção.

Olhando para trás, para esses dias da década de 1980, quando, por um breve momento, parecia que as perspectivas do seu regresso ao país que amava se consolidavam, o Dalai Lama revela um misto de esperança e apreensão. «Quando a iniciativa de Deng surgiu, eu já tinha passado praticamente vinte anos fora do Tibete. Fui exposto a um mundo que a maioria dos tibetanos nunca sequer tinha imaginado. Estar fora do Tibete permitiu-me compreender a questão num contexto geopolítico mais vasto. Apesar de ser optimista por natureza, sabia que a iniciativa de Deng, embora louvável, carecia da convicção da máquina do seu próprio partido», disse ele.

Num estado de espírito particularmente expansivo, que os analistas tibetanos afirmaram não se basear em factos, Deng propôs a Thondup que Pequim permitiria quatro missões de averiguação constituídas por tibetanos exilados para ficar a conhecer, em primeira mão, as condições do país que tinham deixado. A China até foi ao ponto extraordinário de aceder à exigência dos tibetanos exilados de que os delegados tibetanos não viajassem com passaportes chineses. Por trás desta extraordinária proposta havia uma confiança infundada de que o desempenho de Pequim na modernização do Tibete e na sua libertação das grilhetas da supremacia lamaísta fosse tão dominante que, quando as missões de averiguação os visitassem, lhes dissessem que o Dalai Lama já não tinha importância para eles. Segundo Rabgey e Sharlho:

> *Como sinal da sua flexibilidade nesta fase inicial, os chineses satisfizeram não só exigências relacionadas com o itinerário e a constituição da delegação, como também a relutância dos exilados tibetanos em viajar com passaportes chineses estrangeiros. Confiantes no seu sucesso em transformar a região, os oficiais chineses estavam mais preocupados com a possibilidade de manifestações públicas de hostilidade contra os representantes do Dalai Lama durante o decurso das visitas. Assim, os tibetanos locais receberam instruções no sentido de se coibirem de atacar fisicamente os visitantes exilados. Consequentemente, Pequim foi apanhada desprevenida quando o primeiro dos delegados exilados chegou, no Verão de 1979, e foi saudado por multidões extáticas de milhares de pessoas que exprimiam a sua devoção ao Dalai Lama. A acrescer à sua preocupação, havia até quem gritasse publicamente a favor da independência tibetana.*

O relato do autor e estudioso do Tibete, Warren W. Smith, sobre a esmagadora resposta do povo tibetano à primeira delegação, liderada pelo irmão mais novo do Dalai Lama, Lobsang Samten, é ainda mais revelador. No seu livro *Tibetan Nation*, Smith disse que no Amdo, que a delegação começou por visitar em Agosto de 1979, Samten e os outros foram «rodeados» por tibetanos «desesperados» por qualquer contacto com os representantes do Dalai Lama. Os quadros do Partido Comunista ficaram furiosos com esta manifestação espontânea de solidariedade para com os visitantes porque tinham vendido a Pequim uma imagem diferente. Argumentaram então que não era possível que a delegação recebesse uma resposta semelhante em Lhasa, onde os tibetanos tinham aceitado publicamente a ideologia e supremacia chinesas. O que aconteceu em Lhasa foi ainda mais diferente daquilo que os quadros tinham levado Pequim a esperar. Apesar de terem recebido instruções para não reagir de forma emotiva e para papaguear a cantilena do partido, as gentes de Lhasa responderam com uma receptividade ainda maior que a dos tibetanos no Amdo. Segundo Smith, milhares de pessoas saíram às ruas para saudar a delegação perto do templo de Jokhang. «Lembro-me de, mais tarde, o meu irmão mais novo me confessar a emoção arrebatadora que sentiu por ter visitado o Tibete e os tibetanos. Penso que a liderança chinesa subestimou seriamente os sentimentos que o povo do Tibete tinha para comigo. Não considerei a resposta emotiva em termos pessoais, mas mais como uma rejeição de todas as pretensões chinesas sobre ter transformado o Tibete após a minha partida», disse o Dalai Lama. Norbu ecoou as opiniões do irmão, mas foi um passo mais longe. «Francamente, nunca acreditei em nada que os chineses disseram, uma vez que todas as suas propostas se seguiram à anexação injusta e criminosa do Tibete. Não roubamos algo para depois nos sentarmos e negociarmos a forma de o partilhar com o proprietário original», disse ele.

A reacção dos tibetanos à primeira delegação levou os líderes chineses a concluir que duas décadas de indiscutível controlo chinês sobre a cultura, religião e política do Tibete tinham produzido resultados tudo menos satisfatórios, e obrigou-os a repensar a sua estratégia. Contrariamente à imagem de doutrinação ideológica e assimilação cultural completas que os quadros comunistas tinham projectado, de Lhasa e de todo o lado, aos seus chefes em Pequim, o Tibete continuava a fervilhar por baixo da superfície de fúria nacionalista. Deng, que teve ilusões de resolver esta questão intratável durante o seu governo, convencendo de alguma forma o Dalai Lama a regressar nos termos de Pequim e usar a sua presença para legitimar a conquista chinesa, ficou com sérias dúvidas. Tanto assim que, em Outubro de 1980, pouco mais de um ano após a visita da primeira delegação, descreveu o Dalai Lama como um separatista. A mudança de linguagem não passou despercebida ao governo no exílio, em McLeod Ganj. «Essencialmente, Deng e o Partido Comunista cometeram um erro crasso na avaliação do prestígio de que o Dalai Lama gozava por todo o Tibete. Acharam que a passagem de duas décadas teria curado as feridas antigas da década de 1950.

Estavam completamente enganados», afirmou Tempa Tsering, cunhado do Dalai Lama e importante funcionário do governo tibetano no exílio.

De acordo com o relato de Smith, em Abril de 1980 a liderança chinesa decidiu enviar uma missão de averiguação de alto nível a Lhasa, desta vez chefiada pelo recém-nomeado secretário do partido Hu Yaobang. A missão de nove dias, entre 22 e 31 de Maio, abalou a convicção de Hu de que o Tibete tinha atingido um grau perceptível de prosperidade económica sob o comando da China. Smith disse que Hu ficou chocado ao ver a pobreza no Tibete.

Os excertos do discurso de Hu citado por Warren Smith, embora indirectamente contritos em tom, não equivaleram a um reconhecimento claro do fracasso das políticas de Pequim:

> *A nossa situação actual é tudo menos ideal, porque as vidas do povo tibetano não melhoraram muito. Há algumas melhorias em algumas partes, mas, de uma maneira geral, os tibetanos ainda vivem em relativa pobreza. Em algumas áreas, o nível de vida baixou. Nós, camaradas no Comité Central, o Presidente Hua, bem como vários vice-presidentes, ficámos muito incomodados quando soubemos da situação. Sentimos que o nosso partido desiludiu o povo tibetano. Sentimo-nos muito mal! O único objectivo do nosso Partido Comunista é trabalhar para a felicidade do povo, agir em seu proveito. Trabalhámos quase trinta anos, mas a vida do povo tibetano não melhorou de maneira notável. Será culpa nossa?*

Hu concluiu com um floreado retórico, mas depois implementou reformas rápidas que incluíam a eliminação de impostos sobre os cereais e vendas obrigatórias a celeiros estatais. Estas medidas tiveram um impacto imediato, dando pela primeira vez aos tibetanos sob administração chinesa acesso aos cereais que produziam. A colectivização terminou, garantindo uma maior liberdade de movimentos aos agricultores tibetanos. O governo chinês também afrouxou as restrições à prática da religião e até sancionou a utilização de alguns fundos para reconstruir alguns mosteiros mais importantes. Subjacente a estas medidas, encontrava-se a convicção de que iriam, pelo menos, minimizar, senão mesmo eliminar, o descontentamento em larga escala entre os tibetanos contra o governo chinês. «Acho que os chineses nunca quiseram entender que eram visitas indesejadas no Tibete. Imagine uma situação em que as visitas que, para começar, não convidou, se apoderam da sua casa e lhe retiram todas as suas liberdades e depois moderam-se um pouco na ridícula esperança de que os anfitriões os aceitem. Foi o que aconteceu no Tibete», disse Norbu.

O que as reformas no Tibete fizeram foi conseguir exactamente um resultado contrário ao que Pequim esperava. Os tibetanos agarraram na liberdade que lhes foi concedida e usaram esse pequeno espaço de negociação para expressar o seu descontentamento de uma forma ainda mais decidida. Isso ficou evidente quando outras duas delegações de Dharamshala visitaram Lhasa, por volta do final de Maio de 1980. Uma das delegações era liderada por Jetson Pema Gyalpo, a irmã mais nova do Dalai Lama, que na altura tinha trinta e nove anos. O marido, Tempa Tsering, disse mais tarde sobre a visita: «A minha mulher falou do grande número de tibetanos que apareciam e exprimiam um misto de felicidade e desilusão. Descobriu que a China mentira e enganara nas suas pretensões sobre a melhoria dos padrões de vida. Não havia educação sobre que falar. Para os budistas, a educação e a aprendizagem são um dos aspectos mais importantes da vida.» A outra delegação, liderada por Tenzin Namgyal Tethong, testemunhou episódios semelhantes. Com base nas experiências das primeiras três delegações, Pequim decidiu cancelar a quarta prometida por Deng.

«Pensavam que os tibetanos eram como aqueles chimpanzés amestrados num circo, dispostos a actuar para gáudio dos espectadores. Para seu embaraço, descobriram que os tibetanos ainda tinham um espírito ferozmente independente», disse Norbu.

Os resultados desastrosos das três visitas por parte das delegações tiveram as suas consequências. Pequim percebeu que o facto de trazer o Dalai Lama de volta tinha muitas probabilidades de acender o rastilho das paixões altamente inflamáveis dos tibetanos. Uma indicação clara de que nem tudo estava bem em Pequim ocorreu quando o governo não respondeu a uma carta formal do Dalai Lama, em Março de 1981, solicitando o início de negociações sérias. «Senti então que Pequim pura e simplesmente não estava interessada. As conclusões das visitas só tinham aumentado a sua obstinação», disse o Dalai Lama.

Em alternativa, Ru Yaobang apresentou a Gyalo Thondup uma Proposta de Cinco Pontos numa reunião informal em Pequim, a 28 de Julho de 1981. A proposta incluía os seguintes pontos:

1. *O nosso país já entrou numa nova fase de estabilidade política a longo prazo, prosperidade económica estável e unidade e auxílio mútuo entre as nacionalidades. Uma vez que o Dalai Lama e os seus seguidores são inteligentes, deverão acreditar nisso. Se duvidarem destas mudanças, podem esperar mais alguns anos e, nessa altura, não poderão deixar de as ver.*
2. *O Dalai Lama e os seus representantes deverão ser francos e sinceros, e não estar com rodeios. Não deverão regatear como se estivessem a negociar. Não deverá haver mais tergiversações sobre a história passada, nomeadamente os acontecimentos de 1959. Enterremos esse assunto.*
3. *Acolhemos sinceramente o regresso definitivo do Dalai Lama e dos seus seguidores. Isso baseia-se na nossa esperança de que contribuam para favorecer a unidade da China e promover a solidariedade entre as nacionalidades Han e tibetana, e entre todas as nacionalidades, e contribuir para alcançar as Quatro Modernizações.*

4. *O Dalai Lama gozaria do mesmo estatuto político e condições de vida que tinha antes de 1959. O Partido Comunista Chinês estará em condições de recomendar ao Congresso Popular Nacional que seja reintegrado como vice-presidente do Comité Permanente do Congresso Popular Nacional. Assim, mediante consulta, pode ocupar o cargo de vice-presidente da Conferência Consultiva Política do Povo Chinês... Mas não deverá regressar ao Tibete. Não deverá ocupar simultaneamente cargos no Tibete, porque esses cargos já foram assumidos por jovens tibetanos capacitados! É claro que pode voltar ao Tibete com frequência para observar as condições. Os seus seguidores não precisam de se preocupar com as suas condições de trabalho e de vida. Estas serão melhores que antes graças ao desenvolvimento do nosso país.*
5. *Quando o Dalai Lama regressar, pode emitir uma curta declaração à imprensa. Pode ele próprio decidir o conteúdo da declaração. Deverá avisar-nos do ano, mês e data do seu regresso. Se ele chegar a Hong Kong e viajar por terra através de Guangzhou, enviaremos uma comitiva ministerial à fronteira para o receber e emitir um comunicado de imprensa. Se chegar de avião, organizaremos uma cerimónia na escala adequada para o receber e emitiremos um comunicado de imprensa.*

Uma leitura mais atenta das propostas mostra que, embora a China quisesse que o Dalai Lama regressasse, não queria que este o fizesse nas suas condições. Queria essencialmente um Dalai Lama mais subjugado, de modo a que, ao mesmo tempo que podia anunciar aos quatro ventos o seu regresso, pudesse também controlar e manipular a sua presença.

Em 1982, alguns dos líderes chineses ainda desejavam que o Dalai Lama regressasse. Uma delegação do Dalai Lama foi nesse ano a Pequim para discutir formalmente a questão. As preocupações dos membros da delegação centravam-se no que Tempa Tsering descreveu como a «desanimadoramente tacanha» Proposta de Cinco Pontos de Hu Yaobang. Estavam igualmente cientes da resposta esmagadoramente positiva que tinham recebido do povo tibetano durante as visitas das três delegações. Os interlocutores tibetanos acreditavam que essas visitas forçariam a China a reconhecer que os tibetanos no exílio estavam a negociar a partir de uma posição de força. Ao mesmo tempo, os membros da delegação estavam convictos de que na proposta de Deng Xiaoping, além da independência, todas as outras questões estavam abertas a discussão. Foram munidos da proposta do Dalai Lama, que solicitava que todas as áreas habitadas por tibetanos fossem integradas numa única unidade administrativa, bem como que lhes fosse concedido o estatuto especial que tinha sido proposto a Taiwon. A delegação ficou desapontada quando os chineses insistiram que a única base para negociações fosse a Proposta de Cinco Pontos de Hu Yaobang. Isso fez descarrilar as conversações. Até 1984, as questões continuaram congeladas, enquanto Pequim espalhava a sua própria versão de reforma no Tibete. Então, em 1984, foi implementada a política de livre acesso para a região. A política de livre acesso tornava muito mais fácil o acesso ao Tibete por parte dos visitantes estrangeiros, incluindo jornalistas.

Estavam também em curso planos para integrar o Tibete na peculiar economia de mercado livre da China. Por volta da mesma altura, McLeod Ganj começou a sentir uma mudança perceptível na atitude de Pequim para com o Dalai Lama. O secretário do partido da Região Autónoma do Tibete, Yin Fatang, acusou o Dalai Lama de traição, precisamente quando, e de forma muito surpreendente, Hu Yaobang o apelidou de oponente ao desenvolvimento económico.

Quando a delegação tibetana regressou para a segunda ronda de conversações, em Outubro de 1984, o distanciamento entre ambas as partes era notório. Foram em frente e rejeitaram a Proposta de Cinco Pontos de Hu Yaobang em nome do Dalai Lama e, em alternativa, apresentaram a proposta do Dalai Lama para criar uma zona desmilitarizada de paz num Tibete reunificado. «Julgámos que o plano de Sua Santidade era uma proposta significativamente nova que os chineses deviam ter considerado. Não o fizeram», disse Tsering.

Segundo Rabgey e Sharlho:

> *Nessa altura, os chineses reconheceram claramente que enfrentavam problemas graves no Tibete, mas não consideravam o Dalai Lama necessário para a solução. Ao invés, a questão do Tibete foi enquadrada primariamente sob a perspectiva da necessidade de modernização e desenvolvimento económico. A aproximação sino-soviética, em 1986, deu um novo ímpeto à separação. Com a eliminação da preocupação soviética, o Dalai Lama já não era considerado uma solução de baixo custo para uma preocupação estratégica pendente, mas simplesmente um factor desestabilizador no que revelou ser um pântano de tensão étnica.*

Entre 1986 e 1987, qualquer esperança que ainda houvesse de uma possível solução desapareceu quando Deng Xiaoping, outrora considerado um pensador altamente inovador, atacou o «liberalismo burguês», em 1986, e prosseguiu com a purga de Hu Yaobang, em Janeiro de 1987. O que isto significou efectivamente foi que os oito anos passados a decidir se se falava com o Dalai Lama ou não e, em caso afirmativo, de que falar, estavam finalmente a escoar-se sem que se alcançassem quaisquer resultados.

Depois de duas décadas fora da sua pátria sem ter Estado, o Dalai Lama não ia fazer as malas em McLeod Ganj e regressar a Lhasa para se oferecer como vítima voluntária das maquinações da China. Por essa altura, a sua pessoa já tinha conquistado considerável dimensão internacional e adquirido uma voz suficientemente credível para que o mundo se sentasse e o ouvisse. Uma das ironias mais dolorosas da vida do Dalai Lama foi o facto de a sua dimensão ter crescido na proporção inversa à da voz do Tibete no interior da China. Não obstante os óbvios problemas de integração do Tibete na China, qualquer observador atento contaria que Pequim estava num caminho que não contemplava cedências à ocupação do Tibete. Muita gente na Índia pensava que a difícil situação da China no Tibete era como a de uma cobra que tinha capturado um mangusto — não conseguia engoli-lo nem cuspi-lo. Ao ocupar o Tibete, a China tivera mais olhos que barriga. Aqueles dispostos a ver para além das pretensões da China relativas à estabilidade no Tibete, verificavam que a situação no terreno era explosiva. Em meados de 1987, McLeod Ganj recebeu relatos de tumulto crescente em Lhasa e por todo o lado. Nem a Revolução Cultural de Mao nem a reforma de Deng tinham funcionado no Tibete até ao ponto pretendido por Pequim. O pacifismo inato do Budismo tibetano, que a maioria dos tibetanos exibiam, foi erradamente interpretado como aceitação do domínio chinês. «Nem que a China governasse o Tibete durante os próximos mil anos, os tibetanos os aceitariam nos seus corações», disse Norbu.

14

O LAUREADO NOBEL: SUCESSOR DE GANDHI

Uma semana depois de o Dalai Lama ter comparecido perante o Congresso norte-americano, a 21 de Setembro de 1987, rebentaram em Lhasa as primeiras e mais importantes demonstrações de rua desde 1959. Os rumores sobre a gravidade dos acontecimentos em Lhasa chegaram rapidamente ao conhecimento do Dalai Lama. As informações que recebia eram muito mais graves do que a China deixava transparecer.

Em Lhasa e noutros pontos do país, os chineses Han estavam a ser alvo de um número crescente de ataques e linchamentos. Eram perpetrados actos de fogo posto em grande escala contra veículos e edifícios chineses. À medida que os monges eram levados para as esquadras de polícia para serem torturados, os tibetanos intensificavam os seus ataques. Durante os sete meses seguintes, o Tibete passou por aquele que foi, até à data, o seu mais longo período de agitação e insurreição políticas, acabando por forçar a China a impor a lei marcial, em Março de 1989. O estado de lei marcial permaneceu em vigor durante quase catorze meses. Havia uma ironia inegável no facto de o Tibete estar sob lei marcial durante o quinquagésimo aniversário da proclamação formal da descoberta do Décimo Quarto Dalai Lama.

Embora ninguém se apercebesse da ligação entre os dois acontecimentos, três meses mais tarde um movimento pró-democracia que se vinha a formar silenciosamente por toda a China, atingiu o ponto crítico em Junho, em plena Praça de Tiananmen, em Pequim. A insurreição da Praça de Tiananmen proporcionou ao mundo o primeiro vislumbre real das rupturas e consequente rebeldia que abalavam a sociedade chinesa, e sublinhou quão frágil podia ser o domínio da aparentemente inexpugnável máquina militar comunista. Se a imagem eterna de um chinês solitário a enfrentar em desafio a trajectória dos tanques de guerra na praça capturou tão poderosamente o estado de espírito do movimento democrático chinês, um monge budista desarmado, que durante três décadas fez uma serena campanha em defesa da liberdade da sua terra, tornou-se num símbolo igualmente poderoso. No seu âmago, ambas são campanhas em defesa da liberdade individual.

Os acontecimentos na China e no Tibete tinham despertado a atenção do Comité Norueguês do Nobel, em Estocolmo, quando avaliava os potenciais candidatos para o Prémio Nobel da Paz desse ano. Se alguma vez houvera uma forma perfeita para que a atribuição de um Prémio Nobel da Paz constituísse uma afirmação política, esta saltava à vista. Decidiram que, nesse ano, iriam honrar o Dalai Lama. Ao fazê-lo, o comité estava reconhecidamente a tentar corrigir uma injustiça histórica. A não inclusão de Mohandas K. Gandhi na lista de vencedores do Prémio Nobel da Paz constitui uma das mais inexplicáveis falhas do comité. Gandhi representa, para a liderança política, aquilo que Albert Einstein representa para a ciência. A sua filosofia de resistência pacifista contra a subjugação imperialista alterou a liderança política de uma forma tão fundamental como a Teoria da Relatividade de Einstein alterou o entendimento humano do universo. Não foi por acaso que Einstein afirmou, no seu tributo a Gandhi, após o assassinato deste em 1948: «As gerações vindouras dificilmente acreditarão que uma pessoa como esta [Gandhi], de carne e osso, algum dia percorreu a Terra.» Embora os seguidores de Gandhi argumentem com bastante convicção e considerem que os prémios, incluindo o respeitável Nobel, não são suficientes para reconhecer as suas realizações e a sua grandeza, a sua ausência da lista de vencedores do Prémio Nobel da Paz continua a ser incompreensível.

A embaraçosa noção de não ter honrado Gandhi esteve bem presente na mente de Egil Aarvik quando, na qualidade de presidente do comité, enquanto apresentava o vencedor do Prémio Nobel da Paz de 1989, em Oslo, no dia 10 de Dezembro, afirmou: «Seria natural que o comparássemos a Mahatma Gandhi, um dos maiores protagonistas da paz deste século, e o Dalai Lama gosta de se considerar como um dos sucessores de Gandhi. As pessoas têm-se interrogado ocasionalmente porque é que o Prémio Nobel da Paz nunca foi atribuído ao próprio Gandhi, e o actual Comité do Nobel pode partilhar impunemente dessa surpresa, embora considere a atribuição do prémio deste ano, em parte, um tributo à memória de Mahatma Gandhi.»

Quando referi Gandhi ao Dalai Lama, enquanto falávamos sobre o seu próprio Prémio Nobel da Paz, Sua Santidade cruzou as mãos, fechou os olhos e permaneceu em silêncio por alguns momentos. Parecia estar a rezar uma prece interior, como se estivesse a prestar um tributo extremamente pessoal a Gandhi. Então, após uma longa pausa, disse: «Sabe, uma pessoa como Mahatma Gandhi não é um fenómeno vulgar. Considero-o um avatar e a minha inspiração, um modelo de comportamento. Em momentos de dúvida sobre a minha própria campanha pacífica pelo Tibete, dirijo o meu pensamento para Gandhi. Porque é que não foi agraciado com o Prémio Nobel? Uma alma grandiosa como Gandhi não se podia, de forma alguma, medir com um prémio.»

A citação do Nobel indicava que o comité

(...) decidiu atribuir o Prémio Nobel da Paz de 1989 ao [Décimo Quarto] Dalai Lama, Tenzin Gyatso, líder religioso e político do povo tibetano. O comité pretende salientar o facto de o Dalai Lama, na sua luta pela libertação do Tibete, se ter oposto de forma consistente ao uso da violência. Em vez disso, tem defendido soluções pacíficas, baseadas na tolerância e no respeito mútuos, com o objectivo de preservar a herança histórica e cultural do seu povo.

O Dalai Lama desenvolveu a sua filosofia de paz a partir de uma grande reverência por todos os seres vivos e com base no conceito de responsabilidade universal, aceitando toda a humanidade e também a natureza. Na opinião do comité, o Dalai Lama tem apresentado propostas construtivas e progressistas para a resolução de conflitos internacionais, questões relacionadas com os direitos humanos e problemas ambientais globais.

«O Prémio Nobel da Paz deste ano foi atribuído a Sua Santidade, o Dalai Lama, primeiramente devido à sua persistente resistência contra o uso de violência na luta do seu povo para reconquistar a liberdade», afirmou Aarvik.

Desde 1959 que o Dalai Lama, juntamente com cerca de cem mil dos seus conterrâneos, vive numa comunidade organizada exilada na Índia. Esta não é, de forma alguma, a primeira comunidade de exilados do mundo, mas é certamente a primeira e única que não organizou qualquer movimento de libertação militante. Esta política de não-violência é tanto mais notável quanto se considera o sofrimento infligido ao povo tibetano durante a ocupação do seu país. A resposta do Dalai Lama tem-se baseado na proposta de uma solução pacífica que contribuiria grandemente para satisfazer os interesses chineses. Seria difícil referir qualquer exemplo histórico da luta de uma minoria para garantir os seus direitos em que tenha sido adoptada uma atitude mais conciliatória em relação ao adversário do que no caso do Dalai Lama.

Tentar compreender o processo de selecção que resultou na escolha dele, em particular, implicaria entrar naquilo que, para um ocidental, é terra incógnita, em que a crença, o pensamento e a acção existem numa dimensão da existência que desconhecemos ou que talvez tenhamos simplesmente esquecido.

Para um comité que honra sobretudo a excelência nas ciências e, consequentemente, o racionalismo, a escolha do Dalai Lama, cuja base do próprio ser é mística e, por isso, irracional, não constituiu uma decisão fácil. Os membros do comité tiveram de ser cuidadosos quando abordaram o terreno da reencarnação. Por um lado, não podiam dar o seu apoio incondicional a um sistema de crença que estava em conflito directo com os motivos pelos quais os prémios tinham sido criados, por outro, tinham de ser diplomáticos e não questionar os fundamentos lógicos subjacentes a esse mesmo sistema de crença. Aarvik escolheu as suas palavras judiciosamente: «Tal como muitas outras coisas do domínio da religião, esta [reencarnação] não constitui algo que nos peçam para compreender sem racionalidade: deparamos com fenómenos que pertencem a uma realidade diferente da nossa, aos quais devemos responder não com uma tentativa de explicação racional, mas com admiração reverente.»

A um certo nível, a ideia de atribuir o Prémio Nobel da Paz a um homem que, supostamente, está na sua décima quarta reencarnação, parecia ser tão fantástica quanto a atribuição do Prémio Nobel da Física ao físico alemão Werner Heisenberg, o pai da mecânica quântica, em 1932. Por muito que a crença na reencarnação desafiasse a mente racional das pessoas, o Princípio da Incerteza de Heisenberg também desafiava a inteligência de algumas das mentes mais brilhantes da sua época. A afirmação de um cientista de trinta e seis anos, segundo a qual «quanto maior a precisão com que se determina a posição [de uma partícula subatómica], menor a precisão com que se conhece o momento nesse instante, e vice-versa», constituía uma heresia tão grande para muitos cientistas quanto a ideia de Dalai Lamas reencarnados constituía uma superstição para os comunistas chineses. No entanto, o princípio de Heisenberg era tão científico quanto espiritual. O conceito de que o mundo subatómico apenas existe porque o queremos observar, e de que o próprio acto de observar uma partícula subatómica altera a sua posição, era tão revolucionário que até o venerável Albert Einstein observou: «Deus não joga aos dados com o universo.» Em 1932, para os membros do Comité Norueguês do Nobel, a atribuição do Prémio Nobel da Física a Heisenberg pela sua profunda teoria teve certamente tanto de acto de fé como honrar um monge reencarnado em 1989. No caso de Heisenberg, o comité estava a honrar a física, por mais inacreditável que fosse. No caso do Dalai Lama, estava a honrar a filosofia de não-violência e de compaixão, por mais ineficaz que esta demonstrasse ser para combater a injustiça.

É interessante que a metafísica e o Budismo tenham estado sempre inextrincavelmente ligados. Na medida em que o princípio de Heisenberg foi considerado por muitos como pertencendo à metafísica e não à física, de certa forma o Dalai Lama e Heisenberg achavam-se estranhamente ligados. Os lógicos budistas de outrora propunham aquela que é conhecida como a teoria *ksanika* (instante momentâneo), que provavelmente está no âmago do princípio nuclear budista da impermanência. Segundo Vasubandhu, um erudito budista do século IV: «O movimento consiste numa série de imobilidades [o movimento é descontínuo]. A luz de uma lamparina é uma designação metafórica comum para uma produção ininterrupta de uma série de chamas flamejantes. Quando esta produção muda de posição, dizemos que a luz se moveu, mas na realidade outras chamas apareceram noutros locais contíguos [página 99 da obra *Buddhist Logic*].» A obra *Buddhist Logic* defende que todos os momentos são distintos. De acordo com a *Buddhist Logic:*

> *Na Índia, vemo-nos confrontados com duas teorias diferentes de um Fluxo Universal. O movimento que representa o processo do mundo é tanto um movimento contínuo como um movimento descontínuo, embora compacto. Este último consiste numa infinidade de momentos distintos que se seguem uns aos outros quase sem intervalos. No primeiro caso, os fenómenos nada mais são que ondas ou flutuações que se destacam num fundo de Matéria eterna, que tudo impregna e que é indiferenciada, à qual são idênticos. O universo representa um movimento* legato. *No segundo caso, não existe qualquer matéria, os lampejos de energia seguem-se uns aos outros e produzem a ilusão de um fenómeno estabilizado. O Universo é então um movimento* staccato.

Assim, não havia qualquer necessidade de Aarvik criar uma circunstância atenuante baseada no facto de o Dalai Lama representar uma realidade «diferente da nossa». O Dalai Lama vinha de um mundo em que, há mais de um milénio e meio, os eruditos se tinham debruçado sobre algumas das mesmas questões que cientistas como Heisenberg enfrentaram no início do século XX.

Num contexto diferente, quando perguntei ao Dalai Lama, numa conferência sobre a síntese da ciência e da religião que teve lugar em Bombaim no início da década de 1980, se teria gostado de seguir uma carreira científica, a sua resposta foi bastante esclarecedora. Comecei por lhe perguntar se nos estávamos a aproximar a passos largos de uma fase da história da humanidade em que a linha divisória entre a ciência e a religião se estava a desvanecer rapidamente. O Dalai Lama soltou uma gargalhada profunda e disse: «A religião é ciência com fé. A ciência é a religião em busca de fé.» Seguidamente, perguntei-lhe se gostaria de ter sido cientista. Respondeu: «Tenho um grande respeito pela ciência. Talvez pudesse ter sido um cientista, um físico, mas tornei-me num metafísico. Sabe, a ciência exige provas experimentais. Eu não faço experiências. Se fizesse experiências, rebentaria o laboratório.»

A um nível mais mundano, nas suas observações aquando da atribuição do Prémio Nobel da Paz ao Dalai Lama, Aarvik falou também do motivo pelo qual o mundo não se insurgira perante a invasão e ocupação do Tibete pela China, em 1950. «Ao longo da sua história, o Tibete tem sido um país fechado, com pouco contacto com o mundo exterior. Isto também se aplica relativamente aos tempos modernos e talvez explique porque é que os seus líderes não conseguiram atribuir a devida importância ao reconhecimento formal *de jure* do seu país enquanto Estado autónomo. Esta pode também ser uma das razões pelas quais o mundo exterior não sentiu qualquer obrigação de apoiar o Tibete, quando o país, em 1950 e nos anos seguintes, foi gradualmente ocupado pelos chineses, que — em oposição directa à interpretação dos próprios tibetanos — alegavam que o Tibete fora sempre parte da China», afirmou. Descreveu a ocupação chinesa como «o mais pernicioso crime de que qualquer indivíduo ou nação pode ser acusado, ou seja, uma tentativa deliberada de aniquilar todo um povo».

Aarvik chamou a atenção para algo que reflectia a realidade das décadas de 1960 e 1970, bem como do início da década de 1980. Estava-se ainda nas décadas geladas da Guerra Fria, quando o multilateralismo era frágil e cedia facilmente sob pressão geopolítica. As nações olhavam umas para as outras com grande desconfiança e especulavam sobre qual o lado da cortina ideológica a que as outras pertenceriam. Num ambiente de intriga, rivalidades ideológicas e paranóia militar, era pouco provável que um monge que falava de compaixão e tolerância, apesar de ter sido escorraçado da sua pátria por uma potência militarista, encontrasse um público receptivo. Embora existisse uma diferença de pouco mais de uma década, desde a altura em que Gandhi foi assassinado, em 1948, com a paz e a tolerância ainda firmes no seu coração, até à altura em que o Dalai Lama fugiu, em 1959, advogando praticamente a mesma filosofia, o clima político global dominante, tanto durante a época de Gandhi como durante os primeiros anos de exílio do Dalai Lama, era abertamente hostil ao pacifismo puro. O mundo tinha acabado de sair da Segunda Guerra Mundial cerca de uma década e meia antes e estava rigorosamente dividido ao meio sobre qual a ideologia a adoptar — o capitalismo defendido pelo Ocidente, ou o comunismo advogado pela União Soviética e pela China. Ambos os lados estavam convencidos de que a sua ideologia era superior, e aplicavam o seu poderio militar em defesa da mesma. O que também funcionou contra o Dalai Lama, nos primeiros anos, foi a sua idade. Um monge budista de vinte e quatro anos, escolhido como reencarnação através de um processo bizarro num país exótico e, de um modo geral, desligado do resto do mundo, não iria incendiar a imaginação de um mundo que se encontrava preso nas suas rivalidades políticas, ideológicas, económicas e militares. O Dalai Lama era ainda uma curiosidade obscura para o mundo, e a sua causa era uma causa em que nenhuma nação importante tinha qualquer interesse imediato. A sua mensagem de paz e compaixão foi abafada pelo estrépito das armas dos combatentes da Guerra Fria.

«A partir do seu exílio na Índia, travava agora uma luta desarmada pelo seu povo, com uma paciência incansável. Tem toda a justificação para dar à sua autobiografia o título de *Minha Terra e Meu Povo: A Tragédia do Tibete,* porque a vida dos tibetanos é verdadeiramente a sua vida. Mas o apoio político do mundo exterior continuou a ser notório pela sua ausência, com excepção de algumas resoluções bastante ineficazes das Nações Unidas, que foram adoptadas em 1961 e 1965. Ao longo das décadas de 1960 e 1970, o Dalai Lama era considerado uma figura patética de um passado distante: infelizmente, a sua bonita e bem-intencionada filosofia de paz estava deslocada neste mundo», afirmou Aarvik, de forma muito pertinente. O discurso de aceitação do Dalai Lama constituiu um exercício de humildade.

Sinto-me honrado, humilde e profundamente comovido por decidirem atribuir este importante prémio a um simples monge do Tibete. Não sou ninguém especial. Mas acredito que este prémio é o reconhecimento dos verdadeiros valores de altruísmo, amor, compaixão e não-violência que tento praticar, de acordo com os ensinamentos de Buda e dos grandes sábios da Índia e do Tibete.

É com profunda gratidão que aceito o prémio em nome das pessoas oprimidas de todo o mundo e de todos aqueles que lutam pela liberdade e trabalham em prol da paz no mundo. Aceito-o como um tributo ao homem que fundou a tradição moderna de acção não-violenta pela mudança — Mahatma Gandhi — cuja vida me ensinou e me inspirou. E, claro, aceito-o em nome dos seis milhões de tibetanos, os meus corajosos concidadãos e concidadãs que estão no Tibete, que tanto sofreram e tanto continuam a sofrer.

O sofrimento do nosso povo ao longo dos últimos quarenta anos de ocupação está bem documentado. A nossa luta tem sido longa. Sabemos que a nossa causa é justa. É porque a violência apenas pode gerar mais violência e sofrimento que a nossa luta tem de permanecer não-violenta e livre de ódio. Lutamos para erradicar o sofrimento do nosso povo, não para infligir sofrimento a outros.

Foi com isto em mente que propus negociações entre o Tibete e a China em inúmeras ocasiões. Em 1987, apresentei propostas específicas, num «Plano de Paz em Cinco Pontos», para a restauração da paz e dos direitos humanos no Tibete. Essas propostas incluíam a conversão de todo o planalto tibetano numa Zona de Ahimsa, um santuário de paz e não-violência em que os seres humanos e a natureza possam viver em paz e harmonia.

Depois de ser galardoado com o Prémio Nobel da Paz, a reputação do Dalai Lama, enquanto líder espiritual que fazia sentido não só para o Tibete mas talvez também para o resto do mundo, cresceu a nível internacional. O prémio era, de longe, o mais poderoso reconhecimento de que ele era uma força global a ter em conta, apesar de a sua causa estar confinada a um território geográfico. Por breves momentos, o mundo pensou, com um optimismo desculpável, que os protestos da Praça de Tiananmen, em Junho, aliados à atribuição do Prémio Nobel da Paz ao Dalai Lama, em Dezembro de 1989, podiam, em conjunto, abalar a China monolítica. Em todo o mundo, havia uma expectativa sincera de que, por fim, a velha ordem da China se estivesse a desmoronar, abrindo caminho à democracia e a um regresso da China ao seu outrora glorioso passado. É claro que as expectativas depressa foram goradas, dado que nem o movimento pró-democracia nem a atribuição do Prémio Nobel da Paz ao Dalai Lama fizeram qualquer diferença real a nível da forma como o governo chinês funcionava.

A reacção da China à atribuição do prémio era previsível. Consideravam que o Nobel premiava um líder «separatista» que estava empenhado em acicatar a agitação na China e em perpetuar a servidão e o feudalismo a coberto de uma tradição religiosa.

«Enquanto o ano de 1989 assistia a uma nova onda internacional anti-China, na Noruega, o Comité do Prémio Nobel da Paz, com motivos claramente políticos, atribuiu o Prémio Nobel da Paz de 1989 ao Dalai Lama, dando o seu forte apoio ao Dalai Lama e aos separatistas tibetanos. Desde então, o Dalai Lama tem viajado pelo mundo inteiro, defendendo a separação entre o Tibete e a China», — foi desta forma que a China reagiu à atribuição do Prémio Nobel da Paz ao Dalai Lama. O quão verdadeiramente longa e plena de ressentimento podia ser a memória institucional na China, em relação ao Dalai Lama, era evidente num comentário atribuído a Zhang Qingli, secretário do Partido Comunista para a Região Autónoma do Tibete, a 14 de Agosto de 2006. Dezassete anos após a atribuição do Prémio Nobel da Paz, Jane Macartney, correspondente do *Times* de Londres em Pequim, citou o seguinte comentário de Zhang: «Ainda não consigo entender como é que o galardoaram com o Prémio Nobel da Paz. Que paz é que ele trouxe ao mundo?»

Pessoalmente, o Dalai Lama, embora manifestamente grato pela honra que lhe fora concedida, não considerava o prémio como uma sanção política. «Estar entre os vencedores do Prémio Nobel é uma honra verdadeiramente grande, mas não considero que seja uma forma de o Ocidente sancionar politicamente a minha causa. Foi realmente uma grande ajuda, quando visitei regiões onde não era conhecido. Quando um vencedor do Prémio Nobel da Paz fala, haverá certamente quem o ouça, mesmo que o façam apenas por curiosidade. Mas penso que as pessoas se sentiam atraídas por mim sobretudo porque estava a representar uma causa justa e uma filosofia que fazia sentido», afirmou o Dalai Lama.

«Quando ocorreu o massacre da Praça de Tiananmen, pensei que as coisas estavam prestes a atingir um ponto crítico na China. Vi genuína esperança nesses acontecimentos. Com o Prémio Nobel, que considerei não como um triunfo pessoal, mas mais como um reconhecimento da causa tibetana, pensei que as coisas começariam a mudar. Enganei-me, embora o movimento democrático estivesse a crescer de forma constante no país», afirmou.

No décimo sétimo aniversário dos incidentes da Praça de Tiananmen, a 4 de Junho de 2006, até que ponto o movimento pró-democracia havia progredido na China continuava a ser uma questão em aberto. Apesar de o espantoso crescimento económico da China ter aumentado a sua envergadura enquanto um dos países mais poderosos do mundo e um rival rapidamente emergente dos Estados Unidos, os seus antecedentes em termos de direitos humanos continuavam a ser extremamente questionáveis. Em particular, os antecedentes da China no Tibete são motivo de grande preocupação. De acordo com a organização de defesa dos direitos humanos, Human Rights Watch: «O esforço do governo chinês para eliminar o apoio à independência tibetana limita gravemente os direitos humanos fundamentais dos tibetanos. Existe regulamentação que limita o número de monges e monjas e que impõe um controlo secular sobre a administração, as actividades, as finanças e o pessoal de todos os mosteiros. Testemunhos pessoais dão conta de detenções arbitrárias, tortura e maus-tratos, bem como da existência de processos judiciais que não cumprem as normas internacionais.»

Se o Dalai Lama é realmente o sucessor de Gandhi, então deveria reconhecer que o pacifismo constitui um processo penosamente lento. Gandhi e os líderes seus pares demoraram quase três décadas a derrotar o jugo colonial sobre a Índia. Essa liberdade foi conquistada em circunstâncias totalmente diferentes, em que os adversários estavam claramente definidos em termos de etnia, cultura, religião e língua. Ninguém podia olhar para os governantes britânicos na Índia e afirmar que eram nativos da Índia e que partilhavam a sua história. No caso da etnia da China em relação ao Tibete, a cultura e, até certo ponto, a religião e a língua, são muitas vezes indistinguíveis para as mentes vulgares. Esta aparente inexistência de diferenças entre os povos chinês e tibetano é um dos factores mais importantes que têm influenciado a forma como o mundo aborda o problema. Além disso, o pacifismo é um processo contínuo que, frequentemente, não termina em algo de realmente tangível. Muitos dos detractores do Dalai Lama têm argumentado que existe uma diferença fundamental entre aquilo que Gandhi teve de enfrentar e aquilo que o líder tibetano enfrenta agora. Relativamente aos colonialistas britânicos, Gandhi enfrentava um *establishment* adversário que, depois de se ultrapassar o facto de serem subjugadores, tinha na sua base alguns princípios justos. Era também um adversário que tinha dominado a arte de aparentar ser flexível, dado que tinha colonizado diversas partes do mundo e que tinha aprendido a lidar com povos marcadamente diferentes do seu. Os detractores sustentam que, no caso do governo chinês, o Dalai Lama enfrenta um *establishment* que não é inerentemente justo e que não se mostra flexível. Assim, enquanto o pacifismo de Gandhi funcionava porque era direccionado contra um adversário suficientemente astuto, em termos de estatística, para não ser gritante e abertamente injusto, é pouco provável que o pacifismo do Dalai Lama funcione porque tem de enfrentar um regime que é fundamentalmente injusto. É claro que esta lógica é frequentemente simplista e não tem em conta a pura força da história, que consegue muitas vezes vergar alguns dos mais poderosos impérios.

Embora existam algumas semelhanças óbvias entre Gandhi e o Dalai Lama, as diferenças são bastante esmagadoras. Gandhi dispunha de um contexto bem definido de um país no qual actuar. Não tinha de assumir o fardo de um sistema de crença ancestral. Foi só perto do fim da sua vida que começou a inspirar um sentimento de veneração entre alguns dos seus seguidores. Além disso, Gandhi contava com o apoio de uma galáxia de líderes poderosos, que eram gigantes por direito próprio e que o ajudaram a criar talvez o maior movimento político individual do mundo. O destino de mais de 300 milhões de pessoas dependia da liderança de Gandhi. E, facto mais importante, enfrentava uma potência imperial em rápido declínio. Por outro lado, o Dalai Lama não dispõe do contexto definido de um país a partir do qual possa actuar, embora na sua opinião, e na de outros tibetanos, o Tibete seja uma entidade geográfica real. O Dalai Lama é tolhido pelas exigências de sustentar um sistema de crença ancestral. Tem sido venerado desde criança. Contrariamente a Gandhi, continua a ser o único líder de consequência para a sua causa. O futuro de cerca de 6 milhões de pessoas depende do Dalai Lama, embora um número significativo delas se tenha resignado à sorte de continuar sob soberania chinesa. E, mais importante ainda, enfrenta uma potência política, militar e económica que está a crescer a uma velocidade espantosa.

Gandhi justificava a violência em determinadas circunstâncias excepcionais. O Dalai Lama não defende a violência em nenhuma circunstância. Embora Gandhi e o Dalai Lama pertençam a duas fés poderosas, respectivamente o Jainismo e o Budismo, que tiveram origem mais ou menos na mesma altura (Mahavir, que foi praticamente contemporâneo de Buda, fundou o Jainismo, cujo princípio fundamental é a não-violência extrema), nenhum dos dois escolheu transformar a sua fé numa arma política destinada a influenciar a opinião pública. No entanto, em muitos aspectos, o Dalai Lama pode ser considerado como o sucessor de Gandhi, na medida em que ambos representavam uma força moral não-convencional.

«Acredito sinceramente que a tolerância, a compaixão e a não-violência acabarão por prevalecer», afirmou o Dalai Lama.

15
A VIDA DEPOIS DO NOBEL

Havia algo de irónico no facto de um monge iluminado, que presumivelmente estava acima dos louvores mundanos, ter alcançado uma aceitação popular muito maior precisamente devido a um tal louvor. E, de mais a mais, vindo de uma instituição cujo fundador tinha feito fortuna com a invenção da dinamite. Apesar disso, o que o Prémio Nobel fez pelo Dalai Lama foi proporcionar-lhe uma plataforma moral extremamente visível e reconhecível a partir da qual podia actuar. Durante a última década e meia depois de ser galardoado com o prémio, o Dalai Lama estabeleceu-se firmemente como uma das vozes mais importantes de todo o mundo a favor da paz e da compaixão como alternativas à violência e à censura e como instrumento de mudança. Infelizmente para ele, a sua abordagem não trouxe quaisquer benefícios ao povo tibetano em termos de autonomia e, ainda menos, de independência. Na verdade, a aculturação do Tibete pela China tem progredido a uma velocidade preocupante. O que a China tem feito consiste em praticar uma espécie de imperialismo demográfico, erradicando sistematicamente qualquer sentimento que exista, entre a população tibetana mais jovem, de que é um povo distinto — uma consciência que, na geração mais velha, era extremamente forte. Isto tem acontecido sobretudo no caso dos tibetanos nascidos nas décadas posteriores a 1970. O número de chineses Han no Tibete tem aumentado tão drasticamente que esmagou a população tibetana unicamente através da força demográfica e étnica.

Um monge de dezoito anos, de Lhasa, que foi visitar o Dalai Lama integrado numa delegação com autorização oficial, em 1997, admitiu que, desde que nascera, não tinha conhecido qualquer outra realidade que não fosse a de ter os chineses Han como parte dominante da paisagem de Lhasa. «Podia facilmente ter crescido a pensar que Lhasa e o Tibete sempre tinham sido constituídos predominantemente por chineses Han, se não me tivesse dado ao trabalho de ler sobre as lutas de Sua Santidade para proteger a nossa cultura única, que florescia antes da invasão. Mas na capital não há muitos tibetanos jovens que se dêem ao trabalho de ler história. Nas suas cabeças, as coisas sempre foram aquilo que parecem ser agora — em que os chineses Han são a presença dominante», afirmou o monge, que não quis ser identificado por temer represálias.

Entre 1989 e 1992, as viagens do Dalai Lama ao estrangeiro intensificaram-se drasticamente. Tanto o Dalai Lama como o governo tibetano no exílio tinham consciência de que era imperativo que ele viajasse, de modo a garantir que o mundo não esquecia a sua causa. Um monge extremamente erudito e que, além disso, é um laureado Nobel, pode contar no seu calendário com convites regulares de muitos países e instituições internacionais para apresentar palestras. De acordo com os seus registos oficiais, o Dalai Lama visitou mais de quarenta países nesse período, incluindo várias deslocações aos Estados Unidos. Um tal nível de visibilidade constituía uma questão extremamente preocupante para a China. Durante o seu discurso de 18 de Abril de 1991 aos membros do Congresso Americano, na Rotunda de Capitol Hill, disse o seguinte: «Aqui, gozo de liberdade de expressão, liberdade de pensamento e liberdade de movimento. Esta nação sempre acalentou estes princípios. No entanto, quando tinha cerca de 15 anos, perdi essas liberdades. Agora, quarenta anos mais tarde, tenho 56 anos. Nos primeiros nove anos não me limitei a estar privado de liberdade, também testemunhei verdadeiros horrores e estive sempre rodeado pelo medo. De alguma forma, sobrevivi. Agora, depois de decorridos mais de 32 anos, embora já não haja esse tipo de horrores ou medo, continuo a ser um refugiado. Durante a maior parte da minha vida, nunca gozei desta liberdade ou independência. E o pior de tudo isso é que milhares e milhares dos meus irmãos e irmãs tibetanos não só perderam estas liberdades como também passaram por um sofrimento tremendo, algo que é verdadeiramente impensável. Além deste sofrimento, há também muita destruição. Para a actual geração tibetana, estamos a atravessar o período mais difícil e mais negro da nossa história.»

«Por vezes, quando me debruço sobre este lado negativo, sinto uma grande tristeza. Mas, por outro lado, se existe um desafio, então existe também uma oportunidade para utilizar a nossa inteligência e determinação humanas. Parece-me que a nação tibetana não só é uma nação civilizada como também possui uma genuína força interior. Assim, esta é uma boa oportunidade para enfrentar o desafio. Penso que, depois de decorridos 40 anos, depois de tanta destruição, depois de tanta miséria e sofrimento humanos, o espírito tibetano nunca se perdeu. Continua a manter-se extremamente resoluto», afirmou o Dalai Lama.

Quanto mais o Dalai Lama viajava, maior capacidade tinha para manter o Tibete vivo na consciência internacional. Num mundo em que até os conflitos têm de disputar as audiências televisivas, ter um defensor carismático, embora exótico, é, para uma causa, um elemento extremamente importante da luta. Embora o Tibete nunca tenha realmente captado a atenção do mundo, a não ser durante os primeiros anos imediatamente após a fuga do Dalai

Lama, tem conseguido interessar e atrair apoiantes extremamente mediáticos devido à pura força da personalidade do Dalai Lama e, por seu lado, esses apoiantes têm ajudado a manter o Tibete vivo no Ocidente.

Nos três anos depois de ter sido galardoado com o Prémio Nobel, o Dalai Lama encontrou-se com chefes de Estado, ministros dos negócios estrangeiros, importantes líderes religiosos, como o Papa João Paulo II, académicos e membros dos meios de comunicação, na Europa, Austrália, América do Norte e América Central, como parte de um esforço consciente para chamar a atenção do mundo para a sua campanha. «Reconhecemos que a única arma de que dispúnhamos era a tremenda capacidade de Sua Santidade para convencer o mundo a ver o nosso lado da questão. Em várias partes do mundo que visitou, muitas pessoas nem sequer conheciam o Tibete. Para uma campanha que é decididamente pacífica e não-violenta, manter-se viva na memória do mundo é uma tarefa difícil. O Dalai Lama desempenhou essa tarefa com determinação e resultados notáveis», afirmou Tenzin Geyche Tethong, o secretário particular de Sua Santidade, que trabalha em estreita colaboração com ele há já várias décadas.

A insurreição da Praça de Tiananmen, seguida de perto pela atribuição do Prémio Nobel ao Lama, estava fadada a encolerizar os líderes chineses e a forçá-los a tornar-se mais recalcitrantes que nunca em relação à questão do futuro do Tibete. Um funcionário superior do governo indiano, que estava a prestar serviço diplomático activo em 1992, afirmou o seguinte relativamente aos efeitos que os dois acontecimentos tiveram sobre a China: «Se bem conheço a mentalidade chinesa, e penso que sim, então a revolta da Praça de Tiananmen e a atribuição do Prémio Nobel ao Dalai Lama foram considerados [por Pequim] como parte de uma enorme conspiração ocidental de ingerência nos assuntos internos [da China]. Quando ambos ocorreram praticamente em simultâneo, disse a alguns dos meus colegas do Ministério dos Negócios Estrangeiros de Nova Deli que quaisquer perspectivas que existissem para uma resolução sensata do estatuto do Tibete estavam maculadas para sempre.»

Afirmou que, enquanto entidade política monolítica, o governo chinês tem uma memória institucional extremamente longa e que guarda ressentimento durante muito tempo. «Pode concluir-se... que, se e quando, a China decidir resolver a questão do Tibete, fá-lo-á exclusivamente nas suas próprias condições e não porque o mundo ou o Dalai Lama queriam que o fizesse.»

A nível local, a população de McLeod Ganj, tanto exilados tibetanos como indianos, considerou o Prémio Nobel como uma questão de triunfo pessoal. Ashok Sharma, um vendedor de chá que trabalha na rua que dá acesso ao bangaló do Dalai Lama, afirmou: «Disseram-me que é um grande prémio. O Guruji [o Dalai Lama] trouxe honra à nossa comunidade. Sinto-me como se tivesse ganho o prémio, porque somos da mesma aldeia.» Migmar, um refugiado tibetano, teve uma reacção semelhante: «Desde que

Sua Santidade ganhou o prémio por lutar pela nossa causa, sinto-me como se todos partilhássemos uma pequena parte dessa honra.»

No trigésimo terceiro aniversário do 10 de Março de 1959, o levantamento popular de Lhasa, era evidente para todos que a atribuição de honras como o Prémio Nobel, embora ajude a concentrar a atenção do mundo, não tem qualquer consequência real. No seu discurso anual, o Dalai Lama adoptou uma atitude positiva ao manter o seu optimismo global sobre a vida em geral. «Estou mais optimista que nunca em relação ao futuro do Tibete. Este optimismo decorre da determinação do povo tibetano no Tibete, e também das mudanças drásticas que ocorreram por todo o mundo e, em particular, na antiga União Soviética. Tenho a certeza de que, nos próximos cinco a dez anos, irão ocorrer algumas mudanças de vulto na China», afirmou.

«O colapso dos regimes totalitários em diferentes partes do mundo, a dissolução do império soviético e o ressurgimento de nações soberanas e independentes reforçam a nossa crença no triunfo derradeiro da verdade, da justiça e do espírito humano. A sangrenta Revolução de Outubro de 1917, que comandou o destino da União Soviética durante sete décadas, culminou na Revolução de Agosto de 1991, em que não houve derramamento de sangue nem violência. A história ensina-nos que os mais poderosos impérios e potências militares vêm e vão. Nenhum poder se mantém sacrossanto eternamente. Isto é particularmente verdade nesta era moderna, em que o poder das comunicações é tão eficaz. Consequentemente, é bastante evidente que a China não pode continuar a não ser afectada por aquilo que acontece dentro e fora do país», afirmou.

«Os actuais líderes chineses têm duas opções. A primeira consiste em iniciar um processo político esclarecido, de modo a fazer uma transição suave para uma sociedade totalmente democrática e a permitir que os países que anexaram e ocuparam pela força se tornem parceiros livres e iguais numa nova ordem mundial. A segunda opção é empurrar o país para lutas políticas sangrentas, facto que, num país que é povoado por um quarto da população mundial, seria uma enorme tragédia. Da nossa parte, não faltará vontade nem sinceridade, caso o governo chinês demonstre um interesse genuíno em encontrar uma solução para o problema tibetano. Apesar de a Proposta de Estrasburgo, que apresentei há mais de três anos, já não ser válida, estamos empenhados na via das negociações. Este empenho é amplamente demonstrado na minha proposta para uma visita antecipada ao Tibete. Lamentavelmente, esta proposta foi recusada pelo governo chinês», afirmou.

«Com uma maior consciência da situação real vivida no Tibete nos nossos dias, tem havido uma crescente preocupação e apoio mundial à nossa causa. Senti-me extremamente incentivado pelo interesse e solidariedade genuínos demonstrados pelos líderes políticos com quem me encontrei durante as minhas viagens ao longo do último ano. Consideramos que estas mudanças favoráveis na atitude dos governos não são contra a China, mas sim a favor da justiça e da verdade», afirmou.

Quando o Dalai Lama fala, os chineses preocupam-se realmente em ouvir e monitorizar, mesmo que seja apenas para rejeitar a substância daquilo que diz. Além dos comentários do próprio Dalai Lama, os chineses também registaram que o Ano Internacional do Tibete foi celebrado em mais de trinta e seis países.

No seu discurso, o Dalai Lama também se referiu à questão da Mongólia Interior e do Turquistão Oriental, afirmando que esperava que ambos se «reunissem em total liberdade nos nossos respectivos países».

Não é claro se foi por retórica ou por crença genuína que o Dalai Lama também se referiu aos preparativos para um Tibete totalmente democrático. Falou sobre um documento oficial intitulado «Directrizes para o Futuro Governo do Tibete e Características Básicas da sua Constituição». O documento afirmava que a presente administração tibetana seria dissolvida no momento em que ele e os tibetanos no exílio regressassem ao Tibete, e que ele entregaria todo o seu poder político tradicional a um governo interino. «O documento explica que o governo interino será responsável por elaborar uma constituição democrática ao abrigo da qual o novo governo do Tibete será eleito pelo povo. Garante que não haverá quaisquer represálias políticas contra os tibetanos que trabalharam na administração chinesa. Na verdade, em virtude da sua experiência, os funcionários tibetanos da actual administração do Tibete deverão partilhar a responsabilidade principal», afirmou.

Quão infundado era o optimismo do Dalai Lama tornou-se dolorosamente óbvio pouco mais de seis meses depois de ele ter adoptado uma atitude positiva, durante o seu tradicional discurso aos tibetanos no exílio. A China estava atenta a todas as suas palavras e já tinha a sua própria resposta pronta. Parte da estratégia chinesa tem consistido em não deixar sem contestação nada do que o Dalai Lama diz sobre o Tibete. Um diplomata chinês em Nova Deli disse certa vez o seguinte: «Acreditamos em contestar o Dalai Lama em toda a parte e em todas as ocasiões. Ele não pode pensar que consegue levar a melhor com a sua propaganda, só porque alguns actores de Hollywood caem nos seus truques.»

16

CHINESES INTRANSIGENTES E TIBETANOS INFLEXÍVEIS

Em Setembro de 1992, o Gabinete de Informação do Conselho de Estado da República Popular da China publicou um Livro Branco intitulado *Tibete: a sua Propriedade e Situação em Termos de Direitos Humanos*. O documento era um inteligente misto de realidades históricas selectivas e de clássico encobrimento chinês. A maior parte das afirmações nele contidas continua a espelhar a posição oficial mantida até ao presente. Isso constitui não só uma medida do quão inflexível é a China, como também uma reflexão sobre a forma como, em mais de uma década, nada mudou realmente para os tibetanos. A escolha da palavra «propriedade» é ilustrativa de como, para a China, o Tibete era e continua a ser uma questão de direito de posse.

Na secção intitulada «Propriedade do Tibete», o livro afirmava:

> *O Tibete está localizado no Sudoeste da China. Os antepassados da raça tibetana que viveram nessa região criaram laços com os chineses Han das Planícies Centrais muito antes da era cristã. Mais tarde, durante um período de muitos anos, as inúmeras tribos dispersas pelo Planalto Tibetano unificaram-se e formaram a actual raça tibetana. Aquando da Dinastia Tang (618-907), os tibetanos e os chineses Han já tinham, através de casamentos entre famílias reais e de encontros que levaram à formação de alianças, cimentado laços políticos e de parentesco de unidade e amizade política, e criado relações económicas e culturais próximas, estabelecendo uma base sólida para a derradeira fundação de uma nação unificada. Em Lhasa, a capital da Região Autónoma do Tibete, a estátua da princesa Wen Cheng, da dinastia Tang, que em 641 se casou com o Tubo* tsampo*, rei do Tibete, é ainda hoje venerada e adorada no Palácio de Potala. O Monumento à Aliança Tang-Tubo, erigido em 823 e que assinala o encontro para esse fim entre Tang e Tubo, ainda permanece na praça em frente ao Mosteiro de Jokhang. A inscrição no monumento indica, em parte, o seguinte: «Os dois soberanos, tio e sobrinho, tendo*

chegado a acordo sobre a união dos seus territórios num só, celebraram a presente aliança de grande paz para toda a eternidade! Possam Deus e a humanidade ser disso testemunho, para que a aliança possa ser louvada de geração em geração.»

A resposta tibetana a estas pretensões foi célere:

De acordo com os anais tibetanos, o primeiro rei do Tibete governou a partir de 127 a.C., mas foi apenas no século VII *d.C. que o Tibete emergiu como um estado unificado e um império poderoso, sob o governo do Imperador Songtsen Gampo. Com o seu reinado, iniciou-se uma era de grandeza política e militar e de expansão territorial que se prolongou por três séculos. O Rei do Nepal e o Imperador da China ofereceram as suas filhas em casamento ao Imperador tibetano. Os casamentos com as princesas nepalesa e chinesa foram de particular importância, porque desempenharam papéis de monta na disseminação do Budismo no Tibete. A propaganda chinesa refere-se sempre às implicações políticas do casamento de Songtsen Gampo com a princesa imperial chinesa Wen Cheng, ignorando convenientemente as outras mulheres do soberano tibetano, em especial a sua mulher nepalesa, cuja influência foi, na verdade, superior à da sua congénere chinesa.*

O governante tibetano Trisong Detsen [que reinou de 755 a 797] expandiu o império tibetano através da conquista de partes da China. No ano 763, a capital da China, Chang'an [Xia'n, na era moderna], foi invadida e a China foi obrigada a pagar um tributo anual ao Tibete. Em 783, foi assinado um tratado que definiu as fronteiras entre o Tibete e a China. Uma inscrição num pilar, na base do Palácio de Potala, em Lhasa, é testemunho de algumas destas conquistas. O tratado de paz celebrado entre o Tibete e a China, em 821, é especialmente importante para ilustrar a natureza das relações entre estas duas grandes potências da Ásia. O texto desse tratado foi inscrito, tanto em tibetano como em chinês, em três pilares de pedra: um foi erigido em Gungu Meru, para demarcar as fronteiras entre as duas nações; o segundo, em Lhasa, onde ainda permanece; e o terceiro, na capital chinesa de Chang'an. As passagens dos pilares citadas no Livro Branco são inexactas e estão descontextualizadas, tendo por objectivo criar a impressão de que desse tratado resultou uma espécie de «união». Nada está mais longe da verdade, como se pode constatar claramente a partir da seguinte passagem principal desse tratado: «O Tibete e a China respeitarão as fronteiras que agora ocupam. Tudo o que se situa a leste é a região da grandiosa China; e tudo o que se situa a oeste é, sem dúvida, a região do grandioso Tibete. Doravante, nenhum dos lados travará guerras nem invadirá territórios.»

É difícil compreender como é que a China pode, no seu Livro Branco, interpretar estes acontecimentos como demonstrando que «os tibetanos e os [chineses] Han tinham, através do casamento entre famílias reais e de encontros que resultaram em alianças, cimentado laços políticos e parentesco de unidade e amizade política, e criado relações económicas e culturais próximas, criando uma base sólida para a derradeira fundação de uma nação unificada.»

Na realidade, tanto os registos históricos tibetanos como os chineses contradizem tal interpretação, e fazem referência a impérios distintos e poderosos.

Apesar da afirmação tibetana, o Livro Branco indicava o seguinte: «Em meados do século XIII, o Tibete foi oficialmente incorporado no território da dinastia Yuan da China. Desde então, embora a China tenha passado por várias mudanças dinásticas, o Tibete permaneceu sob a jurisdição do governo central da China.»

De acordo com o Livro Branco, a dinastia Yuan (1271-1368) surgira em resultado de uma mudança de título do domínio do cã estabelecido no Norte da China no início do século XIII pelo lendário guerreiro mongol, Genghis Khan. «Em 1247, Sagya Pandit Gonggar Gyamcan, líder religioso do Tibete, encontrou-se com o príncipe mongol, Gotan, em Liangzhou [a moderna Wuwei, em Gansu, na China] e acordaram as condições da submissão tibetana aos mongóis, incluindo a apresentação dos mapas e dos livros de recenseamento, o pagamento de tributos e a aceitação da governação pelos oficiais nomeados», afirmava o documento.

«O regime do cã mongol mudou o seu título para Yuan, em 1271, e unificou todo o território da China, em 1279, estabelecendo um governo central, que, depois das dinastias Han [206-220 a.C.] e Tang, conseguiu uma grande unificação de várias regiões e raças sob o domínio da China. O Tibete tornou-se uma região administrativa, directamente sujeita à administração do governo central da dinastia Yuan da China», afirmava o Livro Branco.

A versão tibetana destes mesmos acontecimentos é diametralmente oposta.

O governante mongol, Genghis Khan, e os seus sucessores conquistaram vastos territórios na Ásia e na Europa, criando um dos maiores impérios que o mundo jamais conheceu, estendendo-se do Pacífico até à Europa Oriental. Em 1207, o império Tangut, a norte do Tibete, sucumbiu à investida dos mongóis e, em 1271, os mongóis anunciaram a instituição da dinastia mongol Yuan, que governaria a parte oriental do Império. Em 1279, a dinastia chinesa Song, do Sul da China, sucumbiu à investida dos exércitos e os mongóis concluíram a conquista da China. Presentemente, a China reivindica a dinastia Yuan como sendo a sua própria dinastia porque, ao fazê-lo, está igualmente a reclamar a posse de todas as conquistas mongóis, pelo menos na metade oriental do Império Mongol.

O príncipe Goden, neto de Genghis Khan, enviou uma expedição ao Tibete, em 1240, e convidou para a sua corte um dos principais líderes religiosos do Tibete, Sakya Pandita Kunga Gyaltsen [1182-1251], estabelecendo assim uma duradoura relação entre tibetanos e mongóis. Foi nessa altura que teve início a singular relação cho-yon *[sacerdote-patrono]. Kublai Khan, que sucedeu a Goden Khan, acolheu o Budismo tibetano e adoptou Drogon Choegyal Phagpa, sobrinho de Sakya Pandita, como seu mentor espiritual. Esta relação* cho-yon *teve como resultado que Kublai adoptasse o Budismo como religião de Estado do seu império e Phagpa tornou-se na suprema autoridade espiritual. Para expressar a sua gratidão, em 1925 Kublai Khan ofereceu ao seu lama tibetano autoridade política sobre o Tibete, conferindo-lhe vários títulos.*

É inegável que os imperadores mongóis alargaram a sua influência ao Tibete. Mas, contrariamente à afirmação feita no Livro Branco chinês, de que, «Em meados do século XIII o Tibete foi oficialmente incorporado no território da dinastia Yuan da China», nenhum dos governantes mongóis fez jamais qualquer tentativa de administrar o Tibete directamente, o Tibete nunca pagou tributo ao império mongol e, certamente, nunca foi considerado pelos imperadores mongóis como fazendo parte da China.

«Os chineses recorrem à história apenas para a distorcer. Se retrocedermos tanto na história, a China ficará numa posição tão instável como aquela em que afirma que o Tibete está. Tal como demonstrámos incontáveis vezes, e o mesmo fizeram muitos historiadores e eruditos independentes, a China distorceu a história para a adequar aos seus objectivos. O ponto mais importante a ter em conta é a situação que existia no início do século XX. Se nos guiarmos por isso, as pretensões chinesas não fazem qualquer sentido», afirmou Tempa Tsering.

A posição oficial tibetana, tal como a adoptada por inúmeros especialistas independentes em direito, é semelhante.

O governo comunista chinês proclama ter direito à «propriedade» do Tibete. Não proclama este direito com base na sua conquista militar de 1949 ou no alegado controlo efectivo sobre o Tibete desde essa data ou desde 1959. O governo chinês também não baseia a sua pretensão de «propriedade» no chamado «Acordo de Dezassete Pontos para a Libertação Pacífica do Tibete», que forçou o Tibete a aceitar, em 1951. Em vez disso, a alegada pretensão legal da China baseia-se em relações históricas, mantidas sobretudo por governantes mongóis ou Manchu com lamas tibetanos e, em menor medida, por governantes chineses e lamas tibetanos. Os principais acontecimentos em que o governo chinês se baseia ocorreram há centenas de anos: durante o auge da expansão imperial mongol, quando os imperadores mongóis estenderam a sua supremacia política pela maior parte da Ásia e por uma grande parte da Europa Oriental, e quando os imperadores Manchu governaram a China e expandiram a sua influência pela Ásia Oriental e Central, incluindo o Tibete, em particular no século XVIII.

Não se contesta que, em diferentes períodos da sua longa história, o Tibete tenha estado sob influência estrangeira a vários níveis: dos mongóis, dos Gorkhas do Nepal, dos imperadores Manchu da China e dos governantes britânicos da Índia. Noutros períodos da sua história, foi o Tibete que exerceu poder e influência sobre os seus vizinhos, incluindo a China. Seria difícil encontrar algum Estado, no mundo de hoje, que não tenha sido sujeito ao domínio ou à influência estrangeiros durante algum período da sua história. No caso do Tibete, o nível e extensão da influência e ingerência estrangeiras foram bastante limitados. Além disso, as relações com os governantes mongóis, chineses e manchus, na medida em que tiveram relevância política, foram de natureza pessoal, e não implicaram, em nenhum momento, uma união ou integração do Estado tibetano com ou num Estado chinês.

Por mais fascinante que a história ancestral do Tibete possa ser, o seu estatuto aquando da invasão chinesa tem, obviamente, de ser analisado com base na sua posição na história moderna, em especial na relação que mantém com a China desde 1911, quando os chineses derrubaram o domínio manchu estrangeiro e se tornaram senhores do seu próprio país. Todos os países podem retroceder a algum período da história para justificar pretensões territoriais sobre Estados vizinhos. Isso é inaceitável no âmbito do direito e da prática internacionais.

A resposta tibetana alegava que o Livro Branco prestava escassa atenção à história moderna do Tibete antes de 1949. Os tibetanos argumentavam que, de 1911 a 1951, quando a ocupação chinesa foi concluída, não existiam quaisquer provas de autoridade ou influência chinesas no Tibete que pudessem apoiar a pretensão da China. «Na verdade, a maioria das provas demonstra precisamente o contrário: que o Tibete era, para todos os efeitos, um Estado soberano, independente da China. Esta conclusão é apoiada pela maioria dos especialistas em direito e dos peritos na matéria», afirmava a posição oficial tibetana.

De acordo com a Comissão Legal de Inquérito sobre o Tibete, pertencente à Comissão Internacional de Juristas: «O Tibete demonstrou, de 1913 a 1950, as condições de Estado geralmente aceites ao abrigo da legislação internacional. Em 1950, existia um povo e um território, bem como um governo que funcionava nesse território e que conduzia os seus próprios assuntos internos livre de qualquer autoridade estrangeira.» A comissão afirmou que, de 1913 a 1950, as relações externas do Tibete foram conduzidas exclusivamente pelo governo do Tibete. A comissão assegurava que os documentos oficiais demonstravam que, na prática, os países com os quais o Tibete mantinha relações externas tratavam o Tibete como um Estado independente.

Na opinião da Comissão, quarenta anos de independência são «claramente suficientes» para que o Tibete seja considerado como um país pela comunidade internacional. Além disso, salientou que muitos países-membros que pertencem às Nações Unidas foram considerados como países apesar de terem «gozado de um período de independência semelhante ou até mais curto». Um problema salientado pela comissão, e que provavelmente é específico da questão sino-tibetana, consistia no facto de a China ter reescrito «selectivamente» a história antiga do Tibete de modo a justificar a sua pretensão de «propriedade».

«Poucas dúvidas pode haver de que, na véspera da invasão militar levada a cabo pela China, que teve início no fim de 1949, o Tibete possuía todos os atributos de um Estado independente, reconhecido ao abrigo da lei internacional: um território definido, uma população que habitava esse mesmo território, um governo e a capacidade de estabelecer relações internacionais», afirmava a comissão.

A comissão afirmava que a população do Tibete, que ascendia a seis milhões aquando da invasão chinesa, constituía o povo tibetano, «um povo distinto, com uma história longa, uma cultura rica e uma tradição espiritual».

Afirmava que, historicamente, nem os tibetanos nem os chineses consideravam os tibetanos como um povo chinês. Os anais históricos chineses descreviam os povos que viviam fora da Grande Muralha como «bárbaros».

Outro argumento significativo, que a comissão usou para reforçar o seu caso, foi o de que o governo do Tibete tinha os seus próprios impostos, moeda, sistema postal e selos de correio. Tinha também um pequeno exército. «A forma de governo tibetano era extremamente descentralizada, sendo que muitos distritos e principados do Tibete gozavam de um elevado grau de autogovernação. Em grande medida, isso era inevitável devido à vastidão do território e à inexistência de sistemas de comunicação modernos», afirmava.

A comissão contestava a pretensão chinesa de que «nenhum país tinha jamais reconhecido o Tibete», assegurando que, em direito internacional, o reconhecimento pode ser obtido através de «acto explícito de reconhecimento ou de acto implícito de comportamento». Tratados, negociações e relações diplomáticas são «formas de reconhecimento», afirmou a comissão. «A Mongólia e o Tibete celebraram um tratado de reconhecimento formal em 1913; o Nepal não só celebrou tratados de paz com o Tibete e manteve um embaixador em Lhasa, como também declarou formalmente às Nações Unidas, em 1949, como parte da sua candidatura a membro da ONU, que mantinha relações diplomáticas independentes com o Tibete e com diversos outros países, como o Reino Unido, os Estados Unidos, a Índia e a Birmânia.»

O Livro Branco chinês mencionava especificamente «uma servidão feudal caracterizada pela ditadura dos monges e nobres da classe mais alta».

Afirmava que: «As vastas massas de servos existentes no Tibete desejavam ansiosamente libertar-se dos grilhões da servidão. Depois da libertação pacífica, muitas pessoas esclarecidas das classes média e alta também se aperceberam de que, se o antigo sistema não sofresse uma reforma, o povo tibetano nunca alcançaria a prosperidade.»

A resposta tibetana a estas acusações ofensivas foi bastante categórica.

A China sempre justificou a sua política no Tibete pintando uma imagem extremamente negra da sociedade tibetana tradicional. A invasão e ocupação militares foram designadas por «libertação» da sociedade tibetana, por parte da China, da «servidão feudal medieval» e «escravidão». Hoje em dia, este mito é repetidamente apresentado para justificar as violações da própria China em relação aos direitos humanos e políticos no Tibete e para se opor a toda a pressão internacional sobre Pequim no sentido de rever as suas políticas opressivas no Tibete ocupado.

A sociedade tibetana tradicional não era, de modo algum, perfeita, e precisava de mudanças. O Dalai Lama e outros líderes tibetanos já o admitiram. Foi por esse motivo que o Dalai Lama deu início a extensas reformas no Tibete, assim que assumiu a autoridade secular. No entanto, a sociedade tibetana tradicional não era, nem de perto nem de longe, tão má quanto a China gostaria que acreditássemos.

Os camponeses, que o Livro Branco chinês insiste em designar por «servos», tinham uma identidade legal, dispondo frequentemente de documentos que indicavam os seus direitos, e também tinham acesso a tribunais. Os camponeses tinham direito a processar os seus amos e a levar os seus casos a recurso perante autoridades superiores.

O objectivo desta subtil distinção histórica feita pela China era manter o governo tibetano no exílio permanentemente na defensiva. As frequentes referências da China a algumas práticas confessamente repugnantes, que não eram, de modo algum, exclusivas do Tibete nessa época, eram parte de uma estratégia destinada a continuar a relembrar ao mundo que a percepção de que o clero budista tibetano constituía uma liderança progressista era um mito e, não fosse pela intervenção militar de Pequim, a instituição representada pelo Dalai Lama continuaria a oprimir os tibetanos da classe trabalhadora. Como a resposta tibetana salientava, embora durante o antigo regime vigorassem no Tibete práticas que eram extremamente exploradoras, estas não constituíam a filosofia central daquilo que os Dalai Lamas, e mesmo a maioria da chamada elite governante, representavam. Tal como as classes governantes em todo o mundo, incluindo as da Europa e da China, também a elite do Tibete era culpada, até certo ponto, de maltratar os pobres e os fracos. No entanto, a ordem política e religiosa no Tibete não era, nem pouco mais ou menos, tão opressiva quanto os chineses gostariam de fazer crer ao mundo. A estratégia teve sucesso, na medida em que o Livro Branco da China colocou o governo do Dalai Lama na defensiva, mas aqueles que compreendiam a história reconheceram que o documento era apenas mais uma de uma série de tentativas da China para confundir a questão essencial da soberania do Tibete.

17

ASSASSINATOS NO MOSTEIRO

Numa fria noite de Fevereiro, em 1996, à medida que o nevoeiro descia sobre as Montanhas Dhauladhar, o septuagenário Lobsang Gyatso, um confidente próximo do Dalai Lama, preparava-se para dormir. Gyatso e dois monges mais jovens, que viviam a poucas centenas de metros da residência do Dalai Lama, não tinham quaisquer motivos para suspeitar que a noite que tinham pela frente ocultava um perigo selvagem e mortal. Alegadamente, durante a noite, entre cinco e oito homens entraram furtivamente no quarto deles e atacaram-nos com uma brutalidade medonha, apunhalando cada um dos três monges entre quinze e vinte vezes. De acordo com a polícia indiana, havia um padrão ritualista nos ferimentos, na forma como os golpes tinham sido infligidos nos corpos. As paredes do quarto estavam manchadas de sangue. Um agente da polícia, que estava familiarizado com algumas das práticas mais sombrias das subseitas mais obscuras do Budismo tibetano, afirmou que os assassinatos tinham por objectivo enviar ao secretariado do Dalai Lama uma mensagem inequívoca de que não se tratava de um acto de violência aleatório, mas de uma acção motivada provavelmente por alguns ressentimentos e animosidades arraigados no seio da comunidade tibetana no exílio.

Se o Livro Branco chinês e a resposta tibetana sublinhavam as complexas forças históricas, religiosas e políticas que, havia séculos, estavam em jogo entre a China e o Tibete, um impiedoso triplo assassinato perpetrado no centro do *establishment* do governo no exílio punha a nu a existência de falhas sob a aparentemente tranquila estrutura do governo tibetano no exílio.

O triplo assassinato despedaçou a serenidade intacta da comunidade e expôs chocantes rivalidades entre seitas e subseitas budistas concorrentes, pelo controlo dos assuntos tibetanos. Os assassinatos também sublinharam que, apesar da impressão de harmonia iluminada, tão eloquentemente personificada pelo Dalai Lama, existiam fracturas com potencial para ameaçar a sua supremacia inatacável. A polícia indiana suspeitava de que os assassinatos tinham sido cometidos pelos seguidores de Dorje Shugden, uma obscura divindade com três olhos, cujo culto fora proscrito pelo Dalai Lama em 1996. Os seguidores dessa divindade têm tendência para ser doutrinários e, em geral, são intolerantes em relação a qualquer enfraquecimento dos seus dogmas. Quando me encontrei com o Dalai Lama pela primeira vez, os assassinatos estavam ainda frescos na memória da comunidade tibetana no exílio e tinham abalado os seus conceitos de civismo em termos de discurso político e espiritual.

O Dalai Lama estava abalado. «Não é desta forma que se expressa desacordo. Existem motivos óbvios que me obrigaram a tomar a medida extrema de banir o culto de Dolgyal [Dorje Shugden]. Acredito que uma prática desse tipo pode transformar o Budismo tibetano num culto dos espíritos. O Budismo tibetano é uma tradição profunda. Esse tipo de culto dos espíritos reduz o Budismo tibetano a um conjunto de crenças estranhas. A propiciação do Dolgyal é extremamente prejudicial tanto para a causa tibetana como para a minha própria vida», afirmou.

A origem de Dorje Shugden remonta ao tempo do Quinto Dalai Lama, em meados do século XVII. O Grande Quinto, como é conhecido popularmente, tinha um mestre budista contemporâneo chamado Dragpa Gyaltsen, que era considerado por muitos como o equivalente espiritual do Dalai Lama. É claro que essa pretensão foi veementemente rejeitada pelos apoiantes do Dalai Lama. Diz-se que a rivalidade entre o Grande Quinto e Gyaltsen atingiu um ponto tal que o principal ministro do Dalai Lama mandou assassinar o mestre rival. Tais alegações são difíceis de provar ou refutar, mas realçam as tensões inerentes que existem há séculos entre vários cultos e seitas do Budismo tibetano. Segundo a crença tibetana, Gyaltsen reencarnou como Dorje Shugden.

Os seguidores de Shugden consideram que a autoridade incontestada do Dalai Lama em relação às questões tibetanas é problemática. Consideram-se como os verdadeiros guardiães do Budismo tibetano e condenam o Dalai Lama como traidor. No entanto, a explicação apresentada pelo próprio Dalai Lama e pelos seus conselheiros contraria abertamente aquilo que os seguidores de Shugden alegam. Uma das principais alegações do Dalai Lama é a de que o culto é ostensivamente comercial e oferece recompensas em troca de dinheiro, uma alegação negada pelos Shugden.

O Dr. Robert Thurman, uma das principais autoridades mundiais em questões do Tibete e do Budismo tibetano, e um amigo chegado do Dalai Lama, foi citado na revista *Newsweek*, na edição de 28 de Abril de 1997, como tendo afirmado: «Penso que não há quaisquer dúvidas de que Shugden esteve por detrás das mortes. Os três monges foram repetidamente apunhalados e golpeados de forma semelhante a um exorcismo.» Numa outra entrevista com o autor do presente livro, Thurman reiterou esse comentário, acrescentando que: «Há sérias dúvidas sobre a forma como Shugden funciona.»

O desacordo entre o Dalai Lama e os seus seguidores e os Shugden é tanto de carácter espiritual como político. Os Shugden insistem na pureza doutrinária da prática budista e argumentam que o Dalai Lama diluiu o Budismo tibetano ao alargar a sua base fundamental. Embora o culto de Dorje Shugden tenha permanecido maioritariamente na clandestinidade, em 1991, um monge sénior, Kelsang Gyatso, criou uma nova ordem, designada por Nova Tradição Kadampa e sediada em Inglaterra. Os seguidores do Dalai Lama consideraram estranho que, por um lado, os Shugden falassem de pureza doutrinária e, por outro, tivessem transformado o seu sistema num empreendimento comercial, na medida em que estavam a ganhar dinheiro através da venda de alguns dos seus ensinamentos. Os Shugden têm negado consistentemente essas alegações, reivindicando que o seu sistema é legítimo e que estão genuinamente preocupados com a independência do Tibete, ao contrário do Dalai Lama, que está disposto a contentar-se com muito menos. Os Shugden também acusam o Dalai Lama de atraiçoar o Tibete, ao contentar-se com a autonomia em lugar de exigir a independência total.

Pouco tempo depois dos assassinatos, foram feitas ameaças de morte contra catorze membros do secretariado do Dalai Lama. Investigadores indianos interrogaram cinco seguidores Shugden que acreditavam estar a par da conspiração contra os monges, embora não tivessem participado activamente da mesma. Os investigadores afirmaram ser possível que os verdadeiros culpados tivessem abandonado a Índia. Na altura, surgiram também especulações sobre os assassinos serem agentes chineses que estavam a executar um plano para pôr uma seita contra a outra, mas essas alegações nunca foram provadas.

A posição do Kashag (o Gabinete do governo tibetano no exílio) sobre esta sórdida questão foi extremamente categórica. Embora mantivesse que as perspectivas de liberdade tibetana tinham melhorado ao longo dos anos sob a liderança do Dalai Lama, a declaração oficial do Kashag afirmava que: «Factores de obstrução de diversos tipos, emanados de seres dos reinos da forma e sem forma, continuam a prejudicar os nossos esforços.»

«Sua Santidade, o Dalai Lama, investigou essas obstruções e as suas causas durante muitos anos. Uma das conclusões das suas investigações é que, dependendo do espírito, Dolgyal, também conhecido como Dorje Shugden ou Gyalchen Shugden, entra em conflito com as duas divindades protectoras do Tibete [Nechung e Palden Lhamo] e também com a divindade protectora da tradição Gelugpa, Dharmaraja Fiel às Promessas [Damchen Choegyal]. Este espírito tem tendência para prejudicar a causa do Tibete e não para a beneficiar», afirmou o Kashag.

O Budismo tibetano tem dois tipos de divindades e espíritos, os seres transcendentais e os seres terrenos. Considera-se que os seres transcendentais ocupam necessariamente a mesma categoria que os Budas exaltados, junto de quem as pessoas se podem refugiar. Os seres terrenos são uma espécie de servos que desempenham determinados serviços em troca de oferendas rituais. A tradição Gelugpa proíbe a adoração destes últimos, porque são considerados menos evoluídos.

«Ciente disso, Sua Santidade, o Dalai Lama, cortou completamente com o Dolgyal em 1976. Desde então, Sua Santidade tem explicado regularmente ao povo tibetano por que motivo não é apropriado depender do Dolgyal. Muitos lamas, abades e *geshes*, bem como o público tibetano em geral, quer leigo quer secular, seguiram o seu conselho e deixaram de propiciar o Dolgyal. Em resultado disso, a situação tibetana mudou para melhor», afirmou o Kashag.

Durante o ritual de preparação de uma iniciação (uma forma de ensinamento budista transmitido para remover impedimentos), realizado a 21 de Março de 1996, o Dalai Lama afirmou: «Recentemente, realizei diversas orações em prol do bem-estar da nossa nação e religião. Tornou-se bastante claro que o Dolgyal é um espírito das forças do mal. Assim, no ano passado, durante a invocação de Hayagriva, mencionei especificamente o Dolgyal pelo nome e foi feito um encantamento para o afastar.» Sua Santidade prosseguiu: «Interrogo-me se alguém, de entre os que hoje aqui estão presentes, continua a propiciar o Dolgyal e ainda se sente confortável ao receber esta iniciação Hayagriva. Foi por esse motivo que sugeri ontem que não seria apropriado que aqueles que propiciam o Dolgyal assistissem a esta iniciação. Quando o protector em questão não é leal aos seus compromissos, a pessoa em questão torna-se, por sua vez, desleal. Como referi ontem, isto dá origem a uma violação de compromissos que acarreta uma ameaça real para a vida de um lama.»

«Se alguns de entre vós estão determinados a continuar a propiciar o Dolgyal, seria melhor para vós que se mantivessem afastados desta iniciação, que se levantassem e abandonassem este local. Não é correcto que aqui permaneçam. Não vos irá beneficiar. Pelo contrário, terá como efeito a redução do tempo de vida de Gyalwa Rinpoche [o Dalai Lama], o que não é positivo. No entanto, se há entre vós alguém que espera que Gyalwa Rinpoche morra em breve, então podem ficar», afirmou.

«A biografia de Sua Santidade, o Grande Quinto Dalai Lama, faz referência à discórdia entre ele e Tulku Dragpa Gyaltsen [cujo espírito se tornou, alegadamente, Dolgyal]. Essa questão é tornada muito clara na Vasta Colectânea de Segredos [Sangwa Gyachen] do Grande Quinto. Com base nessas provas, o Décimo Terceiro Dalai Lama impôs restrições ao Dolgyal», afirmou.

Designando-se a si próprio um «sucessor do Grande Quinto Dalai Lama», e também salientando uma relação cármica única com o Décimo Terceiro Dalai Lama, o Dalai Lama afirmou ser seu dever continuar o legado deles. «Isto não é uma questão daquilo que é do interesse do Dalai Lama, mas daquilo que é do interesse da nação e da religião tibetanas», afirmou.

O Dalai Lama argumentou que a propiciação de espíritos era uma prática seguida no Tibete pré-budista, uma clara referência aos rituais xamanísticos e ao culto da natureza que prevaleciam no país quando o Budismo chegou ao Tibete, no século VII. A propiciação de espíritos pode ser muito semelhante à feitiçaria, cujos rituais, e são muitos, têm uma natureza bastante obscura. «No entanto, quando Guru Padmasambhava estava a ajudar a instituir o Budismo no Tibete, no século VIII, recrutou alguns espíritos, como Nechung, o oráculo do Estado, para proteger a doutrina budista. Em virtude dos seus grandes feitos espirituais, conseguiu neutralizar as más influências e vinculá-las através de um juramento. Consequentemente, a propiciação dos espíritos, embora não seja uma prática budista, constitui uma forma de ajudar a sustentar a prática espiritual. Contrariamente a isso, ao longo dos séculos, a prática de propiciação de espíritos generalizou-se como forma de atingir a fama, a fortuna e o bem-estar nesta vida, preocupações essas que se opõem à perspectiva budista geral», afirmou.

Tive oportunidade de debater alguns destes pontos com o Dalai Lama. Perguntei-lhe porque é que o culto de Dorje Shugden podia pôr em risco a sua vida. «Não pense que os perigos para a minha vida provêm apenas de alguém armado com uma faca, uma pistola ou uma bomba. Um acontecimento desse tipo é extremamente improvável. Mas podem surgir perigos para a minha vida se o meu aconselhamento for constantemente rejeitado, fazendo com que me sinta desencorajado e que não encontre quaisquer objectivos na vida.» Também disse que, devido ao seu bom *karma* ao longo das suas muitas vidas passadas, não se apercebia de qualquer perigo pessoal para a sua vida.

A posição oficial do Dalai Lama sobre este assunto é muito clara. «A propiciação do Dolgyal é extremamente prejudicial para a causa do Tibete. Também põe em risco a vida do Dalai Lama. Por conseguinte, é completamente impróprio que os grandes mosteiros da tradição Gelug, os mosteiros tântricos superiores e inferiores, e todos os outros mosteiros associados que são instituições nacionais, alguma vez propiciem o Dolgyal. O público deve ser plenamente informado, para que possa fazer uma clara apreciação da situação por si próprio.» No entanto, todos têm total liberdade para dizer: «Se a causa do Tibete e a vida do Dalai Lama são prejudicadas, assim seja. Temos liberdade religiosa. Temos uma democracia. Somos livres de fazer o que bem entendermos. Não mudaremos a nossa tradição de propiciar o Dolgyal.»

É difícil determinar em que medida Dorje Shugden inspira seguidores entre os tibetanos que estão no exílio e também entre os tibetanos que estão no Tibete. Mas os estudiosos afirmam que, embora o Budismo continue a ser a filosofia principal entre os tibetanos, muitos também continuam a manter as suas crenças ancestrais. Um seguidor da divindade, de McLeod Ganj, um jovem de cerca de trinta anos, afirmou: «Não vejo qualquer contradição em seguir Dorje Shugden e, ao mesmo tempo, respeitar Sua Santidade. Ambos têm um lugar no meu coração.»

18
DALAI LAMA: O HOMEM

A vida no exílio intensificou o papel do Dalai Lama enquanto homem de assuntos mundanos, muito mais que a sua vocação original enquanto monge e místico. Teve de passar muito mais tempo a tratar de assuntos do Estado no exílio do que aquilo que lhe poderia ter sido exigido caso tivesse permanecido em Lhasa, num Tibete independente. Quando foi escolhido para ser um lama reencarnado, aos três anos de idade, foi-lhe imposto que já não poderia explorar a vida como um homem comum e normal. E ser o Dalai Lama não se prende exclusivamente com ter de praticar o celibato. Os rigores da ordem budista são esmagadores. Embora a ordem de monge budista seja bastante flexível, na medida em que dá àqueles que nela ingressam a liberdade de a abandonarem em qualquer altura, o caso dos Dalai Lamas tem sido historicamente diferente. São escolhidos para toda a vida, de forma muito semelhante ao que acontece com o Papa. Não há qualquer caso de um Dalai Lama que tenha desistido da sua vida exaltada mas extremamente regimentar a meio do caminho, com excepção do Sexto Dalai Lama, que se entregou com entusiasmo a uma vida de prazeres decadentes e ignorou largamente os seus deveres canónicos. Os tibetanos argumentam, com uma lógica conveniente mas irrepreensível, que o Sexto Dalai Lama nasceu para testar a fé dos tibetanos no Budismo, e desempenhou esse papel na perfeição.

Contrariamente aos seus antecessores, com a possível excepção do Décimo Terceiro Dalai Lama, a vida de Tenzin Gyatso tem sido rigorosamente definida por três papéis distintos — o de homem, o de monge e o de místico. O Décimo Terceiro Dalai Lama também foi forçado ao exílio duas vezes na sua vida, mas a extensão do seu exílio do Tibete não foi nada, quando comparada com a do seu sucessor. «Sua Santidade reconhece que as circunstâncias da sua vida no exílio exigem que o seu papel de homem seja tão importante quanto o [seu papel] de monge, senão mais», afirmou Tenzin Geyche Tethong, seu secretário particular. «Mas seria um erro acreditar que um existe à custa do outro.»

Uma das principais funções do Dalai Lama, o homem, é o seu cargo de Chefe de Estado do Tibete. É uma função que não lhe agrada particularmente, mas que é necessária para desempenhar o cargo ao abrigo do sistema de governação tibetano. Podia facilmente ter optado por perpetuar a abrangente supremacia da sua instituição, sem que a maioria dos tibetanos levantasse quaisquer objecções. Mas os seus instintos eram fortemente democráticos e, de qualquer forma, as circunstâncias em que desempenhava o cargo tornavam essencial que evoluísse para um sistema de governação democrático. A 26 de Janeiro de 1992, o Dalai Lama apresentou as «Directrizes para o Futuro Governo do Tibete e Características Básicas da sua Constituição», em que declarava categoricamente que não irá ocupar uma posição oficial no governo de um futuro Tibete, dado que considera que estará «em melhor posição para servir o povo enquanto indivíduo independente do governo». O documento foi o culminar de um processo de democratização que teve início em 1961, quando promulgou pela primeira vez uma constituição democrática. Pouco mais de dois meses depois de ter passado pela mais angustiante perseguição política da sua vida, foi preciso muita coragem e convicção para que o Dalai Lama criasse um documento que tornava expressamente supérfluo o seu próprio papel.

«Embora seja difícil prever o futuro, todos os seres humanos que desejam atingir a felicidade e evitar o sofrimento têm de fazer planos para o futuro. Em resultado da ocupação chinesa, os tibetanos que estão no Tibete são privados dos seus Direitos Humanos básicos; não podemos permitir que esta situação trágica continue durante muito mais tempo», escreveu o Dalai Lama.

«O Tibete tem uma história documentada com mais de 2000 anos e, segundo descobertas arqueológicas, tem uma civilização que data de há mais de 4000 anos. Em termos das características geográficas do país, bem como em termos de raça, cultura, língua, vestuário e costumes, o Tibete é uma nação distinta», afirmou.

Explicou as circunstâncias que o levaram a assumir a responsabilidade de ser Chefe de Estado durante a sua adolescência. «Sob o governo dos reis e dos Dalai Lamas do Tibete, tínhamos um sistema político que estava firmemente enraizado nos nossos valores espirituais. Em resultado disso, a paz e a felicidade prevaleciam no Tibete. No entanto, em meados do século passado, as forças de ocupação chinesas marcharam sobre o Tibete através das regiões fronteiriças orientais de Kham e Amdo. Pouco tempo depois, os chineses intensificaram a repressão militar no Tibete, forçando a nossa situação política a atingir um ponto crítico. Perante isso, não tive outra alternativa senão aceitar o pedido do meu povo no sentido de assumir total responsabilidade como Chefe de Estado do Tibete, embora tivesse então apenas dezasseis anos», afirmou.

«Pessoalmente, já decidi que não desempenharei qualquer cargo no futuro governo do Tibete, e muito menos procurarei ocupar a posição política tradicional do Dalai Lama no governo. Há motivos importantes para ter tomado esta decisão. Não há dúvida de que os tibetanos, tanto no Tibete como no estrangeiro, depositam em mim uma grande esperança e reverenciam-me. Pela minha parte, estou determinado a fazer tudo o que puder pelo bem-estar do meu povo. O facto de estar em posição de o fazer deve-se ao meu *karma* e às orações feitas ao longo das vidas passadas. No entanto, no futuro não ocuparei qualquer cargo oficial no governo. O mais provável será que continue a ser uma figura pública a quem se pode recorrer para prestar aconselhamento ou resolver alguns problemas particularmente significativos e difíceis, que não tenham podido ser resolvidos pelo governo ou pelos mecanismos políticos existentes. Penso que estarei em melhor posição para ajudar o povo enquanto indivíduo independente do governo», afirmou.

«Além disso, para que o Tibete sobreviva enquanto membro equiparável da comunidade internacional moderna, deverá reflectir o potencial colectivo de todos os seus cidadãos, e não depender de um único indivíduo. Por outras palavras, as pessoas têm de estar activamente envolvidas no planeamento do seu próprio destino político e social», afirmou.

«Consequentemente, foi a pensar nos interesses do povo tibetano, tanto a curto como a longo prazo, que tomei esta decisão, e não por estar a perder interesse pelas minhas responsabilidades. Não há motivos para se preocuparem quanto a essa questão», escreveu.

As directrizes de 1992 sugeriam que, no caso de o Tibete se tornar livre, o seu governo interino fosse chefiado por um presidente «que assuma todos os poderes políticos que presentemente são por mim desempenhados».

Sabe-se que, a níveis de responsabilidade muito inferiores, o Dalai Lama gosta de realizar inúmeras actividades que também são do agrado de outros homens da sua idade e mesmo de homens mais jovens que ele. «A jardinagem é a minha paixão. Fico emocionado quando uma planta que eu próprio plantei desabrocha. Sinto como se tivesse criado algo, apesar de saber que nada mais fiz que regar essa planta», afirmou. É um ávido espectador de programas televisivos de notícias e actualidades. «A BBC é o meu canal preferido. Já na época da rádio também era o meu preferido. Tem a reputação de ser imparcial», afirmou.

«Gosto de todos aqueles belos documentários que passam na BBC, sobretudo os programas de viagens, gosto de viajar. Costumo ver o programa de viagens do Michael Palin [um actor britânico de sucesso, que apresenta um popular programa de viagens]. Talvez me pudesse tornar seu assistente e correr mundo», afirmou.

«Se não tivesse sido escolhido como Dalai Lama, podia ter-me tornado no que quer que fosse — relojoeiro, cineasta, escritor ou até político. Mas a China pensa que eu já sou um político», afirmou e riu-se.

O conflito no centro do qual tem estado, moldou consideravelmente o homem. Embora não seja dado a acessos de cólera ou a demonstrações abertas de irritação, o Dalai Lama admitiu que a campanha pelo Tibete faz com que, de tempos a tempos, tenha pensamentos negativos. «Costumava encolerizar-me, mas agora já não. A única coisa que a cólera consegue é fazer com que nos sintamos feios», afirmou. Quando lhe perguntaram como poderia ter sido a sua vida se não tivesse existido um conflito pelo Tibete, afirmou: «Não sei. Uma coisa é certa, aprendi muito por causa do conflito. Aprendi como lidar com o mundo em geral e com líderes mundiais. Por isso, acho que posso dizer que nem tudo foi mau.»

A preservação da cultura tibetana fora do Tibete tem sido um dos mais importantes contributos do Dalai Lama. Quatro meses após o início do seu exílio, em 1959, o Dalai Lama criou o Instituto Tibetano de Artes Performativas (TIPA). O Budismo tibetano teria menos problemas em sobreviver fora do Tibete que a cultura tibetana. Contrariamente à religião, a cultura necessita de um contexto específico. «Uma das minhas maiores preocupações era que a cultura tibetana desaparecesse depois da invasão chinesa. Tínhamos de encontrar uma forma de a preservar. Por isso, criei o TIPA», afirmou o Dalai Lama.

O TIPA preserva e promove três importantes vertentes das artes tradicionais tibetanas — a ópera, a dança e a música. Na verdade, a preservação da ópera tibetana, conhecida como Lhamo, é uma das principais responsabilidades do TIPA. Todos os anos o Instituto organiza um Festival de Ópera Shoton que dura nove dias. O Instituto incentiva igualmente artistas que saibam tocar instrumentos tibetanos, como o *fule*, o *dranyen* e o *piwang*. Tanto o *dranyen* como o *piwang* são instrumentos de cordas. As formas de dança tibetana variam de região para região. Lhasa, por exemplo, prefere passos de estilo mais rápido, em comparação com os movimentos mais complexos e elaborados de Kham. O Dalai Lama não toca nenhum instrumento. «Sabe, consigo fazer alguns sons com tambores. Quanto à dança, fugiria assustado se me pusesse a dançar», afirmou. O TIPA também oferece estágios a artistas tibetanos em início de carreira, que podem viver e trabalhar nas belíssimas instalações do Instituto.

Outra prioridade igualmente importante para o Dalai Lama tem sido a educação das crianças exiladas. «Devo dizer que Nehru desempenhou um papel importantíssimo ao ajudar-nos a criar diversas escolas tibetanas», relembrou o Dalai Lama. No início do seu exílio, o Dalai Lama fundou a Aldeia das Crianças Tibetanas (TCV), que é um sistema escolar residencial. As escolas da TCV leccionam principalmente programas aprovados pelo governo indiano, mas também leccionam cursos de língua e cultura tibetanas. Os alunos dessas escolas contam-se actualmente entre os melhores do país.

«Como muitas celebridades de Hollywood se sentem atraídas pelo meu irmão, muitas pessoas no Ocidente pensam que o Dalai Lama leva uma vida fascinante», afirmou Norbu. «Nada podia estar mais longe da verdade. Nunca procurou pessoalmente as celebridades. Foi sempre ao contrário.

Mas, mais importante que isso, a sua principal preocupação tem consistido em lidar com sérias questões de sobrevivência. Tenho a certeza de que acredita que a educação é o mais importante para as crianças tibetanas, quer estejam no exílio quer no Tibete. Também acredita com a mesma paixão na preservação da cultura tibetana.»

Tendo obtido o equivalente a um doutoramento em Estudos Budistas, com pouco mais de vinte anos, o Dalai Lama tem-se referido frequentemente à educação como uma «influência libertadora». «Se recebermos educação, a nossa mente nunca pode ser colonizada. Enquanto comunidade refugiada que vive fora da nossa pátria ocupada, é importante mantermos as nossas mentes livres. E, para isso, a educação é extremamente importante», afirmou o Dalai Lama.

19

DALAI LAMA: O MONGE

Tenzin Gyatso não é um monge vulgar, apesar dos seus protestos em contrário. Os monges vulgares não são reconhecidos como sendo os guardiães da consciência mundial. Nem são galardoados com o Prémio Nobel. Também não são cortejados e adulados por chefes de Estado, estrelas de cinema e cientistas, com igual entusiasmo. E certamente não inspiram as pessoas a prostrar-se a seus pés em servil reverência. O Dalai Lama não é um monge vulgar, independentemente de quão genuína seja a sua modéstia. É verdade que acredita sinceramente que não tem nada de extraordinário, mas o mundo ou, pelo menos, uma parte significativa dele, pensa o contrário.

No que diz respeito ao Budismo, o seu clero não tem sido historicamente conhecido por exercer sequer uma fracção do controlo sobre a sociedade que os Dalai Lamas têm exercido sobre a sociedade tibetana. Os monges budistas da Índia, da Tailândia, do Sri Lanka, do Japão e de outros países são, na melhor das hipóteses, uma presença marginal. Em casos excepcionais, como o do Sri Lanka, um país budista, o clero exerce realmente uma influência política, mas isso acontece mais por omissão do que por desígnio. De um modo geral, os monges são símbolos de um mundo que está para além da existência rotineira do dia-a-dia. No entanto, no Budismo tibetano os monges gozaram sempre de uma influência considerável sobre a sociedade e, como é óbvio, o Dalai Lama tem sido considerado como o derradeiro juiz dos destinos tibetanos. Em muitos aspectos, não havia uma separação entre a Igreja e o Estado, no Tibete. A Igreja era o Estado e o Estado era a Igreja. Dado que o Budismo não é uma religião congregacional, no sentido do Cristianismo ou do Islamismo, esta convergência peculiar entre Igreja e Estado tem-se mantido, em geral, incontroversa, apesar de a supremacia do clero budista ter sido fortemente questionada de tempos a tempos. No contexto tibetano, a fusão da religião e da política, ou da Igreja e do Estado, parece ser uma mutação, tendo em conta que o Budismo teve origem na desilusão do seu fundador com o mundo que nasceu para governar. É discutível se o Budismo existiria, caso Siddhartha tivesse optado por herdar o império do seu pai e tivesse respondido à vocação que lhe cabia por nascimento. No universo de Buda não existia Estado, apenas Igreja, na medida em que a Sangha podia ser designada de igreja. Essa pretensão também é questionável, dado que Buda nunca fundou qualquer igreja específica. A Sangha era mais uma espécie de escola espiritual do que uma instituição criada deliberadamente para rivalizar com os poderes de uma administração secular ou para os usurpar.

No Tibete, desde o início do Lamaísmo em 1391, e até 1875, quando o Décimo Segundo Dalai Lama faleceu, os Dalai Lamas eram automaticamente sagrados como governantes. A separação da Igreja e do Estado é um conceito essencialmente moderno; nessa época não interessava se o Dalai Lama, enquanto monge, podia também acumular as funções de um político ou de um administrador. Essa situação alterou-se significativamente com o Décimo Terceiro Dalai Lama, que foi pioneiro de muitas reformas democráticas e, consequentemente, quando o actual Dalai Lama surgiu, a instituição estava na eminência de uma mudança fundamental. O seu exílio acelerou o processo de democratização, dado que o Dalai Lama reconheceu que a vida como monge, e até como Dalai Lama, seria muito diferente fora do Tibete.

Enquanto monge que se pressupõe ter dominado o conhecimento de tudo o que o Budismo oferece, o Dalai Lama é considerado um erudito do mais alto calibre. Conhecido pela sua paixão de procurar um consenso entre a prática budista de meditação e a ciência, em especial a neurociência, ao longo das últimas duas décadas, o Dalai Lama tem despertado o interesse de cientistas de todo o mundo. «Acredito que o Budismo tibetano tem muito para oferecer aos cientistas que estudam o cérebro humano e o modo como a meditação pode contribuir para o ajudar a atingir níveis de consciência que ninguém consegue alcançar normalmente», afirmou.

O mais recente exemplo do grande interesse do Dalai Lama em aliar as técnicas de meditação budista à neurociência foi evidente quando recebeu um convite da Neuroscience 2005, a conferência anual da Sociedade de Neurociência norte-americana, em Novembro de 2005. A conferência é considerada como um dos mais importantes eventos do calendário dos neurocientistas dos Estados Unidos. «Há muito que o Dalai Lama se interessa pela ciência e há mais de quinze anos que mantém um diálogo contínuo com neurocientistas de renome. Espera-se que a sua palestra transponha o fosso cultural entre neurocientistas e praticantes budistas, ao apontar para métodos de observação e de confirmação que estão no centro tanto da ciência como do Budismo. Espera-se que debata o estudo da meditação, uma prática de disciplina mental que a neurociência ocidental demonstrou mudar estados neuronais em circuitos que podem ser importantes para o comportamento compassivo e para a regulação das emoções e da atenção», afirmaram os organizadores da conferência.

«É do conhecimento geral que, ao longo dos séculos, os mestres budistas têm atingido, através da meditação, um nível de controlo neuronal que os cientistas agora consideram desconcertante. Penso que há muito a aprender com as técnicas de meditação budistas», afirmou o Dalai Lama. Fazendo jus à humildade que lhe é característica, subestimou as suas próprias capacidades de meditação. «Ainda estou a aprender. Nem sequer estou perto de alguns dos mestres do passado», afirmou. No entanto, os seus assistentes afirmaram que, quando o Dalai Lama pratica meditação, atinge o mesmo nível de consciência elevada que atribui a alguns dos maiores mestres do passado. «Devido às suas preocupações com a questão tibetana, o mundo desconhece grande parte da sua vida como monge, mas eu tenho a certeza que Sua Santidade atingiu o mais alto nível de consciência enquanto monge», afirmou o seu secretário particular, Tenzin Geyche Tethong.

Como era de esperar, o envolvimento do Dalai Lama com o *establishment* da neurociência perturbou alguns neurocientistas. O convite que lhe foi feito pela Sociedade de Neurociência deu azo a um protesto por parte de alguns neurocientistas. Jianguo Gu, um neurocientista da Universidade da Florida, organizou uma petição contra a palestra do Dalai Lama. «Não me parece que seja apropriado que um importante líder religioso participe num evento científico. Basicamente, o Dalai Lama afirma que o corpo e a mente se podem separar e ser transmitidos a outras pessoas. Não existem fundamentos científicos nesse sentido. Vamos falar de células e de moléculas, e ele vai falar de algo intangível», afirmou o Dr. Gu, um cientista de origem chinesa. O Dr. Gu afirmou que o facto de ser chinês nada teve que ver com a sua oposição à participação do Dalai Lama numa conferência científica, embora tenha cancelado a sua apresentação no encontro. «Não sou contra o Budismo», afirmou o Dr. Gu. «As pessoas acreditam no que acreditam, mas eu penso que apenas irá confundir as coisas.»

A petição dos cientistas afirmava: «Convidar o Dalai Lama para apresentar uma palestra sobre a neurociência da meditação é de mau gosto científico, porque irá realçar um tema cujas reivindicações são exageradas, a investigação é limitada e o rigor científico está comprometido.»

Os cientistas que apresentaram o protesto argumentaram que convidar o Dalai Lama equivalia a convidar o Papa para falar sobre «a relação entre o temor a Deus e a amígdala [uma parte do cérebro]». Afirmaram que: «Podia ser problemático, se os neurocientistas começassem a confundir a fronteira entre a ciência e as práticas religiosas.»

Contudo, Carol Barnes, a presidente da Sociedade de Neurociência, contrapôs afirmando o seguinte: «Há muito que o Dalai Lama tem vindo a demonstrar interesse na ciência e há mais de quinze anos que mantém um diálogo constante com neurocientistas de renome, sendo esse o motivo pelo qual foi convidado a falar no encontro. Foi acordado que a palestra não versará sobre religião ou política. Compreendemos que nem todos os membros concordarão com todas as decisões e respeitamos o seu direito a discordar.»

Uma área de especial interesse para os neurocientistas é aquilo que, no Budismo e no Hinduísmo, é conhecido como *ekagrata*, ou meditação de ponto único. É uma técnica que os monges budistas, incluindo o Dalai Lama, usam para concentrar a sua atenção num único objecto, ou num único pensamento, ou numa única emoção, ou na ponta do nariz, ou no espaço entre as sobrancelhas ou simplesmente no Criador, ininterruptamente durante várias horas. Aqueles que praticam este tipo de meditação afirmam que o que fazem é, essencialmente, suprimir o «fluxo psico-mental».

Inversamente, os monges que praticam a meditação conseguem desviar a sua atenção cerca de dezassete vezes no tempo que se demora a estalar os dedos. Ambas são pretensões extraordinárias, que desafiam a actual sabedoria científica, que defende que não só não é possível manter a atenção fixa num único objecto durante tanto tempo, como também não é possível desviar o foco da atenção tão rapidamente. Apesar do cepticismo, alguns neurocientistas têm-se dedicado a investigar se existe uma base biológica para tão fantásticas pretensões.

«Sempre defendi que precisamos de ter uma base científica para as nossas afirmações, mas há muitas coisas que a ciência não explica nem entende. Tenho um profundo respeito pela ciência e pelos cientistas, e precisamos de trabalhar em conjunto na procura dessas respostas», afirmou o Dalai Lama.

Em Novembro de 2004, uma equipa liderada por Richard Davidson, um psicólogo da Universidade de Wisconsin, Madison, publicou as conclusões da sua investigação na publicação *Proceedings of the National Academy of Sciences*, sugerindo que as redes de células cerebrais são mais bem coordenadas em pessoas que praticam meditação. A investigação incluía Matthieu Ricard, um monge budista do mosteiro de Shechenm, no Nepal, que obteve um doutoramento em biologia molecular no Instituto Pasteur de Paris. Os dois investigadores concluíram que as diferenças que observaram nos cérebros das pessoas que praticam meditação podiam explicar a consciência elevada sentida pelos monges que meditam.

«Na verdade, a meditação é como esvaziar o corpo e a alma de tudo, para atingir um nível de consciência pura. Penso que o cérebro humano tem muitas áreas inexploradas. Os monges budistas do Tibete e da Índia procuram explorar essas áreas há vários séculos. Mas o meu interesse é mais imediato. Podemos usar a meditação como técnica para provocar um sentimento de calma e de paz no mundo? É essa a questão que quero explorar em conjunto com os cientistas», afirmou o Dalai Lama. Quando lhe perguntaram com que frequência pratica a meditação de ponto único, riu-se e disse: «Hoje em dia, a minha meditação de ponto único é a liberdade do Tibete. Tento realmente meditar todos os dias. Faço-o nas horas que antecedem a madrugada.»

O facto de ter de viver três vidas que rivalizam entre si e que, frequentemente, são incompatíveis, como homem, monge e místico, coloca muitas vezes o Dalai Lama perante uma escolha difícil sobre qual o papel que assume preponderância sobre os outros dois. Apesar disso, é muito claro que a sua identidade primordial se encontra muito ligada ao facto de ser um monge budista. Além da sua bem conhecida formação em Estudos Budistas, que normalmente não é do conhecimento das pessoas com quem interage diariamente, a característica mais visível da sua vida é a que se relaciona com o exterior. Parte do sucesso internacional do Dalai Lama pode ser atribuída ao facto de ser um monge e não a pormenores superficiais embora encantadores, como as suas vestes ocres e outros ornamentos coloridos que rodeiam as cerimónias em que está frequentemente envolvido. Se, por um momento, o separarmos dos pormenores do seu vestuário e do misticismo que deles emana, e o imaginarmos vestido com as roupas vulgares que os chefes de Estado têm de usar, perceberemos que parte do seu atractivo se diluiria. O poder do exotismo aos olhos do Ocidente é inquestionável. O seu atractivo, muito como a pátria que simboliza, é primeiro visual e só depois tudo o resto. É claro que seria insensato explicar o seu sucesso apenas do ponto de vista do exotismo, mas este é importante, na medida em que o ajuda a atrair atenção de forma imediata. Se o Dalai Lama estivesse ao lado do Presidente George W. Bush, por exemplo, seria quase inevitável que o olhar se dirigisse primeiro para o monge budista. Não que ele escolha conscientemente atrair as atenções através das suas vestes ou de outros aspectos exóticos da sua personalidade ou das peculiaridades da sua cultura. Pelo contrário, quase não tem consciência dessas trivialidades. O facto de se destacar acentua ainda mais o seu atractivo. Também nesse aspecto é bastante semelhante a Gandhi, cujo atractivo aos olhos do Ocidente era primeiro visual e só depois tudo o resto. A minúscula tanga que Gandhi envolvia em volta do seu corpo frágil e o bastão de bambu que transportava para se apoiar fizeram dele um ícone inconfundível do início do século XX. Gandhi sem a sua tanga e o Dalai Lama sem as suas vestes ocres pareceriam, de certa forma, deslocados.

O vestuário sempre foi um dos mais fortes factores de diferenciação na história da humanidade. Em todas as religiões, a classe sacerdotal ou o clero tem-se esforçado por criar um código de vestuário que os diferencie do resto da multidão. Todos esses pormenores se juntam para criar uma aura sobre esta classe especial de pessoas, tal como acontece com a realeza e com os guerreiros. Nas tradições hindu e budista, o significado das vestes ocre, açafrão ou laranja prende-se com o facto de representarem a cor do fogo, que é também considerada a cor da pureza. Essas culturas acreditam que o fogo é puro. Consequentemente, aqueles que usam as cores que simbolizam o fogo são considerados puros.

«Nunca usei quaisquer outras roupas, embora na cultura tibetana tanto os homens como as mulheres apreciem roupas elegantes. Como sempre usei as vestes ocre, esta cor tornou-se a minha preferida. Também gosto de branco e de outras cores, mas não posso usá-las. Por vezes pergunto-me qual seria o meu aspecto num fato de três peças», afirmou o Dalai Lama.

20

DALAI LAMA: O MÍSTICO

Na raiz dos aspectos místicos da vida do Dalai Lama está a forma como o Budismo chegou ao Tibete e evoluiu no contexto específico das práticas e rituais religiosos já existentes na nação. Enquanto místico, o Dalai Lama é tanto um produto do Budismo como é um produto daquilo que o Tibete era antes da chegada do Budismo.

Segundo a sua própria definição, os místicos vivem num mundo desconhecido. O mundo do misticismo tibetano, em particular, é um dos mais intrigantes. O Bonismo, o Xamanismo, o Animismo, o Tantrismo e o Budismo vivem na sombra uns dos outros, tornando-se difícil distinguir onde termina um e começa o outro. Devido às suas bases espirituais e intelectuais, o Budismo destaca-se dos restantes, mas também ele tem as suas próprias práticas misteriosas, conhecidas como Tantra. São muitas as histórias sobre praticantes tântricos que conseguem viajar centenas de quilómetros num segundo, que têm poderes telepáticos e que têm uma extraordinária habilidade sexual. É difícil comprovar a veracidade dessas afirmações. No entanto, os fenómenos tântricos fazem parte do misticismo tibetano. A resposta tibetana popular ao cepticismo acerca de afirmações tão fantásticas é agradavelmente aberta. Existem se acreditarmos nelas. Não existem se não acreditarmos.

Uma das principais alegações de Sakyamuni, ou de Buda, era que o desprendimento em relação ao mundo material era uma condição essencial para atingir a iluminação. Definia a iluminação, tanto quanto era possível defini-la, como consistindo em «nem plenitude nem vazio, nem ser nem não ser, nem substância nem não substância». Embora a iluminação não pudesse ser especificamente definida, era possível explicar e definir o processo da sua procura. Aquele que procura a iluminação requer um ambiente que promova a pureza de pensamento, de palavra e de acção. Uma tal pureza requer uma ecologia para atingir o seu pleno potencial. E isso, por sua vez, requer monasticismo e mosteiros.

Apenas uma minoria de entre aqueles que seguiram os ensinamentos de Buda conseguiu atingir a iluminação. Eram designados por *arhats*, ou os «merecedores». O conceito de *arhats* criou uma elite espiritual no século VI, e o resto da sociedade foi essencialmente excluída da prossecução de objectivos mais grandiosos do que os que as suas lutas mundanas lhes impunham. Estes homens sábios não se preocupavam em partilhar a sua sabedoria com os outros e acreditavam na sabedoria pela sabedoria. A sua escola ficou conhecida como Theravada, sendo uma corrente mais conservadora e purista do Budismo. A falta de compaixão e consideração pelos outros, nesta conservadora corrente do Budismo, incitou outros seguidores de Buda a introduzir o Mahayana, ou «Grande Veículo», uma escola mais abrangente do Budismo.

Como factor de diferenciação, os budistas Mahayana criaram um sistema de *bodhisattvas*, que eram considerados como seres superiores aos *arhats*. Os *bodhisattvas* são aqueles que poderiam ter optado por uma vida de iluminação, se assim o tivessem desejado, mas que, em vez disso, decidiram adiar o alcance do Nirvana de modo a ajudar os outros. A sua força motivadora é a compaixão para com os outros. O Dalai Lama é considerado um *bodhisattva* que, por sua livre e espontânea vontade, escolheu prestar ajuda a todos os que dela necessitem.

Mesmo com o Budismo Mahayana, que é uma versão mais liberal do Budismo puro, o alcance da iluminação é um processo extremamente extenuante e, devido à intensidade que lhe é inerente, a maioria das pessoas fica de fora. Segundo a escola Mahayana, o Nirvana pode ser alcançado ao longo de muitas vidas. O Tantrismo, por outro lado, é uma espécie de atalho para o Nirvana, garantindo que conseguimos atingir a iluminação durante a nossa vida. Os primeiros textos tântricos chegaram ao Tibete no século XI e começaram a diluir as formas mais puristas de Budismo que tinham surgido mais cedo. Na auto-estrada para a iluminação, o Mahayana destina-se àqueles que não querem comprar um passe mensal. Optam por parar e pagar algumas moedas em cada portagem. Por outro lado, o Tantrismo destina-se àqueles que querem usar a «via verde». Tem de se abrandar um pouco nas portagens, mas não é necessário parar.

O Budismo tibetano é uma derivação do Budismo Mahayana, com uma dose generosa de tantrismo. As técnicas tântricas incluem a construção e a contemplação de mandalas, o jejum e outras formas de penitência, a recitação de orações e mantras durante a meditação e a realização de rituais. Estas práticas requerem um mestre instruído e, consequentemente, a relação entre mestre e discípulo nos mosteiros é extremamente importante.

A introdução do Budismo no Tibete, entre os séculos VII e XI, deparou com uma forte resistência por parte dos seguidores da religião Bon. O culto da natureza, os cultos dos espíritos e os rituais xamânicos eram todos parte integrante da religião Bon. Esta baseava-se na propiciação de espíritos presentes nas árvores, nas montanhas, nas fontes e nos lagos. Os xamãs e outros praticantes deste tipo de culto faziam parte da estrutura real da sociedade, que procurava a bênção dos espíritos da natureza, tanto por uma questão de fé como por ser politicamente vantajoso. Os sacerdotes e xamãs presidiam regularmente às cerimónias reais. Embora a motivação por detrás da decisão de envolver sacerdotes e xamãs nos trâmites reais fosse mais política que religiosa, na altura em que o rei Songtsen Gampo introduziu o Budismo, no século VII, a religião Bon já estava fortemente enraizada no sistema de governação. Era necessário harmonizar o Budismo e o Bonismo, para que o Tibete mantivesse o equilíbrio religioso. No século VIII, o mestre budista indiano Padmasambhava, conhecido localmente como Guru Rinpoche, desempenhou um papel significativo na incorporação do panteão de divindades Bon no Budismo tibetano.

Em vez de as tratar como antagonistas, Padmasambhava converteu as divindades Bon em protectores do Budismo, conhecidos como Dharma Palas, ou «Protectores do Dharma». Isto explica a presença de divindades de aspecto feroz no Budismo tibetano, incluindo Yamantaka, cuja figura feroz terá alegadamente aparecido ao Dalai Lama durante a sua meditação imediatamente antes da morte de Mao.

De acordo com o seu sistema de crença fantástico, os tibetanos acreditavam que Padmasambhava tinha nascido oito anos após a morte de Buda e tinha mais de mil anos de idade. Acreditavam que era devido ao seu domínio do tantra que conseguia prolongar a sua vida. Padmasambhava recrutou a ajuda dos seguidores da religião Bon para subjugar as forças demoníacas enquanto construía o primeiro mosteiro budista do Tibete, Samye.

Numa vertente mais sinistra, diz-se que os praticantes tântricos usam meios mágicos para destruir o inimigo. De acordo com o *Hevajra Tantra*, por exemplo, lançam um feitiço sobre os soldados inimigos, que podem então ser decapitados de um só golpe. Os dois autores afirmam também que os mestres tântricos conseguiam provocar uma febre tão alta no corpo dos inimigos que estes se volatilizavam. Para aqueles que reclamam ter poderes tão devastadores, saltar de cume em cume seria um feito relativamente insignificante.

O simbolismo sexual é uma parte intrínseca do Tantra, que considera o cosmos como uma entidade viva, plena de rituais secretos e feitiços, fórmulas secretas, diagramas e desenhos desconcertantes. A energia feminina é considerada uma parte integrante do Tantra. Sabe-se que os Dalai Lamas do passado praticavam o Tantra. Isto é particularmente verdade no caso do Sexto Dalai Lama, que era uma figura pitoresca, boémia, indulgente e, diriam alguns, até decadente. Há uma famosa citação sua em que diz: «Nunca dormi sem uma amante. Nem nunca desperdicei uma única gota de sémen.» Este paradoxo devia, supostamente, representar o Ioga Sexual Positivo, em que as energias masculina e feminina convergem mas não ocorre ejaculação.

Os tibetanos que viajaram para a Índia em busca da sabedoria budista também descobriram *yoginis*, ou mestres tântricas femininas, envolvidas em disciplinas esotéricas com as suas discípulas femininas. As *yoginis* eram mulheres extremamente independentes, que confraternizavam com homens que estavam dispostos a ser iniciados. Esta união levou igualmente à disseminação do Budismo Tântrico. O Dalai Lama acredita que as mulheres são mais adeptas de práticas secretas, enquanto os homens se destacam sobretudo nas formas mais públicas do Budismo tibetano.

Uma consequência interessante da fusão entre o Budismo e o Bonismo consistiu no facto de muitos dos poderes sobrenaturais, que os bonistas atribuíram em tempos aos xamãs e aos sacerdotes, estarem agora a ser alargados aos lamas, incluindo ao Dalai Lama. Não é pois de admirar que as lendas da minha infância sobre o Dalai Lama incluíssem histórias de que tinha poderes para destruir todo o exército chinês através destas técnicas. Talvez o meu vizinho estivesse mais bem informado do que eu julgava. Se os lamas vulgares conseguiam saltar de cume em cume, o Dalai Lama conseguiria certamente volatilizar um exército inteiro. Tais poderes pertencem mais à esfera das fábulas que à da realidade. E também levantam a questão do motivo pelo qual nenhum dos mestres tântricos do Tibete libertou esses poderes sobre o exército invasor chinês.

Perguntei ao Dalai Lama se acreditava que os lamas conseguiam saltar de cume em cume. Riu-se alto e bom som, dando talvez a gargalhada mais sonora que ouvi em todas as minhas interacções com ele. «Isso significa que posso regressar ao Tibete em qualquer altura, percebe. Só tenho de saltar por cima de alguns cumes. Só isso», afirmou, fazendo uma pausa e ficando sério. «A sabedoria tântrica é uma responsabilidade séria. Sei que as pessoas acreditam que os mestres tântricos têm grandes poderes. O que é importante não é conseguir fazer coisas mágicas, mas sim fazer coisas que ajudem as pessoas», afirmou.

O Dalai Lama não é muito dado a falar sobre alguns dos aspectos mais mágicos e místicos da vida. Uma das conclusões a que se pode chegar é que não acredita verdadeiramente neles, dado que cresceu numa época moderna e, naturalmente, tem tendência para adoptar uma perspectiva mais científica e racional. Mas essa conclusão é demasiado óbvia e simplista. A questão exige uma análise mais complexa e mais exacta. Tendo em conta que manteve a sua fé na reencarnação, a crença fulcral do Budismo tibetano, que, de um ponto de vista científico, é em si mesma mais incrível que o facto de os lamas saltarem de cume em cume, é possível que acredite em ideias que, para uma mente racional, desafiam qualquer explicação. As conversas informais que tive com muitos membros do governo tibetano no exílio revelaram que o Dalai Lama optou conscientemente por se distanciar das controversas práticas do Budismo tântrico, dado que não quer transmitir ao mundo a ideia de que representa uma fé obscura e com propensão para a violência, a magia negra, a feitiçaria, a bruxaria, as práticas sexuais bizarras e até para o suicídio ritual. O misticismo do tipo defendido pelo Tantra poderia funcionar para um praticante cujas ideias fossem muito menos grandiosas que aquilo que o Dalai Lama representa. Dado que o líder do Tibete representa a corrente reformista do Budismo tibetano, nunca faria nem diria nada que pudesse prejudicar a sua credibilidade junto da crescente massa de apoiantes internacionais. Por esse motivo, concentrou-se deliberadamente nas áreas mais cerebrais e filosóficas do Budismo tibetano.

Aquilo que distingue o Décimo Quarto Dalai Lama dos seus antecessores, em termos de questões místicas, é o facto de viver num mundo em que a ciência e a tecnologia dominam a iniciativa humana. Apesar da sua perspectiva racional sobre a vida, é possível que, durante um período diferente da história, livre dos obstáculos das forças da modernidade, também Tenzin Gyatso pudesse ter sido obrigado a praticar algumas das próprias práticas e rituais que foi forçado a menosprezar ou a rejeitar completamente, como é o caso da veneração dos espíritos praticada pelos seguidores de Dorje Shugden. As circunstâncias da sua vida no exílio e a natureza prolongada da sua luta política garantiram que permanece preso naquilo que os hindus e os budistas designam por *samsárico*, ou preocupações fenoménicas ou terrenas, em que o *karma* se sobrepõe a tudo o resto, em vez de poder dedicar-se à prossecução de objectivos *nirvânicos*, que ultrapassam as exigências e as compulsões cármicas.

O próprio Dalai Lama não se sente especialmente perturbado pelo facto de ter sido obrigado a alterar fundamentalmente a instituição que personifica. «Tudo muda com o tempo. Também a instituição do Dalai Lama deve mudar. No meu papel actual, é meu dever fazer o que estou a fazer», afirmou.

Não se considera como alguém dividido entre três papéis conflituosos e contraditórios. Na verdade, nem sequer reconhece a distinção. O Dalai Lama não partilha necessariamente da opinião de que é uma figura de grande relevância tanto em termos da história tibetana como da história mundial. Os tibetanos explicam esta modéstia como sendo uma atitude extremamente budista. Viver sem revelar da sua existência é um dos principais conceitos de que Buda falava. A um nível extremamente pessoal, a sua crescente celebridade internacional não o entusiasma por aí além, antes lhe causa divertimento.

21

EM PARTE SOCRÁTICO, EM PARTE ESTRELA DE *ROCK*, EM PARTE SÁBIO ORIENTAL, MAS, SOBRETUDO, MONGE BUDISTA

Embora a muito cobiçada lista anual das cem personalidades mais influentes do mundo, publicada pela revista *Time*, seja sobretudo uma artimanha do negócio editorial, a um certo nível continua a ser um barómetro do estado de espírito americano. A edição de 2005 incluía o Dalai Lama na lista de heróis e ícones, juntamente com Bill Gates. O espectro que vai dos fabulosamente ricos aos fabulosamente espirituais foi claramente concebido para ajudar a despertar o interesse de um público mais vasto. No entanto, a inclusão do Dalai Lama sublinhava o quanto este conseguiu ficar gravado na consciência ocidental, com a sua filosofia de compaixão enganadoramente simples. É possível explicar de diversas formas o crescente fascínio ocidental por um homem sem riqueza pessoal, sem Estado e sem poder. A explicação mais fácil seria a de que o Ocidente é uma presa ingénua perante o misticismo oriental. Um monge amoroso, com vestes ocres, com um encantador sentido de humor e um riso solto, que fala sobre amar todas as pessoas — haverá nele alguma coisa de que não se goste? Mas surgem inúmeras explicações, à medida que se exploram os motivos pelos quais o Dalai Lama tem um certo «ascendente» no Ocidente, mais ainda que na Ásia, onde é profundamente respeitado, mas não é seguido tão declaradamente senão entre os tibetanos.

Em muitas zonas da América, o Dalai Lama é considerado como um sábio da era moderna, que utiliza a sua foice intelectual para desbastar o aumento descontrolado de complexidades humanas e para as transformar em jardins elegantemente cuidados. Para os americanos, o Dalai Lama é como a figura socrática que distribui sabedoria na praça pública e de cuja dimensão total só nos apercebemos muito tempo depois de ele ter regressado ao seu mundo místico. Apesar dessa reputação, não fala por enigmas, nem tenta deslumbrar-nos com epigramas. De certa forma, é como o mestre de caraté do filme *Karate Kid*, que aparenta ser um eterno bonacheirão, mas que esconde um golpe tranquilamente poderoso que, quando assestado, nos deixa invariavelmente abalados até à medula. Sendo um mestre budista da mais alta estirpe, tem tanto de ponderado como de espontâneo, e é erudito sem recorrer a pleonasmos bombásticos. No Budismo não existem manifestações divinas, apenas uma manifestação contínua dos muitos aspectos da vida. Tal como acontece com Buda, as respostas do Dalai Lama para as inúmeras questões da vida aparentam ser banais, mas, na verdade, são bastante profundas. «Somos o nosso próprio refúgio», afirmou Buda em tempos. «O ódio ou a falta de compaixão fazem-nos sentir tensos, fracos e impuros na nossa própria mente», afirmou o Dalai Lama.

Participei por acaso em dois grandes eventos nos Estados Unidos, em que o Dalai Lama era a principal atracção — em Bloomington, no Indiana, no instituto do seu irmão, em Agosto de 1999, e em São Francisco, em Setembro de 2003. Durante a sua visita a São Francisco, um dos compromissos do Dalai Lama era uma palestra sobre o «nada», na Universidade de São Francisco. Perto de seis mil pessoas, sobretudo estudantes universitários, vieram ouvi-lo falar. O ambiente era semelhante ao de um concerto de *rock*, só que com muitas mais *nuances*. Falei com diversos estudantes para descobrir o que os tinha atraído, tão jovens, numa figura como o Dalai Lama, cujo nível de encanto, embora seja bastante elevado, não é do tipo com que se identifiquem naturalmente. «Fui criado como católico, mas já não o sou. Quando tento comparar o Papa [João Paulo II] com o Dalai Lama, e vou além das semelhanças óbvias mas superficiais, como o facto de ambos serem monges celibatários, usarem vestes e inspirarem reverência entre as suas congregações, fico com a clara impressão de que o Dalai Lama é muito mais universal na sua mensagem do que o Papa. Sente-se extremamente confortável na sua própria pele, sendo aquilo que é sem pretender converter as pessoas à sua religião ou ponto de vista. Penso que se Tenzin Gyatso não fosse um mestre budista, teria sido uma estrela de *rock* muito fixe, com letras espantosamente puras e uma música fantástica», disse-me Megan (usou apenas o nome próprio), uma estudante de Literatura, com dezanove anos. O traço comum em todas as minhas conversas com centenas de estudantes foi o facto de considerarem o Dalai Lama «muito fixe e acessível». Craig, outro estudante de dezanove anos, disse-o numa linguagem mais próxima da do grupo dos seus pares: «Este homem não é só conversa fiada como os outros. Ele diz, tipo, a vida é assim, meu. Pode ser uma treta, mas há uma saída. Não nos pede para irmos à igreja ou ao templo, ou seja lá aonde for. Diz-nos apenas para sermos compassivos. Isso funciona comigo. Quando o vejo, sinto vontade de lhe dizer: "Então, meu, tudo bem?", sem ter medo de ser excomungado.»

Em Bloomington, o evento era mais especificamente budista, dado que envolvia a iniciação Kalchakra. A iniciação Kalchakra é uma forma de ensinamento de massas realizada pelo Dalai Lama. A maioria das centenas de pessoas do público já era praticante do Budismo, de uma forma ou de outra. No entanto, havia também um grande número de curiosos e indecisos. Paul Miller, de Londres, que disse ser gestor de empresas e ter de trinta e cinco anos, era simultaneamente curioso, indeciso e «muito protestante». «À medida que avanço em direcção à meia-idade, procuro algo que seja mais inspirador que o protestantismo, considero que a minha fé cristã tem demasiadas regras. Sei que o Budismo tibetano também tem os seus princípios, mas não são nada quando comparados com aqueles com que cresci. O que me atrai no Dalai Lama é o facto de ele falar uma linguagem bastante cerebral, que não tem laivos de qualquer religião organizada. É como aqueles filósofos gregos que decompõem a vida, reduzindo-a a interpretações simples e, no entanto, profundas», afirmou.

Um monge budista da Tailândia afirmou que estava ali para «aprender com o próprio mestre». «Sou monge há já dez anos e toda a minha vida esperei por esta oportunidade. Embora tenha lido as escrituras budistas durante toda a minha vida adulta, ouvir as interpretações do Dalai Lama ilumina os conceitos de uma forma totalmente diferente», afirmou. A sua opinião sobre os motivos pelos quais o Dalai Lama tinha conseguido ultrapassar as barreiras e chegar a ocidentais sem qualquer ligação anterior ao Budismo foi incisiva. «A sua cordialidade e acessibilidade são os principais factores. Não mantém qualquer distância entre o seu ser supostamente supremamente iluminado e os não-iniciados. Faz com que tudo pareça de uma simplicidade extrema e sem complicações. Nunca dá ordens. Convence-nos sempre gentilmente a pensar sobre aquilo que tem para dizer. Isso tem que ver com o facto de o Budismo não ser uma filosofia proselitista», afirmou.

O Dalai Lama descreve o seu próprio sucesso com a modéstia que lhe é característica. «Digo às pessoas aquilo que já sabem. Apenas querem ouvi-lo da boca de outra pessoa», afirmou. Tivemos uma conversa profunda sobre a questão da religião *versus* espiritualidade. Perguntei-lhe se fazia uma distinção entre as duas. «Não é preciso ser-se religioso para se ser espiritual. É frequente a religião exigir uma certa disciplina, implicar certas regras. Trata-se de seguir uma determinada crença religiosa. Por outro lado, a espiritualidade é uma espécie de consciência sobre algo muito maior do que nós. Trata-se de entender a essência de tudo o que nos rodeia», afirmou.

Quando lhe perguntaram se se considera religioso ou espiritual, afirmou o seguinte: «Não me defino. Suponho que sou mais espiritual, talvez mais introspectivo. Acredito que a consciência se atinge através da introspecção, mais do que através da oração ou da meditação.»

Relembrei-lhe o meu encontro com ele, na década de 1980, quando lhe perguntei se o mundo estava a entrar numa fase em que a linha divisória entre a ciência e a religião estava a ficar indistinta. A sua resposta foi que a religião é a ciência com fé, enquanto a ciência é a religião em busca de fé. «Disse isso na década de 1980. Ainda é demasiado cedo para mudar essa opinião. [Risos.] A ciência e a religião convergem de muitas maneiras. Só precisamos de encontrar um consenso», afirmou.

Uma das perguntas que lhe colocam frequentemente é se considera que uma viagem espiritual é uma viagem solitária. «No mundo material, muitas coisas estão ligadas. Um determinado trabalho ou tarefa começado por uma pessoa pode ser terminado por outra pessoa. Isso não acontece na vida espiritual. No Buda Dharma acreditamos que ninguém pode atingir a espiritualidade em nosso lugar. Tem de ser atingida pelo próprio indivíduo.»

Outra questão que tinha muita vontade de lhe colocar era o que pensava do ensinamento de Buda: «Somos o nosso próprio refúgio, quem mais poderia sê-lo?» «Num certo sentido, isso resume a essência do Budismo. Como disse em relação à nossa demanda espiritual, eventualmente acaba por depender do indivíduo. É isso que Buda quer dizer quando diz que somos o nosso próprio refúgio.»

«A espiritualidade ultrapassa todas as religiões. Consequentemente, nessa medida, ajuda todas as pessoas; mas se as pessoas desejam praticar a sua própria crença religiosa, não vejo qualquer problema. Sou a favor de tudo o que promova a compaixão pelos seres sencientes nossos semelhantes e a compreensão dos mesmos.»

As suas opiniões em relação ao proselitismo eram claras. «Não aprovo qualquer tipo de conversões. A crença religiosa ou a demanda espiritual é uma questão de escolha ou vontade individual. Não pode ser imposta a ninguém. Repito o que disse anteriormente: não podemos ser religiosos ou espirituais em nome de outra pessoa. Não acredito em religiões exclusivas. A religião não tem que ver com a exclusão de ninguém. Afirmar que o meu Deus é superior ao teu Deus é perigoso e pernicioso. Isso equivale a impormos as nossas crenças tacanhas a outros», afirmou.

Nesse contexto, perguntei-lhe se considerava que mais pessoas em todo o mundo se deviam voltar para o Budismo. «Isso vai contra a minha forma de pensar. Sentir-me-ei mais feliz se o mundo se tornar mais compassivo. O amor e a compaixão não decorrem de uma religião específica. Acredito que o amor é a base de toda a prática espiritual. O Budismo é apenas uma das muitas formas de procura da verdade. Sou contra pessoas que se apressam a mudar a sua religião», afirmou.

O Budismo, afirmou, «é uma forma de viver uma vida virtuosa e compassiva. É uma forma de entender o mundo à nossa volta, de um modo racional e prático. É uma forma de compreender a vida. Não estou a dizer que é a única».

O aspecto mais agradável da sua filosofia, que é contra todas as religiões institucionalizadas, congregacionais e canónicas, é a sua opinião sobre a necessidade da religião na vida das pessoas. «Não acredito que assim seja, embora a religião possa ajudar as pessoas a descobrir as respostas para questões difíceis. No Budismo, acreditamos que temos de encontrar as nossas próprias respostas. Pegamos no que temos e trabalhamos com base nisso. A religião não é necessária para que uma pessoa se torne decente, honesta, compassiva e carinhosa. Não é necessário ser-se cristão, muçulmano, hindu, judeu ou budista para se ser decente, honesto, compassivo e carinhoso. Estas qualidades são independentes de qualquer religião», afirmou.

Uma das principais características do Budismo é o «nada» ou o «vazio». As conferências do Dalai Lama sobre o tema tiveram grande audiência em todo o mundo. Embora um grande número de pessoas entenda o conceito, no seu sentido lato, muitos ainda têm dificuldade em aceitar a sua essência. É, ao mesmo tempo, puramente metafísico e, no entanto, absolutamente prático.

A realidade, de acordo com o Budismo, pode ser singular na sua mais pura essência, mas não tem qualquer valor intrínseco ou identidade que possam ser determinados através de um método específico. «O facto de a realidade ser desprovida de qualquer valor intrínseco é aquilo a que o Buda chamou o vazio ou o nada. É uma das principais razões pelas quais o Budismo não apoia a fé incondicional ou o fanatismo. Argumentar que a realidade pode ser entendida através de uma única proposição é um erro», afirmou o Dalai Lama durante um dos seus muitos discursos sobre o nada.

Afirmou que existem diferentes verdades a diferentes níveis. «A verdade é relativa. Depende do contexto. A questão da existência de uma verdade absoluta é uma questão complicada. Por verdade absoluta, refiro-me a algo que seja suficiente por si próprio, e independente e exclusivo de tudo o resto. Pessoalmente, não creio que exista a verdade absoluta. Temos aquilo a que chamamos «verdades interpretáveis», que são específicas de determinadas situações ou pessoas. Buda tinha diferentes ensinamentos para diferentes pessoas em diferentes circunstâncias. Há aqueles que baseiam as suas crenças na existência de um Criador. E há aqueles que não o fazem. O único absoluto no Budismo é a negação absoluta de que existe uma única verdade absoluta», afirmou.

O conceito budista de verdades interpretáveis está em conflito directo com o Cristianismo e o Islamismo, que são ambos fortes em absoluto. Ambas as religiões se apresentam como a palavra divinamente revelada de Deus e tudo o que não se enquadrar nessas revelações deve ser rejeitado. Na iniciação Kalchakra, em Indianapolis, perguntei a Paul Miller o que pensava sobre a definição do Dalai Lama. «É precisamente essa a questão. O Budismo não é dogmático. Não reivindica qualquer monopólio sobre a verdade. Penso que a verdade interpretável constitui uma forma extremamente científica de analisar as coisas», afirmou.

O Dalai Lama afirmou que sempre representou muitas religiões e muitas verdades. «O pluralismo de crenças religiosas constitui uma grande força. Nenhuma religião individual deveria ser apresentada como sendo a única religião. Mas o que é difícil quando existem muitas verdades é o facto de haver um verdadeiro perigo de niilismo. Não nos podemos tornar niilistas», afirmou.

A sua afirmação de que a religião não é uma condição prévia para se ser um ser humano decente, honesto e compassivo é um dos principais motivos pelos quais consegue chegar a pessoas com sistemas de crença variados, e àqueles que não têm qualquer sistema de crença específico. O Dalai Lama afirmou que nunca perde tempo a tentar analisar o seu atractivo para os ocidentais em geral e para os americanos em particular. «Não acho que tenha qualquer carisma ou atractivo pessoais. Em parte, deve-se ao facto de os americanos serem pessoas de espírito aberto. Pode também estar relacionado com o facto de o Budismo não ser religioso. É mais como uma espécie de discurso intelectual sobre a vida, talvez como a psicologia. Proporciona uma forte possibilidade de se estar em desacordo. Falando do meu sucesso pessoal, penso que não tenho sucesso enquanto indivíduo mas sim enquanto monge budista. Poderá também dever-se ao facto de ser bonito [dá uma gargalhada]», afirmou.

O governo tibetano no exílio não mantém qualquer registo de quantas pessoas o Dalai Lama iniciou no Budismo através das cerimónias Kalchakra. A expansão da congregação não constitui um dos pontos da agenda do governo ou do Dalai Lama. Mas é possível que, ao longo dos últimos vinte anos em que tem viajado amplamente por todo o mundo, centenas de milhares de pessoas se tenham tornado budistas principalmente devido às suas conferências e discursos. «Embora o Budismo seja mais antigo que a maioria das outras filosofias importantes, com excepção do Hinduísmo, conserva esse cariz modernista. É esse o principal motivo pelo qual tantas pessoas se sentem atraídas pelo Budismo. Não se deve confundir o Budismo com o Sangha ou a ordem dos monges budistas. O Budismo não exige a renúncia ou a vida ascética como condições para se seguir a filosofia. A ordem dos monges é apenas um dos aspectos da vida budista», afirmou. Há aspectos do Budismo que são muito mais úteis e que apenas foram reconhecidos e abordados nos últimos cinco anos.

Em Setembro de 2003, neurocientistas e psicólogos reuniram-se no Instituto de Tecnologia de Massachusetts (MIT), numa conferência sobre a «Investigação da Mente». O Dalai Lama foi um dos ilustres participantes. A sua presença intrigou muita gente, mas aqueles que conhecem o Budismo tibetano e que ouviram a conferência do Dalai Lama sobre metafísica e os limites extraordinários que o cérebro humano pode atingir compreenderam o que estava ali a fazer.

O principal objectivo da conferência era científico — «identificar o consenso entre duas poderosas tradições empíricas: o Budismo tibetano e a ciência comportamental». «O Budismo proporciona conhecimentos profundos sobre a consciência humana e o comportamento humano. É verdade que alguma da linguagem que os mestres budistas utilizaram pode não se enquadrar bem na terminologia e nomenclatura científicas modernas, mas, essencialmente, fala precisamente das questões a que os cientistas estão agora a tentar responder», afirmou o Dalai Lama.

O sucesso do Dalai Lama no Ocidente prende-se tanto com aquilo que é e aquilo que representa como com a procura de algo de novo por parte do Ocidente. Quando viajou pela primeira vez para os Estados Unidos, em 1978, era completamente desconhecido para os americanos. Os seus apoiantes tiveram grande dificuldade em atrair nem que fosse umas duas centenas de pessoas para assistirem às suas conferências. As tentativas de conseguir que as estações televisivas o entrevistassem foram encaradas com incredulidade. «Não percebiam se o Dalai Lama era uma pessoa ou um animal», afirmou o Dalai Lama, rindo-se.

Hoje em dia, as suas conferências atraem habitualmente dezenas de milhares de pessoas. Segundo Jeffery Paine, autor do aclamado livro *Re-enchantment: Tibetan Budhism Comes to the West*, o número de seguidores budistas nos Estados Unidos aumentou mais rapidamente do que o de qualquer outra religião ou filosofia.

Num artigo de jornal, Paine falou sobre o fascínio ocidental pelo Budismo tibetano:

Num certo sentido, a história começa com o aclamado escritor católico, Thomas Merton, e a sua profética viagem aos Himalaias indianos, em 1968. Antes da sua visita, Merton presumira que o Dalai Lama era um pomposo burocrata eclesiástico, e considerava que o Budismo tibetano era uma fé retrógrada e supersticiosa, mergulhada em demasiada magia negra e até sexo. Tal como outros ocidentais antes dele, Merton tinha interpretado erroneamente as pinturas religiosas que ilustravam seres a copular, não se apercebendo de que simbolizavam a união do humano e do divino. Na realidade, esses ocidentais não estavam inteiramente enganados em relação à sensualidade que observavam. Contrariamente a outros tipos de Budismo, a corrente tibetana aceita as paixões e as emoções, e transforma-as no sentido de impulsionarem a difícil transição para aquilo que os budistas designam por sabedoria compassiva. O Budismo tibetano é simultaneamente o mais místico e o mais terreno de todos os Budismos.

Segundo Paine, Merton descobriu a «natureza bilateral» do Budismo.

Merton afirmou: «Os budistas tibetanos são, presentemente, os únicos que atingiram auges extraordinários [em termos de realização espiritual].» Merton dedicava-se a explorar se a essência do Budismo tibetano podia ser extrapolada de modo a ajudar a restaurar o antigo vigor da religião na América. Merton tornou-se praticamente o primeiro americano a decidir devotar a sua vida ao estudo do Budismo tibetano — embora, nesse mesmo ano, um estranho acidente fatal tenha ceifado prematuramente tanto a sua decisão como a sua vida. (Para perplexidade de Merton, um lama que intuiu que o estudioso podia morrer daí a pouco tempo tentou ensinar-lhe exercícios tibetanos de pré-morte).

Uma das razões pelas quais o Budismo tibetano foi recebido com uma abertura invulgar entre certos estratos da sociedade americana, foi o facto de, no início da década de 1970, existirem pessoas em busca de alguma coisa que não se enquadrasse na sabedoria instituída dessa época. Paine descreve essas pessoas como «indivíduos da contracultura», como Allen Ginsberg, que acolheu os primeiros lamas tibetanos e as suas ideias com um entusiasmo extraordinário. Esse tipo de americanos, afirmou Paine, «esperavam que os lamas os recriassem, transformando-os em versões americanas dos sábios eruditos do Oriente. Além dos indivíduos da contracultura, muitos outros — incluindo americanos liberais e instruídos, que tinham ultrapassado a sua fé original e que se sentiam desconfortáveis com tudo o que fosse teológico — começaram a exigir satisfações reminiscentes das que em tempos tinham sido proporcionadas pela religião». Para essas pessoas, o Budismo tibetano encerrava a promessa de algo bastante fora do vulgar. O facto de o Budismo tibetano constituir uma alternativa isenta de dogmas, plena de conceitos metafísicos estimulantes, com liberdade para argumentar e, contudo, manter o seu valor exótico, constituía um atractivo extremamente poderoso. Aqui estava uma filosofia oriental que vinha com a etiqueta «isenta de teologia», e isso constituía um atractivo irresistível para os renegados e rebeldes dessa era. Os primeiros lamas rapidamente se deram conta da ânsia generalizada por algo de diferente entre uma classe de americanos que eram espertos, inteligentes e culturalmente influentes. O que ofereciam era uma versão do Budismo tibetano que era fácil de entender e que não exigia o regime da vida monástica.

Quando o Dalai Lama fez a primeira visita aos Estados Unidos, os lamas que o precederam já tinha preparado o terreno para a sua chegada. A diferença entre o Dalai Lama e os seus antecessores era que trazia consigo a enorme santidade venerada na sua pessoa pela instituição secular do Dalai Lama. Quando a Universidade de Rutgers anunciou que iria ser palco da sua conferência intitulada «Paz, Guerra e Reconciliação», a 25 de Setembro de 2005, seguiu-se uma verdadeira corrida para reservar bilhetes para o evento. Várias semanas antes do evento, a universidade já tinha vendido mais de 25 000 bilhetes para a sua apresentação no Estádio Rutgers, que tem capacidade para 41 000 pessoas.

Michael Palin, um popular actor britânico e apresentador de um programa de viagens, resumiu o que a maioria das pessoas sente sobre o fascínio do Dalai Lama: «O que mais me impressionou foi o quão deliciosamente à vontade e confortáveis todos nos sentimos, apesar de ser um homem carismático, com um carisma sem condescendência. É também um homem autoritário, com uma autoridade sem intimidação. É raro estas características andarem de mãos dadas. As pessoas que ocupam posições de poder normalmente querem que saibamos em que reside o seu poder e que temos de as respeitar. Para ele, isso não faz qualquer sentido... Tem um tremendo sentido de humor», afirmou Palin, cujos programas de viagens, incluindo *De Pólo a Pólo* e *Volta ao Mundo em 80 Dias*, gozam de um culto de seguidores em todo o mundo, e que também foi membro dos Monty Python.

«Nas minhas viagens, cheguei à conclusão de que a sua visão do mundo é a visão que eu também partilho. A ordem natural do homem não é o conflito, não é a agressão e não é o desejo de combater. Na verdade, aquilo que ele personifica amplamente é o desejo de compreender, a compaixão pelos outros e, simplesmente, a empatia com outros. Penso que Sua Santidade personifica realmente a outra forma de ver as coisas — a de que a busca da felicidade é importante, a bondade é importante», afirmou Michael Palin, acrescentando que «a empatia com seres humanos nossos irmãos é a única forma de realmente sobrevivermos neste mundo, e é o único caminho a seguir.»

22

SEXO, SEXUALIDADE, HOMOSSEXUALIDADE E CELIBATO

No Budismo, «sexo» é uma palavra de nove letras — soletra-se «sublimado». O voto de pobreza e o voto de celibato são dois pilares do Budismo tibetano. O celibato foi escolhido para o Dalai Lama mesmo antes de este saber o que quer que fosse sobre a fisionomia humana. Não teve qualquer voto na matéria. Quando chegou à puberdade, a sua vida tinha sido de tal modo absorvida pelas questões do Estado e da religião que não tinha tempo para debater as questões mais íntimas que um rapaz dessa idade naturalmente teria. O Budismo tibetano é talvez a única fé de vulto em que o celibato é imposto aos monges desde a infância.

Perguntei-lhe se, na sua juventude, pensava em sexo. «Tal como qualquer homem normal, eu também sentia curiosidade em relação ao sexo. É claro que fiz o voto do celibato. Quando o fazemos, aprendemos a sublimar os nossos desejos», afirmou.

«A minha função enquanto Dalai Lama não me permite ter tempo nem oportunidade para pensar em sexo, quanto mais para considerar os meus próprios desejos sexuais. O sexo é frequentemente resultado de uma mente ociosa. É claro que, naqueles que se poderiam designar por os meus anos mais viris, também me poderia ter transviado, mas consegui não o fazer», afirmou.

Pensava em sexo em momentos de privacidade? «Sou uma pessoa curiosa. Tenho a certeza de que o fiz, mas foi há já muito tempo. Além disso, a minha formação enquanto monge preparou-me para não me deixar distrair por isso», afirmou.

Embora o celibato seja uma virtude importante e um requisito para os monges budistas, o Budismo não considera o sexo como um pecado. Considera simplesmente que é um obstáculo à prossecução dos objectivos espirituais. «Não acredito em pecados, da forma como muitas outras religiões o fazem. O sexo não é, definitivamente, um pecado, mesmo que eu acreditasse em pecados. É um aspecto natural da vida. A maior parte das pessoas tem prazer nele. Algumas, como eu, optam por não ter esse tipo de prazeres», afirmou.

Porque é que o celibato é exigido aos monges budistas? «Penso que a insistência no celibato advém da ideia de que o sexo pode levar a uma ligação a outra pessoa, e até às crianças, e isso não funciona em termos da vida monástica. Quando escolhemos ser monges e servir os outros, é importante não sermos distraídos por ligações pessoais. A insistência no celibato não se deve ao facto de o Budismo considerar que o sexo é um pecado, mas sim às consequências do sexo», explicou o Dalai Lama.

Como é óbvio, o Dalai Lama tem-se debatido com a questão da homossexualidade e teve de desenvolver uma resposta que não está alinhada com a resposta quase condicionada de rejeição por parte de outros monges budistas que a condenam abertamente. Quando lhe perguntaram a sua opinião, respondeu de forma deliberada e com subtileza. «Seguramente não produz outro ser humano, mas será que isso faz com que seja errada? Não sei. Considero-a como outra forma de procurar prazer físico.»

Pensa que a homossexualidade é contranatura ou pensa que é um comportamento desviante? «Como disse, é outra forma de procurar prazer físico. Poderá a procura de prazer ser contranatura? Não me cabe a mim definir o que deve ser o prazer físico de outra pessoa», afirmou.

Durante uma das suas visitas aos Estados Unidos, foi-lhe perguntado qual era a sua opinião sobre a homossexualidade. A princípio, condenou-a, e depois fez uma afirmação que reiterou nas entrevistas que fez comigo. «Se as duas pessoas não tiverem feito votos [de castidade], e nenhuma delas for magoada», afirmou, «por que motivo deveria ser inaceitável?» Esta resposta, vinda de um monge budista, é tão revolucionária como o Papa apoiar o direito ao aborto. Mas, claramente, face ao seu mundo privado, o Dalai Lama ainda não resolveu qual é realmente a sua opinião sobre esse assunto, embora exteriormente tenha aceite a homossexualidade como uma preferência escolhida por algumas pessoas. A sua abordagem à homossexualidade tem sido a da via mais fácil. Não parece estar plenamente convencido disso, mas é suficientemente compreensivo para não a tornar demoníaca ou para a considerar como sendo ímpia. Não tece juízos de valor sobre o assunto, embora seja possível que, nos anos de juventude, tenha sido educado no sentido de rejeitar a prática ou até de a condenar completamente.

Quando lhe perguntaram se sentiu falta dos prazeres físicos, afirmou: «Não penso sobre esses assuntos. É muito possível que tivesse desfrutado dos prazeres físicos, mas a realidade é que optei por não o fazer. Comigo, tem funcionado. Poderá não funcionar com todas as pessoas.»

O assunto da sexualidade e a forma como os jovens que entram para o Sangha conseguem realmente sublimar os seus desejos não foi estudado de forma profunda. É muito provável que existam tensões que surgem quando se refreia um forte impulso natural. Muitos jovens monges de McLeod Ganj, a maioria dos quais está no fim da adolescência e na casa dos vinte anos, afirmaram que o regime da sua vida no mosteiro era suficientemente rígido para os impedir de se transviarem. No entanto, alguns deles admitiram ter-se sentido tentados a quebrar o celibato. Um jovem monge, que não quis ser identificado, afirmou: «Sei que nunca serei um Dalai Lama. Sua Santidade fala sobre ser um monge vulgar. Todos sabemos que isso não é, de todo, verdade. Uma pessoa como eu é um monge vulgar. Admito que me sinto tentado, de tempos a tempos, mas, de alguma forma, consigo combater isso. Interesso-me pelos estudos budistas, mas o celibato não é assim tão importante.» Um outro monge tinha uma opinião algo mais arrojada. «Já é altura de o Sangha aceitar que não é preciso ser-se celibatário para se ser um monge budista. Como é que se pode proscrever uma coisa que, em primeiro lugar, nos traz a este mundo? O Budismo existiria sem Buda? E Buda teria existido se os seus pais fossem solteiros? Pergunto-me realmente.» Estas opiniões não são comuns. Se o são, certamente não são articuladas com tanta facilidade. Ambos os jovens monges com quem falei tinham entrado recentemente para o Sangha e, compreensivelmente, sentiam-se avassalados pelos rigores da sua nova vida.

A presença bastante escassa de mulheres na vida monástica está relacionada com a questão do celibato. «É uma escolha pessoal. Não há qualquer interdição a que as mulheres entrem para o Sangha. As mulheres são tratadas como iguais e, em muitos aspectos, são até superiores aos homens», afirmou o Dalai Lama.

«Do ponto de vista dos níveis mais elevados da tradição budista, do Tantra Ioga mais elevado, não há qualquer distinção entre ambos. Há algumas situações, como quando um homem despreza uma mulher, em que isso acarretará necessariamente a sua ruína. Mas quando uma mulher despreza um homem isso não significa necessariamente a ruína dessa mulher. É frequente os homens sentirem inveja disso, aquilo a que chamam ciúmes», afirmou.

Um dos aspectos interessantes de entrevistar o Dalai Lama é o facto de os assistentes dele nos incitarem a colocar-lhe todas as questões sem qualquer inibição. «Sua Santidade gosta que apertem com ele. Gosta de perguntas difíceis. Mantém o seu cérebro activo», afirmou o seu secretário particular, Tenzin Geyche Tethong. Por isso, perguntei ao Dalai Lama se as mulheres alguma vez o tinham tentado seduzir. «Se o fizeram, não reparei. Não olho para outro ser humano em termos sexuais ou em termos físicos», afirmou.

Sobre as relações interpessoais, afirmou o seguinte: «Vejo dois tipos de relações. Um é baseado na atracção sexual ou física, em que a motivação primária é a gratificação física. Não faço qualquer tipo de juízo de valor sobre tais relações, mas são essencialmente entre dois objectos. O segundo tipo não é predominantemente físico ou sexual, mas baseia-se numa apreciação mais profunda das qualidades e atributos de um e de outro. Esse tipo de relações funciona melhor porque está livre das tensões da atracção física.»

Os Dalai Lamas travam amizades pessoais? «É claro que sim, tenho muitos amigos em todo o mundo. Não acredito no protocolo. Acredito no amor e na compaixão. Em geral, as minhas amizades não envolvem expectativas. Tenho muitos bons amigos com quem aprendi muito», afirmou.

23

O ÚLTIMO DALAI LAMA?

Há uma profecia popular tibetana que diz que existirão dezassete Dalai Lamas. Depois do Décimo Sétimo, a instituição acabará ou então deixará de ser necessário que exista um Dalai Lama. Apesar da profecia, Tenzin Gyatso é considerado por muitos como sendo, possivelmente, o último Dalai Lama. O facto de, segundo o sistema de crença tibetano, depender inteiramente dele decidir se reencarna ou não, não trava a onda de especulações sobre o que irá acontecer a uma das mais enigmáticas tradições do mundo.

O próprio Dalai Lama é bastante ambíguo em relação a esta controvérsia. A sua ambiguidade é compreensível, dado que a questão vai ao próprio cerne do Budismo tibetano e, em muitos aspectos, quaisquer conclusões a que se chegue podem determinar a própria sobrevivência da causa tibetana. Ao longo dos séculos, os Dalai Lamas têm sido considerados como a personificação de tudo quanto é tibetano. Muito paradoxalmente, o Décimo Quarto Dalai Lama acabou por personificar o Tibete ainda mais que qualquer dos seus antecessores, apesar do facto de ter actuado num contexto moderno, de ter vivido fora da sua pátria durante a maior parte da sua vida e de acreditar genuinamente na democracia e na minimização do seu próprio papel no governo tibetano. É difícil provar ou refutar se todas as histórias que rodeiam o processo quase mágico de descoberta dos Dalai Lamas são, de facto, verdadeiras ou se são mitos inteligentemente criados, utilizados sobretudo para conferir à pessoa do Dalai Lama o peso do misticismo que o ajudaria a controlar um país ancestral e com um povo crédulo. Embora o *establishment* que rodeava o Dalai Lama representasse realmente um enorme poder financeiro, territorial, cultural, político e religioso, esses não eram os verdadeiros motivos pelos quais a elite tibetana perpetuou a instituição do Dalai Lama durante séculos. Certamente, esses eram argumentos suficientemente fortes a favor da perpetuação dos Dalai Lamas. Todavia, mais que da soma desses motivos, a instituição resultava de uma crença genuína entre a população tibetana vulgar, em que diversos aspectos do Buda reencarnam em diferentes pessoas. O facto de o Dalai Lama acabar por ter uma autoridade inatacável em resultado dessas crenças era considerado meramente uma consequência involuntária. Dado que, tradicionalmente, os Dalai Lamas têm sido descobertos em estratos da sociedade tibetana que estão muito afastados da elite, muito se pode dizer a favor do argumento que afirma que a instituição não é uma manobra totalmente cínica, criada pela elite para perpetuar a sua governação através de uma procuração.

Um alto funcionário tibetano, que me impôs a condição de não revelar o seu nome, disse o seguinte: «À primeira vista, o mistério que envolve os Dalai Lamas parece ser uma forma de ludibriar o povo inocente do Tibete. Na realidade, os chineses acreditam que os Dalai Lamas não são mais que inteligentes manipuladores e vigaristas ajudados pela elite sedenta de poder, no sentido de governar o Tibete sem lhes dar qualquer hipótese de experimentar a democracia. Mas quando começamos a escrutinar [a instituição do Dalai Lama] mais cuidadosamente, apercebemo-nos de que é tudo menos isso. A maioria dos Dalai Lamas é bastante destituída de qualquer ânsia de poder. No caso do actual Dalai Lama, pode dizer-se sem qualquer exagero que teria abandonado a sua posição formal há muito tempo. Infelizmente para ele, porque é a face mais reconhecível da causa tibetana, não se pode permitir o luxo de se mostrar indiferente perante os detalhes do poder formal. Posso afirmar, sem correr qualquer risco de cair em contradição, que o Décimo Quarto Dalai Lama é o mais democrático Dalai Lama da história. Não tem qualquer interesse no poder formal, nem em nenhuma espécie de controlo.»

Para Thubten Jigme Norbu, o debate sobre o seu irmão mais novo ser ou não o último Dalai Lama é irrelevante. «Penso que não. Isso dependerá do Tibete. Se depender do Tibete e dos tibetanos, é garantido que não será o último Dalai Lama. Se o Tibete existe, tem de existir um Dalai Lama», afirmou.

Numa manhã de Dezembro, depois de Tenzin Gyatso ter terminado a meditação e os estudos budistas, sentei-me com ele para discutir se acredita que pode ser o último Dalai Lama. Disseram-me que estava acordado desde as três da manhã, que é muitas vezes a hora a que normalmente se levanta e começa o dia. Tinha um ar tão fresco como o das flores do seu pátio. Quando me encontrei com ele, às nove da manhã, já tinha passado seis horas a trabalhar intensamente. «Sabe, os Dalai Lamas reencarnam com um objectivo específico. Continuarão a regressar enquanto os seres sencientes precisarem deles. Por isso, como vê, é uma questão em aberto», afirmou em resposta à minha pergunta.

Muitas pessoas temem que a sua morte ponha, essencialmente, um fim à luta tibetana, dado que o próximo Dalai Lama demoraria bastante tempo a ascender em estatura e influência. «Essa questão tem solução. Sabe, o próximo Dalai Lama pode ser nomeado comigo ainda em vida.» A importância dessa afirmação, no contexto limitado do Tibete e dos tibetanos, é imensa.

É o equivalente ao Papa demitir-se ainda em vida, para dar lugar a um sucessor. A sua afirmação implicava um corte com a tradição mística de encontrar Dalai Lamas reencarnados. «É claro que sim, mas a causa é superior à pessoa do Dalai Lama. Tenho a certeza de que há por aí muitos líderes dignos», afirmou.

«Se eu morresse agora, já disse ao povo tibetano que lhe cabe decidir se quer outra reencarnação. Se o quiser, acontecerá. Se acreditar que não é necessário um Décimo Quinto Dalai Lama, então não acontecerá. A reencarnação tem que ver com a continuação do trabalho que foi realizado na vida anterior. Se o povo tibetano acreditar que o meu trabalho é importante e relevante, reencarnarei.»

O Dalai Lama tem de reencarnar como homem? «Pode ser uma mulher ou um homem. A instituição do Dalai Lama tem de mudar em consonância com os tempos», disse.

Afirmou não ter qualquer sucessor em mente. «Não tenho, ainda sou bastante jovem, mas, como sabe, a morte não respeita a idade», disse.

Embora as perspectivas de o Dalai Lama regressar ao Tibete ainda durante a sua vida pareçam ser escassas, perguntei-lhe de que modo, na sua opinião, a instituição do Dalai Lama mudaria se, na melhor das hipóteses, lhe fosse permitido regressar e se lhe fosse concedida uma função dentro de um contexto autónomo. «Sempre disse que quero dedicar a minha vida aos estudos budistas e continuar a ser um simples monge. Se um Tibete autónomo se tornar realidade, gostaria de me desvincular dos deveres seculares. Não estou interessado no poder político. Não estou interessado no poder. Os tibetanos são pessoas extremamente capazes. Gostaria de estar disponível para qualquer função que escolherem para mim.»

Passámos então a falar sobre a morte e sobre se pensava nela. «Nem por isso. A morte faz parte da vida. A morte é inevitável. Pensar nela não muda essa realidade. Não serve de nada ficarmos ansiosos em relação à morte. Num certo sentido, morrer é como deitar fora roupas velhas ou mudar de roupa.»

Teme a morte? «Por que razão deveríamos temer algo que é inevitável e que faz parte da nossa vida? A calma é a resposta para a morte. Quanto mais calmos estivermos quando o fim se aproximar, mais fácil será.»

Tinha uma explicação interessante para a razão pela qual tantas pessoas temem a morte. «As pessoas temem a morte, porque pensam que vão partir para algo desconhecido. Temem a morte, porque têm de deixar para trás as suas ligações. Temem a morte, porque pensam que é dolorosa. É verdade que o processo que leva à morte, pode muitas vezes ser doloroso, mas a morte, propriamente dita, não é dolorosa. Tornamo-nos ansiosos em relação à morte, porque não sabemos quando poderá ocorrer, ou onde, ou como. A morte é uma experiência extremamente importante, porque o estado da nossa mente no momento da morte pode decidir a qualidade do nosso futuro renascimento», afirmou.

A crença na reencarnação sempre me intrigou, do ponto de vista da morte. Se reencarnamos, não morremos realmente. Perguntei-lhe se tinha uma percepção da morte em função das suas vidas anteriores. Está claro que, primeiro, se riu. «A reencarnação funciona a vários níveis. Não é como se reencarnássemos totalmente como a última pessoa. Há aspectos dessa pessoa com que reencarnamos. Não pretendo ter quaisquer poderes sobrenaturais. Não tenho quaisquer poderes sobrenaturais. Tenho memórias fugidias do passado, que vão e vêm.»

A reencarnação levanta uma outra questão. Faz com que a pessoa que reencarna se sinta invencível? «Ninguém é invencível», afirmou. «O corpo humano não é invencível. Todos envelhecem e todos acabam por morrer. Enfrento os mesmos desafios físicos que você. Um dia destes, tive uma enorme dor de estômago. Há algum tempo, tive conjuntivite. Eu também adoeço.»

Um grande número de cépticos que querem apoiar a causa do Tibete com base na justiça histórica sentem-se constrangidos por apoiar uma tradição de reencarnação. Acreditam que a reencarnação é improvável e não se sentem inclinados a apoiar uma causa que tem, no seu cerne, um sistema de crença tão fantástico e bizarro. «Há tantas coisas neste universo que temos dificuldade em aceitar. Tratem a reencarnação como uma delas. Não me cabe a mim convencer o mundo de que a reencarnação é ou não real. Isso não influencia as qualidades humanas básicas, como o amor e a compaixão. Não é necessário acreditar ou duvidar da reencarnação para se acreditar no amor e na compaixão. E também na realidade da anexação do Tibete pela China. Neste mundo nada é bizarro», afirmou.

Perguntei-lhe se tinha memórias específicas dos seus nascimentos anteriores. «Nunca são específicas, embora haja alturas em que tenho uma forte sensação de ter estado aqui anteriormente. Não penso muito sobre essas coisas», afirmou.

É uma crença generalizada que nesta fase da sua vida — o Dalai Lama fez setenta e um anos no dia 6 de Julho de 2006 — a China está a travar uma luta de desgaste contra ele e contra a sua causa. O Dalai Lama sabe que a nação da China perdurará muito mais que qualquer vida individual. A estratégia chinesa parece consistir em esperar que o Dalai Lama morra. Aqueles que apoiam esta forma de pensar argumentam que, quando o actual Dalai Lama morrer, a causa tibetana, tal como é entendida e defendida por muitos no Ocidente, também morrerá. De alguma forma, o conceito erróneo de que o Tibete é o Dalai Lama e de que o Dalai Lama é o Tibete, ganhou tanta aceitação ao longo da última década que muitos apoiantes bem intencionados nem sequer se preocuparam em ver para além de Tenzin Gyatso ou da instituição do Dalai Lama. O próprio Dalai Lama está extremamente consciente desta fraqueza e tem feito todo o possível para promover a causa e não a pessoa. Mas, frequentemente, a sua personalidade envolvente e todo o exotismo associado ao facto de ser um «Buda vivo» reencarnado, eclipsam o fulcro da questão mais importante do Tibete. Num certo sentido, o Dalai Lama já não é apenas uma poderosa figura de reverência e inspiração para o povo tibetano. Ultrapassou largamente essa definição limitada e emergiu como uma voz de sanidade para o mundo inteiro. Essa dimensão é uma faca de dois gumes.

Embora ajude enormemente a manter viva a questão, também desvia a atenção da causa tibetana, dado que agora já não é considerado como pertencendo exclusivamente a uma única causa.

À medida que o mundo se debate com profundas questões de fé e crença, e se preocupa com o choque de civilizações, a mensagem de amor e compaixão do Dalai Lama parece livre de qualquer dogma religioso. Na sua própria mente, o Dalai Lama não faz qualquer distinção entre a sua luta por justiça no Tibete e a sua mensagem para o resto do mundo. Acredita que aqueles que se sentem fascinados por aquilo que tem para dizer sobre a vida, se envolvem automaticamente no apoio à causa tibetana. «A questão do Tibete não tem apenas que ver com o facto de ser um país independente. Tem que ver com um valioso sistema de crença que está a ser destruído pela China. Por isso, quando as pessoas apoiam o que tenho para dizer, estão igualmente a apoiar esse sistema de crença e, consequentemente, o Tibete», afirmou. Está extremamente consciente do facto de o Tibete não ser apenas uma ideia esotérica, mas sim uma entidade geográfica real, com pessoas reais que têm problemas reais.

«Para ele, um dos maiores desafios tem sido garantir que o mundo exterior e, em especial, o Ocidente, não perde de vista os problemas extremamente reais do povo tibetano. Para nós, a nossa forma de vida nada tem de exótico. Não é uma moda passageira. É uma realidade diária. Os direitos humanos e liberdades normais do povo tibetano têm sido sistematicamente violados pela simples razão de acreditarem em algo diferente daquilo em que os chineses acreditam. Saber que Lhasa já não é tibetana, mas sim chinesa Han, é um pensamento extremamente avassalador para nós. Embora a celebridade de Sua Santidade ajude muito, pode também levar a que os ocidentais pensem erradamente que tudo está bem no nosso mundo. Não está. Sua Santidade está profundamente preocupada com isso», afirmou o seu cunhado, Tempa Tsering.

Apesar da ironia desse pensamento, afirmou que o Dalai Lama continua a ser «a arma mais poderosa» para os tibetanos dentro e fora do Tibete. «O facto de Tenzin Gyatso ser o último Dalai Lama, ou de vir a haver mais, não é sequer tão importante quanto o facto de termos um símbolo tão poderoso para nós. Ele não se limita a expressar claramente os problemas do povo tibetano; fala de uma alternativa a uma ordem mundial que cria problemas como o Tibete. Se seguíssemos a sua filosofia até à sua conclusão lógica, aperceber-nos-íamos de que a maioria dos conflitos políticos e religiosos do mundo cessariam», afirmou Tsering.

24
OS ANOS DO CREPÚSCULO

O Dalai Lama está perto de atingir o crepúsculo da sua vida. Embora a idade possa ser irrelevante para qualquer pessoa que acredite na reencarnação mística dos Dalai Lamas, a idade avançada de Tenzin Gyatso está repleta de sérias implicações de carácter prático para o futuro do Tibete. O facto de personificar tudo o que é nobre e poderoso em relação à causa do Tibete, foi o factor mais decisivo no sentido de manter viva a questão ao longo da última parte do século XX. No entanto, uma fusão tão difícil de destrinçar entre a causa e o líder poderá não ajudar o futuro do Tibete a longo prazo. Quando muito, compromete significativamente a capacidade dos tibetanos para negociar e resolver a disputa de uma forma que ele aprovasse e que eles considerassem aceitável.

Há opiniões fortes e diversas entre os apoiantes da causa tibetana, quanto à forma de resolver essa disputa aparentemente irresolúvel, mas as de quatro homens extremamente ilustres são suficientemente importantes para ser incluídas neste livro. Durante a pesquisa que realizei para esta biografia, encontrei-me com mais de duzentas pessoas na Índia e nos Estados Unidos. Thubten Jigme Norbu, o irmão mais velho do Dalai Lama e o primeiro lama encarnado da sua família, que posteriormente se tornou no abade do poderoso mosteiro Kumbum; o Professor Robert Thurman, um dos mais ilustres eruditos do Budismo tibetano, um amigo pessoal do Dalai Lama, o seu defensor mais acérrimo e o primeiro americano a ser ordenado monge budista; o Dr. Orville Schell, um dos principais eruditos em questões da China e do Tibete em todo mundo; e Richard Gere, estrela de Hollywood e genuíno estudioso do Budismo tibetano, constituem um grupo extremamente eclético de pessoas que têm sido participantes influentes na causa. Norbu, o Professor Thurman, o Dr. Schell e Gere representam uma diversidade de opiniões com um traço comum — uma profunda preocupação pelo futuro do Tibete. Embora a associação perpétua de Norbu com a causa seja natural e, em certos aspectos, inevitável, as outras três personalidades têm-se mantido ligadas ao Tibete devido a um sentimento de profunda convicção, apesar de não terem qualquer interesse pessoal no futuro do Tibete, com excepção do apelo da sua consciência.

Em 1926, aos quatro anos de idade, foi escolhido como a reencarnação de um importante lama, pelo prestigiado mosteiro Kumbum, situado na província de Amdo. A simples família camponesa de Thubten Jigme Norbu ficou mais que satisfeita por ter um *tulku* na sua família. Mal sabiam que, cerca de uma década mais tarde, iriam ser abençoados com a derradeira reencarnação.

Enquanto irmão mais velho do Dalai Lama, Norbu aprendera a viver na sombra do seu irmão, sem quaisquer vestígios de rivalidade ou inveja entre irmãos, apesar das suas próprias realizações notáveis, incluindo o facto de se ter tornado abade do mosteiro Kumbum quando estava na casa dos vinte anos. A diferença de treze anos entre Norbu e o seu irmão proporcionava ao primeiro o distanciamento necessário para lidar com uma presença tão extraordinária no seio da família.

Ao contrário do seu irmão, o Dalai Lama, Norbu acredita que o estatuto do Tibete é totalmente não negociável. Mas, ao mesmo tempo, sabe que o Dalai Lama tem de equilibrar as esmagadoras forças da história quando lida com uma disputa com mais de cinco décadas.

Tendo vivido mais de cinquenta dos seus oitenta e quatro anos fora do Tibete, Norbu pode ter aceitado a perda da sua terra natal, mas decididamente não permitiu que a dor de ter sido afastado das suas raízes morresse.

Norbu acredita que a autonomia do Tibete enquanto parte da China não é a solução. «Não, não acredito, mas também sei que não conseguimos obter nada mais dos chineses. O estatuto do Tibete tem de ser o Tibete, nada mais. Se não conseguirmos isso, penso que no futuro deixarão de existir tibetanos no Tibete. Ponto final. No espaço de duas gerações, deixarão de existir tibetanos no Tibete. Vejam o que está a acontecer na Mongólia Interior. Existem quatro milhões de mongóis, mas não se consegue encontrar sequer dez mongóis na capital», afirmou.

Embora o Dalai Lama afirme permanecer optimista em relação ao Tibete e acredite que o desejo de democracia por parte do povo chinês comum ajudará eventualmente a resolver a disputa tibetana, Norbu é evasivo. «Neste momento, não posso dizer nada. Apenas um punhado de chineses, de entre milhares de milhões, afirma isso [que quer a democracia]. Não estou certo disso.»

Acredita que o papel da Índia continua a ser fundamental. «A Índia deve reconhecer o governo de Sua Santidade. Isso é essencial. Isso ajudará. Quando isso acontecer, a situação mudará. Abrir-se-ão algumas portas», afirmou.

E em relação aos Estados Unidos? «Creio que os Estados Unidos não podem fazer nada, porque os Estados Unidos estão interessados nas «verdinhas» [dólares] e em quanto *Mr. Coffee* consegue vender. Não estão preocupados com o sofrimento dos tibetanos. Estão preocupados com o comércio», afirmou. Tendo lidado com os americanos durante cinquenta anos, incluindo alguns anos em que ajudou a Agência Central de Informação (CIA) a preparar uma sublevação armada no Tibete, na década de 1950, o pessimismo de Norbu em relação aos EUA é surpreendente.

Quando lhe perguntaram se pensa que uma sublevação armada pode ajudar, Norbu respondeu: «Mil milhões de chineses, seis milhões de tibetanos — o que é que se pode fazer? Mesmo que os chineses dissessem para lhes cortarmos a garganta, quem faria isso? Os tibetanos cansar-se-ão e os chineses ainda lá continuarão.» Apesar de tudo, Norbu continua a afirmar que o povo tibetano tem de pedir à China que abandone o Tibete.

Um sentimento de resignação parece ter-se apoderado da mente de Norbu. Quando lhe perguntaram se gostaria de visitar Lhasa, afirmou, «Não, para quê? Fui lá em 1980. Lamento tê-lo feito. O que faria lá? Os chineses não permitem que nos desloquemos livremente. Os poucos tibetanos que encontramos lamentam-se sobre o estado da situação. Sou um ser humano. Sinto muita mágoa.»

Se os chineses propusessem aos tibetanos um acordo ao abrigo do qual a identidade do Tibete fosse preservada, Norbu aceitaria viver sob a alçada da China? «Se o povo tibetano se governar a si próprio, não há problema. Se os chineses forem os amos, então é uma anedota», afirmou.

Um grande número de apoiantes da independência do Tibete tem tido dificuldade em entender porque é que cerca de 500 milhões de budistas em todo o mundo não apoiam abertamente a liberdade do Tibete. «Não temos muito contacto com os nossos irmãos budistas. É possível que, em conjunto, pudessem ajudar, se tentássemos», disse Norbu.

Norbu afirmou que tem consciência da existência de um movimento crescente, entre os tibetanos, contra a abordagem moderada do Dalai Lama. Também sabe que é pouco provável que o seu irmão desista da sua posição. «Não me parece. Perguntei-lhe em que é que consiste a moderação. Pode falar-se disso em termos filosóficos, mas, no que diz respeito ao estatuto do Tibete, como é que se defende a moderação? Mas é essa a sua abordagem e temos de o respeitar. Ele não é um homem vulgar, como eu.»

Quando lhe foi perguntado se se sentia esperançado em relação à cultura tibetana, daqui a cem anos, afirmou: «Se o Tibete se mantiver como Tibete, a sua cultura sobreviverá. Se o Tibete não se tornar independente e a cultura tibetana tiver de ser preservada no estrangeiro, então provavelmente tornar-se-á numa espécie de museu. Haverá histórias do género "era uma vez um velho homem que aqui viveu e que construiu tal e tal museu".»

Norbu também conta com os tibetanos que estão no Tibete para precipitar uma crise que resolva a questão. «Os tibetanos são um povo extremamente pacífico. No entanto, têm de se certificar de que os chineses que estão no Tibete não se sentem muito confortáveis. Não devem comprar artigos chineses. Devem pedir regularmente aos chineses que abandonem o Tibete. Os tibetanos nunca dirão que são unos com os chineses», afirmou.

Quando lhe foi perguntado o que teria acontecido se o Dalai Lama tivesse permanecido no Tibete, apesar da invasão chinesa, Norbu disse: «Os chineses já tinham dito que arrasariam tudo no espaço de cinco anos. Talvez também ele tivesse sido arrasado. Provavelmente, teria sido colocado em prisão domiciliária. Ter-lhe-iam dito para ir viver em Pequim e não em Lhasa.»

Norbu apoia o regresso do Dalai Lama ao Tibete? «É irrealista que regresse assim. Não se sabe o que a sua presença no Tibete poderia provocar. Iria exaltar o povo tibetano e traumatizar os chineses.»

O Dr. Orville Schell tem uma postura professoral afável que restaura a nossa fé na nobre profissão de ensinar. Sendo um dos principais estudiosos da história da China e do Tibete, poderia perdoar-se a Schell um pouco de vaidade, mas o facto de lidar com uma das maiores civilizações antigas do mundo conferiu-lhe um sentimento de desprendimento em relação às suas realizações pessoais.

Autor de catorze livros extremamente conceituados e de uma imensidão de ensaios e artigos importantes, consultor de documentários que ganharam prémios Emmy, e reitor da Faculdade de Jornalismo da Universidade de Berkeley, Schell opta por uma conduta de grande modéstia.

Descreveu a questão do Tibete como estando «relativamente adormecida» e considera que poderia até tornar-se irrelevante. Numa entrevista abrangente, falou sobre a liderança do Dalai Lama, o futuro da instituição do Dalai Lama e as cada vez menores opções de que dispõe.

«Eu diria que a esperança é eterna em relação a esta questão. As últimas duas delegações de Lodi Gyari [o enviado especial do Dalai Lama] à China criaram alguma esperança e expectativas, mas, tendo assistido a isto durante muito tempo, é extremamente incerto se isso significa qualquer movimento importante ou uma mudança a nível da atitude da China em relação ao Tibete. Em muitos aspectos, as questões de Taiwan e do Tibete estão tão congeladas quanto qualquer assunto com que a China se confronte, e é uma pena, e contra-intuitivo, que assim o seja porque presentemente estes dois problemas podem ser resolvidos de forma bastante simples e sem qualquer efeito pernicioso para qualquer das partes, aliás, com um efeito extremamente positivo. Penso que, com muita frequência, a estratégia da China é ceder um pouco aqui ou um pouco ali, mas sem fazer realmente quaisquer mudanças importantes em relação a questões como estas. Por isso, não me sinto muito optimista quanto ao facto de estarmos muito mais perto agora do que estávamos há dez, quinze ou vinte anos. É possível que tenhamos estado muito mais perto no início da década de 1980», afirmou Schell.

Quando lhe perguntaram se pensava que a China estava a travar uma luta de desgaste, esperando essencialmente que o Dalai Lama morresse, afirmou: «O problema com o sistema que a China tem actualmente é que é extremamente difícil agir de uma forma deliberada e radicalmente nova em relação ao que quer que seja. Todo o percurso de reforma tem sido uma minúscula experiência fragmentada que se tornou numa realidade de facto. Num certo sentido, o problema com o Tibete é mais simbólico do que real, um pouco como acontece com Taiwan. Por isso, é mais difícil para a China agir simbolicamente no sentido de realizar mudanças políticas importantes e mais fácil agir em termos de questões práticas fragmentadas. Não me parece que a actual liderança se sinta com capacidade para empreender uma tal mudança. Um dos grandes mistérios do sistema político da China é a sua grande resistência a mudanças de fundo, e a sua menor resistência a mudanças superficiais que, quando analisadas em conjunto, correspondem muitas vezes a algo importante, mas isso não é um problema do Tibete. Por isso, estão à espera de que o Dalai Lama simplesmente morra. Contudo, o que não conseguem entender é que ele é a melhor esperança que têm para obter alguma espécie de reconciliação e para manter o Tibete pacificamente dentro das fronteiras soberanas da China. Não se apercebem em pleno das consequências negativas do que estão a fazer a si próprios.»

Nesta fase, a morte do Dalai Lama poderia significar duas coisas. «Há duas consequências. Quando ele morrer, não estamos a ver ninguém que o substitua. É uma pessoa que está muito acima na tabela periódica da liderança. Penso realmente que todo o movimento terá extrema dificuldade em manter-se unido. Por outro lado, é possível que, a dado momento, as coisas possam explodir no Tibete, e não haverá ninguém para as acalmar. Este é um dos importantes papéis que ele poderia desempenhar, antes de acontecer uma coisa desse tipo», afirmou Schell.

Sobre a possibilidade de o Dalai Lama ungir um sucessor ainda em vida, afirmou: «É possível, mas é uma hipótese remota. No entanto, não terá o mistério das credenciais rituais que este Dalai Lama tem, em resultado do velho sistema da sociedade tibetana. Além da força da sua própria personalidade, toda esta mitologia de reencarnação é extremamente poderosa para as pessoas que não estão na China.»

Enquanto conflito, em termos do seu significado global, salientou: «Nunca se sabe quando estas coisas podem explodir, se a situação económica na China mudar para pior ou algo do género. No entanto, neste momento não é uma questão internacional importante. Mas é uma importante questão moral internacional. Por isso, a China tem muito a ganhar se fizer o que é correcto nesse aspecto. Não penso que vá perder muito ao manter o *status quo*, que é exactamente o dilema que o próprio Dalai Lama enfrenta. Não há como dar a volta à questão. Ele quer falar. Eles não querem falar. Fim da história.»

O pacifismo inerente ao Budismo exclui a violência como instrumento de mudança. «Os budistas nunca são capazes de combater contra os leninistas à distância. Refiro-me a combater de uma forma não-violenta contra as forças de repressão violenta da China, como aconteceu na Índia com Gandhi contra os governantes coloniais britânicos, mas nunca permitirão que uma força como Gandhi surja no Tibete. O Budismo e tudo o que o Dalai Lama representa está mal preparado para lidar com o tipo de sociedade controlada em que a China é especialista, e isso marginaliza o governo no exílio do Dalai Lama. Por outro lado, sentiríamos relutância em vê-lo [o Dalai Lama] mudar de uma forma tal que se tornasse num leninista que acredita que os fins justificam os meios. É exactamente esse o problema com que a China se debate. Jogar o jogo deles equivale a ser-se derrotado, e não jogar o seu jogo equivale também a perder. Neste caso, a falta de repercussão internacional também não ajuda», afirmou Schell.

A questão inevitável sobre quais são as opções do Dalai Lama deu origem a uma resposta ambígua. «O Dalai Lama fez o melhor trabalho que pôde, dados os parâmetros dos seus próprios princípios. É um paradoxo da vida o facto de, por vezes, o poder levar a melhor sobre os princípios e a moralidade. Gostaríamos que fosse de outro modo, mas nem sempre isso acontece. Não sei que mais ele possa fazer. Em muitos aspectos, é um exemplo daquilo que é exactamente o oposto da China. O problema é que a China se contaminou tanto com a sua própria propaganda em relação ao Tibete e a Taiwan, que é muito difícil [para a China] pensar de uma forma extremamente revolucionária e resolver o caso do Tibete, algo que podemos fazer em cinco minutos. Não haveria nada a perder e tudo a ganhar. A China tornar-se-ia numa potência verdadeiramente grandiosa aos olhos do mundo, cosmopolita, sofisticada, que poderia ser emulada de formas que nem sequer os Estados Unidos podem ser.»

A solução, afirmou, está no regresso do Dalai Lama. «Permitam que o Dalai Lama regresse enquanto figura cultural, com verdadeira autonomia política. A defesa e a política externa podem permanecer nas mãos dos chineses. Façam experiências, como o Canadá faz com o Quebeque ou como a Grã-Bretanha faz com a Escócia. Isso terá um efeito extremamente salutar sobre Hong Kong e Taiwan. Um modelo do tipo um país, dois sistemas, que seja real, podia funcionar.»

Schell enviou esta proposta ao comité permanente do politburo da China. Afirmou ter a certeza de que a tradução da proposta foi distribuída entre os dirigentes do partido. «Penso que têm conhecimento dela, mas existe algo que está a bloquear o caminho, provavelmente os militares. Não sabemos qual é o verdadeiro efeito e poder conservadores de blocos inteiros da sociedade institucional chinesa, do conselho de segurança, do Exército Popular de Libertação, do partido, e assim por diante. Penso que as pessoas têm consciência disso, mas, como é evidente, nenhum líder ou bloco de líderes se sente compelido ou suficientemente forte para lançar uma nova iniciativa política», afirmou.

Schell concorda que as coisas, tal como estão agora, equivalem a um beco sem saída. «Sim, mas nunca se sabe. Vejam o que aconteceu com a

Europa de Leste ou com a Rússia. Não creio que, neste momento, a China vá implementar um programa de reforma bem ordenado e bem articulado, com o objectivo de tornar o Tibete uma entidade mais autónoma ou independente, com o Dalai Lama a desempenhar um papel simbólico considerável. Vão atirar pequenas migalhas a algumas delegações aqui e ali. Isso mantém toda a gente sossegada, cala a boca a todos e mantém o *status quo*.»

Na opinião de Schell, a questão do Tibete não é territorial mas sim psicológica. «Não é certamente económica. Em menor medida, imaginam que é estrategicamente importante. Penso que tem que ver com a humilhação sofrida pela China por ter sido desmembrada no século XIX. Não há qualquer razão para que o Partido Comunista governe unilateralmente, excepto por motivos nacionalistas. O comunismo morreu. Trata-se de uma forma de capitalismo leninista. É a sua única aspiração à fama, e o facto de continuar neste sistema de partido único foi o que tornou a China num todo. O Tibete é uma parte muito importante disso», afirmou.

Sugeri que talvez o Dalai Lama pudesse fazer alguma coisa radical, como aparecer sub-repticiamente em Lhasa, da mesma forma que saiu em 1959. «É uma ideia excitante, quase como um filme de Hollywood. Estou certo de que se riria da ideia, com a sua gargalhada sonora. Embora fazer algo desse género não se coadune com ele, não posso dizer que não ficaria encantado se ele fizesse algo do género. Ele não é esse tipo de pessoa. Não é um provocador. Mas isso é praticamente a única coisa que poderia fazer — algo absolutamente chocante. Talvez saltar para um cavalo e entrar da mesma forma que saiu. Neste momento, trabalha arduamente por todo o mundo, a apresentar eventos para aduladores ocidentais. Adoram o seu lado espiritual compassivo e ele sente-se impotente para ajudar o seu próprio povo», afirmou.

Dado que o exílio do Dalai Lama se prolongou por várias décadas, a própria instituição pode vir a ficar sob tensão. Schell parece pessimista quanto ao seu futuro. «Não vejo como poderá funcionar no contexto da sua vida no exílio. A verdade é que há no Tibete um lado receptor que é extremamente reverente e devoto. Penso que seria muito, muito difícil continuar, e os chineses sabem-no. Isso é uma tragédia. Não se apercebem verdadeiramente de que isso constitui uma perda para eles. Poderá ser uma perda para eles em termos da sua capacidade de transformar o Tibete em algo de louvável.»

É difícil decidir se Robert Thurman é um académico com alma de monge ou um monge com um intelecto de académico. Considerado como um dos mais respeitados estudiosos das línguas tibetana e sânscrita de todo o mundo, foi ordenado monge budista em 1964, pelo Dalai Lama. Cerca de um ano e meio depois, desistiu da vida de noviço e regressou ao mundo académico «porque, nessa posição, não podia esperar ensinar as pessoas, dado que como monge budista americano, e talvez o primeiro a ser ordenado como tal, era considerado como sendo de algum modo defeituoso, como uma espécie de ave rara».

«Mesmo actualmente, quando a causa do Tibete em geral, e o Dalai Lama em particular, são tão bem conhecidos, não existe uma verdadeira compreensão da posição de um monge numa sociedade ocidental», afirmou Thurman numa entrevista. Durante a sua visita a McLeod Ganj, em Agosto de 1997, calhou eu também estar na cidade. Nessa altura, Thurman estava a trabalhar num documentário e viajava com um grupo de pessoas, muitas das quais o reverenciavam plenamente. O secretariado [do Dalai Lama] sugeriu que eu falasse com o Professor Thurman. O assistente de Thurman olhou para mim com ar trocista e, depois de alguma reflexão, disse, abrindo os cinco dedos como um leque: «Cinco minutos. É tudo o que lhe pode conceder. Pode ser esta noite, mas muito tarde. Digamos, às 23 horas no café?»

O café em questão era no Hotel Surya — a pouco mais de um metro de distância da extremidade da escarpada montanha em que estava assente — onde tanto eu como Thurman estávamos alojados. É um hotel de cujas janelas se consegue ver, com algum esforço, o bangaló oficial do Dalai Lama. Nessa noite, depressa descobri que o bom professor não era, de modo algum, tão egocêntrico quanto o seu pessoal me tinha levado a crer. Quando muito, era professoral de um modo um pouco monacal — tinha curiosidade em entabular conversa com os seus interlocutores, mas sem estar demasiado preocupado com o facto de os conseguir convencer do seu ponto de vista. Os cinco minutos prolongaram-se por uma boa hora e meia. Falámos de uma grande variedade de assuntos, desde o futuro do Tibete ao Budismo e à razão pela qual ele desistira da vida de renunciante.

Começámos pela sua opinião sobre o facto de o Tibete da visão do Dalai Lama poder ser concretizado através da sua campanha de não-violência. «Tem de ser concretizado através de uma campanha de não-violência. O Dalai Lama afirma, e concordo com ele a cem por cento, que o único caminho para a paz é a paz. No contexto indiano, está a seguir a tradição de Mahatma Gandhi, e, no contexto dos EUA, a de Martin Luther King. Embora Gandhi e King actuassem no contexto das suas próprias nações, o Dalai Lama cartografou um novo território. Dado que não está na sua própria terra natal e que está no exílio, está a fazê-lo num contexto internacional.»

«Tal como o ridículo que Gandhi enfrentou vindo dos britânicos, ou que King enfrentou vindo de muitas pessoas na América, a insistência inabalável do Dalai Lama na prossecução de vias não-violentas também tem sido alvo de chacota por parte de muitos, como Henry Kissinger ou Deng Xiaoping. No entanto, acredito que essa é a forma correcta de agir», afirmou Thurman.

Thurman acredita que o Dalai Lama, ao contrário de outros líderes religiosos ou espirituais comparáveis, se encontra numa posição «única» para mudar a forma como o mundo pensa e funciona. «A maior parte dos líderes religiosos ou espirituais exige realmente que aceitemos a sua forma de viver como sendo a única forma de viver. O Dalai Lama não o faz. O que oferece é algo de extremamente básico e, no entanto, extremamente profundo. O amor e a compaixão não são apanágio de uma filosofia religiosa específica. Não é necessário ser-se budista, nem sequer religioso, para se praticar aquilo de que ele fala», afirmou.

Embora seja importante para o mundo, como um todo, que a questão do Tibete seja resolvida de acordo com os desejos do Dalai Lama e do Tibete, Thurman afirmou que aquilo que o Dalai Lama representa também tem um grande valor fora do Tibete. «É claro que a China tem de resolver urgentemente a questão. Sua Santidade já viveu a maior parte da sua vida fora da terra a que está tão fortemente ligado. No entanto, é igualmente importante reconhecer que, actualmente, o Dalai Lama é um homem de relevância internacional. Aquilo que ele representa é bom não só para o Tibete como também para o resto do mundo», afirmou.

Thurman também encontra grande mérito nos princípios básicos do Budismo tibetano e na sua relevância para o mundo não-budista. «A cultura tibetana baseia-se num conjunto de princípios fundamentais do movimento de Buda — individualismo, não-violência, educação, altruísmo e igualitarismo. Tudo isto é digno de ser preservado, não só para bem do Tibete, mas para bem do resto do mundo», afirmou.

No seu livro, *Inner Revolution: Life, Liberty, and the Pursuit of Real Happiness*, Thurman escreve: «A tradição de não-violência, optimismo, preocupação pelo indivíduo e compaixão incondicional que se desenvolveu no Tibete é o culminar de uma lenta revolução interior, uma revolução serena, difícil de observar, que começou há 2500 anos com a visão de Buda sobre o fim do sofrimento. O que aprendi com estas pessoas mudou a minha vida para sempre, e acredito que a sua cultura contém uma ciência interior que é particularmente relevante para a época difícil em que vivemos.»

Thurman afirmou que o Tibete não é uma questão de estado-nação individual, mas algo que vai muito para além disso. «Não se trata de um povo que anseia por ser libertado de um Estado invasor. Trata-se de uma sociedade extremamente valiosa que luta por manter viva a sua tradição secular de evolução intelectual.» Afirmou que embora tivesse esperança de que o problema fosse resolvido em breve, «e durante a vida de Sua Santidade», era difícil conjecturar sobre uma data específica.

McLeod Ganj é uma espécie de Tibete em ponto pequeno. No mercado de duas ruas da cidade, o mais provável é que a estrela de Hollywood, Richard Gere, passe por nós sem darmos por isso.

Gere, que se conta entre os mais famosos apoiantes do Tibete e que é um atento estudioso do Budismo tibetano, visita a cidade todos os anos, durante cerca de três semanas, para continuar a sua «aprendizagem da alma». Desde que se encontrou pela primeira vez com o Dalai Lama, em 1982, tornou-se o mais acérrimo defensor de Hollywood contra a «repressão e genocídio» chineses no Tibete e contra a «aniquilação sistemática» do seu povo e da sua cultura. Defende apaixonadamente o Tibete e os tibetanos e afirma que a Índia é o «melhor amigo» do Tibete em todo o mundo.

Gere falou comigo durante uma entrevista em Kashmir Cottage, a residência do irmão mais novo do Dalai Lama, com vista sobre quilómetros intermináveis de pinheiros que rodeiam a cordilheira montanhosa de Dhauladhar, antes dos Himalaias.

A atracção de Gere pela causa tibetana aconteceu através do Budismo tibetano. Afirmou que se sentia atraído pela sua «temeridade». «Não há receio de questionar o que quer que seja no Budismo. A maioria dos sistemas filosóficos começa com um série de certezas e constrói um argumento com base nisso. No Budismo não há certezas. É a única forma de conseguirmos encontrar a raiz da consciência. É um sistema extremamente prático, que é emocional e intelectualmente saudável. Fala a todas as idades. Diz a verdade básica sobre a mente.»

Afirmou que defende o Tibete porque é «uma causa válida». «São pessoas que precisam de amigos. Há muito poucas pessoas que defendam os tibetanos. O movimento tem sido não-violento. Penso que todos os movimentos não-violentos deviam ser apoiados de todas as formas possíveis. Há prática de repressão e genocídio neste país. Aqueles que têm acesso aos meios de comunicação deviam falar sobre isso», afirmou.

Gere encontrou-se pela primeira vez com o Dalai Lama em 1982, em Dharamshala. «Antes disso, já me dedicava ao estudo do Budismo Zen. Não sabia muito sobre as formas de Budismo tibetano. Estava muito nervoso por ir conhecê-lo. Mas fez-me sentir imediatamente confortável. Isso é sinal de um homem nobre e humilde. Apresentou-se como um ser humano vulgar e nada mais. Não sabia quem eu era, mas o seu irmão dissera-lhe que eu era actor. Perguntou-me se, quando represento que estou zangado nos filmes, me sinto realmente zangado, ou se choro realmente quando represento que estou a chorar. Depois disse-me que a natureza ilusória das emoções que um actor sente é quase idêntica às emoções ilusórias que uma pessoa normal sente. Afirmou que, quando finjo raiva enquanto actor, não é diferente do que faz uma pessoa normal. Eu sei que é uma representação, mas os outros não o sabem. Isso fascinou-me», afirmou Gere.

Uma das críticas que se ouvem frequentemente é a de que, para Hollywood, o Tibete é apenas um capricho, um capricho que durou mais que outros, mas que eventualmente acabará por desaparecer. Quando lhe foi perguntado se considera que o seu envolvimento faz alguma diferença em relação à forma como o Tibete é encarado a nível internacional, afirmou: «Não, penso que não. Não somos nós que mudamos a mentalidade das pessoas, mas sim a pessoa de Sua Santidade. Sempre que organizamos o encontro de Sua Santidade com quem quer que seja, há uma mudança na mentalidade das pessoas. Ele é a solução. Quando sabemos que estamos na presença de um grande homem, de uma grande mente e de uma grande alma, não podemos evitar sentir-nos tocados e influenciados.»

Em relação a quando pensa que a questão do Tibete possa ser resolvida, Gere afirmou: «Não me parece que exista um prazo realista. Quando estão em jogo situações explosivas na China, sobretudo agora, ninguém sabe o que irá acontecer. Penso que é uma situação tão explosiva agora como a Europa de Leste o foi, e também tão espontânea e abrangente. Ninguém fazia ideia de que as coisas se pudessem desmoronar no espaço de um ano. Isso também pode acontecer na China. Infelizmente, a China assistiu ao que aconteceu na Europa de Leste e na Rússia e observou atentamente as suas situações. A presença militar no Tibete é extremamente elevada. O controlo da informação é extremamente apertado. Já não posso ir ao Tibete. Já nem sequer posso transitar por Pequim só porque sou amigo do Tibete. Quer isso dizer que estou a apelar ao derrube violento de qualquer país? É claro que não. Limito-me a dizer a verdade e a estar envolvido com qualquer grupo de Direitos Humanos ou qualquer grupo que procure justiça.»

O que é que o Dalai Lama pede a Gere que faça pelo Tibete? «Falamos constantemente sobre isso. Falamos sobre o que seria uma boa estratégia que ajudasse a causa. E também falamos de coisas específicas.»

25
A GEOPOLÍTICA VOLTA A DOMINAR O DESTINO DO TIBETE

Quase cinco décadas depois de ter sido obrigado a fugir do Tibete em virtude da anexação deste pela China, o Dalai Lama continua tão longe de um Tibete independente como então. Passou os últimos vinte e cinco anos a percorrer o mundo ocidental para fazer campanha pela independência do Tibete por meios pacíficos. Foi cortejado por poderosos líderes mundiais e adulado por celebridades de Hollywood. Através dos seus ensinamentos espirituais e de livros que atingiram recordes de vendas, como *Um Guia para a Vida*, atraiu uma legião de novos seguidores. Chegou mesmo a ser laureado com o Prémio Nobel da Paz. No entanto, a questão do Tibete não está mais perto de ser resolvida — e parece estar a perder terreno na sua luta.

O Tibete, cujo destino tem sido determinado, ao longo do último século, por forças externas, está mais uma vez preso entre importantes mudanças geopolíticas. Em finais do século XIX e inícios do século XX, o Tibete era um participante relutante e, em certos aspectos, até insuspeito, no Grande Jogo disputado pelos governantes coloniais britânicos na Ásia Central. Embora o Grande Jogo entre a Índia britânica e a Rússia czarista se centrasse sobretudo no controlo do Afeganistão, que os britânicos consideravam ser um meio para que a Rússia alcançasse as suas ambições imperialistas no subcontinente indiano, os governantes coloniais estavam extremamente interessados no Tibete devido à sua localização estratégica.

O interesse britânico no Tibete começou em finais do século XVIII. Embora inicialmente estivessem mais interessados no comércio, era óbvio para os tibetanos que os colonialistas britânicos começavam normalmente a expansão através do comércio. Foram enviadas ao Tibete inúmeras expedições, em busca de entrepostos comerciais, quer dentro das suas fronteiras quer ao longo das mesmas. A mais ambiciosa dessas expedições realizou-se em 1903, tendo sido liderada pelo excêntrico imperialista Sir Francis Younghusband, que acabou por transformar a sua missão diplomática numa invasão militar do Tibete. Os imperialistas britânicos, que se consideravam como herdeiros naturais do poder na Ásia Austral e nas regiões mais além, não gostaram de ouvir o boato de que o czar da Rússia tinha celebrado um acordo secreto com os governantes do Tibete, nomeadamente com o Décimo Terceiro Dalai Lama.

Em meados do século XX, o destino do Tibete foi vítima das maquinações chinesas. Actualmente, no início do século XXI, esse mesmo destino está a ser decidido pelo crescente namoro entre a China e a Índia, os dois países mais populosos do mundo e com as duas economias de crescimento mais rápido. Os laços tradicionalmente gélidos entre as duas nações, carregados de suspeitas mal disfarçadas e acrimónia mútuas, estão a dar rapidamente lugar a uma relação cordial de enorme significado global. O facto de 2006 ter sido oficialmente celebrado como o «Ano da Amizade» é demonstrativo de quão longe os dois gigantes asiáticos chegaram, desde a sua primeira guerra em 1962. Os dois países elevaram os seus laços bilaterais a um nível económico, político e militar sem precedentes e, durante esse processo, reduziram a causa tibetana a um mero assunto secundário. Mesmo nas épocas mais favoráveis, o Tibete nunca foi uma questão de política externa nacional ou de discurso político em Nova Deli, embora ao longo das décadas sempre tenha atraído um considerável apoio marginal, quer por parte da classe intelectual indiana, quer por parte do povo indiano em geral. Agora que Nova Deli e Pequim estão a trabalhar no sentido de alterar fundamentalmente a sua relação, o mais provável é que a questão do Tibete passe ainda mais para segundo plano. A melhoria das relações entre a Índia e a China, aliada aos esforços continuados por parte da China para recriar o Tibete à sua própria imagem, fazem com que as perspectivas de independência pareçam fracas.

Durante a sua vida no exílio, de jovem monge na casa dos vinte anos, o Dalai Lama cresceu e transformou-se numa das vozes de maior peso mundial em defesa da paz. A Índia tem sido o mais fervoroso apoiante do actual Dalai Lama, permitindo-lhe que formasse o seu governo no exílio em solo indiano. No entanto, a Índia teve também de equilibrar os seus próprios interesses económicos, territoriais e militares face a um poderoso vizinho asiático que está separado da Índia pelo Tibete. As amargas memórias da Índia em relação à humilhante derrota que sofreu às mãos da China, em 1962, perderam há muito a sua intensidade. E, ultimamente, os dois países têm tentado equilibrar as suas relações, um esforço que é motivado sobretudo por interesses económicos. Sendo os dois países mais populosos do mundo, reconhecem a importância de manter a paz enquanto tentam estabelecer-se como poderes preeminentes na Ásia.

Uma série de acontecimentos recentes, que começou com a visita do primeiro-ministro indiano à China, em Junho de 2003, conjuntamente com a visita recíproca do primeiro-ministro chinês, Wen Jiabao, em 2005, pode pôr em risco a luta do Tibete pela independência. Durante a visita do primeiro-ministro indiano, Atal Bihari Vajpayee, em 2003, a Índia reiterou o seu reconhecimento da Região Autónoma do Tibete como parte da República Popular da China. Por si só, esse reconhecimento não teria sido considerado significativo. Mas a China retribuiu o gesto, ao aceitar a região noroeste de Sikkim como parte da Índia, embora Sikkim já faça parte da Índia desde 1975. Em Abril de 2005, a China já tinha alterado o seu mapa oficial, de modo a mostrar que Sikkim fazia parte da Índia. Trata-se de uma concessão extremamente importante por parte dos chineses, no contexto dos tensos laços sino-indianos. O apaziguamento dos ânimos de ambos os lados — como foi tão claramente sublinhado durante a visita de Jiabao — não é um bom augúrio para o Tibete.

Enquanto a Índia e a China mantiveram as suas posições obstinadas em relação às disputas territoriais ao longo da fronteira desde há muito partilhada, havia uma hipótese de Nova Deli poder utilizar o Dalai Lama como factor de influência, simplesmente devido à sua presença na Índia. Agora que os dois adversários iniciaram conversações sobre os territórios disputados, que ocupam cerca de 33 000 quilómetros quadrados ao longo da fronteira noroeste da Índia com a China, o mais provável é que a presença do Dalai Lama deixe de ser considerada como uma moeda de troca.

Num outro sinal de cooperação, a Índia e a China realizaram os seus primeiros exercícios militares navais conjuntos em Novembro de 2003. A isso seguiu-se a primeira visita de sempre de uma delegação de alto nível do exército indiano ao Tibete. Esta visita simbólica indicava claramente que ambos os lados estavam dispostos a pôr o passado para trás das costas.

A aproximação entre a Índia e a China, que ganhou ímpeto sob o governo pró-hindu do Partido Bharatiya Janata, que esteve no poder até 2004, intensificou-se sob o governo de coligação liderado pelo Partido do Congresso, que conquistou o poder na sequência de eleições parlamentares. Esta continuidade sublinha a existência de um consenso nacional no que se refere às relações com a China e, em certo sentido, diminui ainda mais o espaço de manobra do governo tibetano no exílio. O facto de as relações entre a Índia e a China já não estarem limitadas apenas a uma troca de retórica educada entre dois vizinhos discordantes foi salientado no início de 2006. Os líderes dos dois gigantes asiáticos que, em conjunto, têm mais de 30 por cento da população mundial, iniciaram o ano de 2006 com uma troca de palavras excepcionalmente calorosa e comprometeram-se a consolidar aquilo que o Presidente da Índia, A. P. J. Abdul Kalam, designou por «a profunda associação histórica e cultural que as nossas duas antigas civilizações mantêm». A resposta da China foi igualmente optimista, tendo os seus líderes confirmado a «nova fase de desenvolvimento» através da decisão de criar uma Parceria de Estratégia e de Cooperação para a Paz e a Prosperidade e de uma declaração em que afirmavam que as suas relações estavam destinadas a desenvolver-se de uma «forma global e profunda».

O impacte geopolítico de uma união sino-indiana será enorme para o mundo, em geral, e para os Estados Unidos, em particular. Embora as divergências históricas e as fortes ambições individuais de conquistar um estatuto de superpotência global possam ainda vir a impedir uma convergência continuada da Índia e da China, existe suficiente consenso entre as duas nações para forjarem uma parceria que poderia impedir seriamente que os Estados Unidos monopolizassem a agenda mundial. Num desenvolvimento impensável, até mesmo há uma década, os dois países começaram a trabalhar em conjunto no sentido de garantir a sua segurança energética.

A 20 de Dezembro de 2005, as respectivas empresas públicas, a Corporação Nacional de Petróleo da China (CNPC) e a Corporação de Petróleo e Gás Natural (ONGC) da Índia, ganharam conjuntamente um concurso público para a aquisição de 37 por cento da participação da empresa canadiana Petro-Canada nos campos petrolíferos da Síria, pelo valor de 573 milhões de dólares.

O já forte e crescente apetite por petróleo e gás, por parte das duas economias em rápida ascensão, está a provocar mudanças drásticas no equilíbrio da energia mundial e a levantar grandes preocupações em Washington que, durante décadas, considerou que o controlo do petróleo mundial era um direito que lhe assistia naturalmente. Não é de surpreender que a administração Bush esteja a fazer importantes concessões a nível do seu regime de controlo da proliferação nuclear para incluir o programa nuclear civil da Índia.

Os Estados Unidos reconheceram que, embora individualmente a China e a Índia possam ainda não estar perto de desafiar a sua supremacia, em conjunto têm poder suficiente para actuar como um baluarte contra o unilateralismo americano que resulta do seu estatuto de superpotência única. É nesse contexto que o drástico melhoramento a nível das relações sino-indianas deve ser analisado.

Os laços bilaterais cada vez mais fortes entre a Índia e a China, que, em certa medida, são impulsionados por um forte instinto utilitário de ambos os lados, quase não têm sido objecto de atenção, enquanto história de importância, por parte dos meios de comunicação mundiais. Isso não se pode dever ao facto de os comentadores dos órgãos de informação não entenderem a importância deste desenvolvimento, mas talvez se deva ao facto de acreditarem que os dois vizinhos discordantes não conseguirão ir até ao fim devido às suspeitas inerentes e às ambições abrangentes — sobretudo no caso da China, dado que se considera a si própria como a próxima superpotência.

A crescente cooperação sino-indiana é também uma história que, em termos das suas implicações, não atraiu a atenção dos meios de comunicação internacionais. Embora os meios de comunicação norte-americanos tenham noticiado que a China e a Índia estão a pesquisar activamente campos petrolíferos, não cobriram realmente o tema subjacente de como esta mudança pode afectar o equilíbrio geopolítico global.

«Em 2006, o lado chinês está pronto para trabalhar com o lado indiano no sentido de aproveitar o Ano da Amizade entre a China e a Índia como uma oportunidade para desenvolver a amizade tradicional entre os nossos dois países; para fortalecer os diálogos, os intercâmbios e a cooperação em todas as áreas e a todos os níveis; para aprofundar continuamente os conteúdos das relações bilaterais; e para impulsionar a Parceria Estratégica e de Cooperação entre a China e a Índia de uma forma global e profunda», afirmou o Presidente chinês, Hu Jintao, a propósito da cooperação.

É extremamente raro que os líderes chineses, a qualquer nível, e ainda menos ao mais alto nível, expressem opiniões tão efusivas sobre as relações com outro país. O facto de essas opiniões serem sobre a Índia, o potencial rival da China no palco mundial, um país com o qual travou uma guerra e que acolhe o governo tibetano no exílio, torna a sua expressão ainda mais extraordinária.

Uma das consequências menos analisadas da aproximação sino-indiana é o seu impacte no futuro do Tibete. Cada passo que a Índia e a China dão em conjunto é um passo atrás em termos do futuro independente do Tibete. O Tibete, enquanto causa, corre um grave perigo de perder a sua força, e a crescente comunhão entre a Índia e a China está a servir para enfraquecer ainda mais essa força.

Se os dois países conseguem proceder em conjunto à prospecção de petróleo e gás, as hipóteses de o Tibete sobreviver enquanto causa são fracas. Apesar de o Dalai Lama continuar de boa saúde aos setenta e um anos, tem consciência de que o tempo não está do seu lado. Se pretende algum grau de resolução da questão do Tibete ainda durante a sua vida, as suas opções estão a tornar-se cada vez mais escassas face à camaradagem entre a Índia e a China.

Infelizmente, em 2006, o Ano da Amizade entre os dois vizinhos asiáticos, é pouco provável que o Tibete seja um obstáculo. A política parece ser a de nenhum dos lados falar do Tibete com qualquer grau de seriedade ou convicção. Se ao menos o Tibete estivesse assente sobre tanto petróleo como o Iraque!

O que começou como retórica floreada no início de 2006, já tinha, em Maio, adquirido mais-valias extremamente específicas e tangíveis, como se tornou evidente durante uma visita do ministro da defesa da Índia, Pranab Mukherjee, quando as duas nações decidiram fortalecer os seus laços estratégicos e militares. Mukherjee e o seu homólogo chinês, o General Cao Gangchuan, assinaram um memorando de acordo que «proporciona uma base formal para a defesa e intercâmbios militares que têm tido lugar entre os dois países ao longo dos últimos anos». O memorando de acordo centrava-se nas seguintes áreas:

- Realização de exercícios militares e programas de formação conjuntos no âmbito da busca e salvamento, de acções contra a pirataria, da luta antiterrorista e de outras áreas de interesse mútuo. Cada um dos lados convidará altos oficiais militares para o seu país, de modo a assistirem a exercícios militares específicos.

- Intercâmbios frequentes entre os líderes e funcionários de alto nível dos ministérios da defesa e das forças armadas dos dois países. Ambos os lados procederão à elaboração de um programa anual de intercâmbios.
- Uma Conferência anual sobre Defesa, organizada rotativamente pelos dois lados, com o objectivo de analisar os progressos a nível dos intercâmbios relativos à defesa, de apresentar sugestões para o futuro e de trocar opiniões sobre questões internacionais, de segurança e estratégicas.
- Criação de um mecanismo de visitas de observação destinadas aos oficiais de alta e média patente de cada país, de modo a facilitar um melhor entendimento das políticas estrangeiras, de defesa e de desenvolvimento nacional do lado anfitrião.
- Participação em seminários e debates sobre temas a acordar por ambas as partes.
- Intercâmbios sobre outras áreas acordadas por ambas as partes, a decidir através de consulta.

Os oficiais indianos descreveram o memorando de acordo como «uma importante medida de fomento da confiança no âmbito da defesa», que contribuirá para «criar um maior entendimento e confiança».

Em meados do ano, as relações entre a Índia e a China já tinham adquirido impulso suficiente para que a Índia não agitasse as águas ao levantar a questão do Tibete em qualquer fórum bilateral importante.

Fontes políticas e diplomáticas indianas afirmam que, estando a economia da Índia a crescer a um ritmo impetuoso de mais de oito por cento ao ano, o seu governo não tem outra opção senão atenuar e até moderar algumas das suas inflexibilidades de estimação relativas à política externa, em especial com um país como a China. «As palavras de ordem do século XX têm de ser descartadas. Deixaram de ser actuais e não servem quaisquer objectivos. A Índia e a China têm de criar laços económicos, militares e políticos de longo prazo. É possível que, nesse processo, o Tibete seja posto de parte. Embora seja trágico, o país tem de colocar os seus próprios interesses à frente de tudo o mais», afirmou um alto diplomata indiano, que pediu para manter o anonimato. Afirmou também que o facto de apoiar o Tibete pode valer à Índia alguns «créditos», mas, no geral, já não faz qualquer sentido que os responsáveis pela política externa do país «insistam» na questão do Tibete em todos os intercâmbios diplomáticos com a China.

Além disso, o diplomata referiu o exemplo dos Estados Unidos, afirmando que a superpotência, «apesar de ter feito algumas declarações bastante comuns sobre os Direitos Humanos e o Tibete», se tinha «envolvido seriamente numa relação construtiva com a China».

Neste contexto, a visita aos Estados Unidos feita pelo Presidente chinês, Hu Jintao, em Abril de 2006, foi fascinante. De forma extremamente significativa, aquando da sua primeira visita de Estado a Washington, Hu optou por iniciar os seus compromissos encontrando-se primeiro com o fundador da Microsoft, Bill Gates, em Seattle. Visitou igualmente a fábrica da Boeing nessa cidade. Quando finalmente chegou a Washington, DC, muitos observadores afirmaram que tinha mais ou menos terminado a parte mais importante da sua visita. Neste ambiente de pragmatismo e interesse pessoal utilitário, os diplomatas afirmam que faz pouco sentido que a Índia permaneça tão ligada ao Tibete, que, nesse processo, ignore oportunidades económicas sem precedentes que decorrem do seu envolvimento com a China.

Esta demonstração de pragmatismo não se limita apenas à Índia. Até o governo tibetano no exílio, sensível à natureza delicada das suas rondas de conversações contínuas com Pequim, emitiu uma directiva extraordinária para que os tibetanos, quer nos Estados Unidos quer noutras partes do mundo, não realizassem protestos durante a visita de Hu aos EUA: «Sob a direcção sensata da política moderada de Sua Santidade, o Dalai Lama, temo-nos esforçado, através de negociações, por obter um estatuto autónomo genuíno para todo o povo tibetano. A política em questão foi adoptada democraticamente pelo povo tibetano no Tibete e fora deste, e também pela Assembleia de Deputados do Povo Tibetano. De modo a atingir esse objectivo, os enviados de Sua Santidade, o Dalai Lama, realizaram cinco rondas de conversações com os respectivos oficiais da República Popular da China, desde 2002. Presentemente, o esforço que envidámos no sentido de realizar negociações atingiu uma fase crítica, em que não sabemos se seremos capazes de manter ou não as negociações», afirmou o governo tibetano no exílio, numa declaração anterior à visita.

A declaração fez um forte apelo «da maior importância e ênfase para todos os tibetanos e grupos de apoio ao Tibete, no sentido de se absterem de realizar quaisquer actividades, incluindo a realização de manifestações de protesto, que pudessem causar constrangimento [ao Dalai Lama]». Afirmava o seguinte: «Este apelo destina-se não só a criar um ambiente propício às negociações, mas também a não provocar constrangimentos e dificuldades a Sua Santidade, o Dalai Lama, cuja visita à América coincide com a do Presidente Hu Jintao. Se forem realizados protestos, isso dará a impressão de que nenhum tibetano ou grupo de apoio ao Tibete dá importância e cumpre as instruções de Sua Santidade, o Dalai Lama, emitidas recentemente na sua declaração de 10 de Março.»

Em certas esferas especulou-se que, tendo em conta a rara convergência das visitas de Hu e do Dalai Lama ao mesmo país, já para não falar do facto de o país visitado ser os Estados Unidos, os dois líderes pudessem, no mínimo dos mínimos, ter trocado opiniões longe dos meios de comunicação, e talvez até se tivessem encontrado em segredo. No entanto, fontes do governo tibetano no exílio negaram veementemente essa sugestão.

Apesar do desmentido, muitos observadores do imbróglio sino-tibetano interrogaram-se sobre qual seria o significado de um encontro desse tipo para o futuro do Tibete. Para contrariar qualquer esperança emergente, os membros mais realistas da comunidade apontaram o facto de Hu ter exercido o cargo de chefe do Partido Comunista da Região Autónoma do Tibete, em 1988. Também salientaram o facto de ter sido responsável pelo Tibete durante o período em que o povo tinha intensificado a exigência pela independência. Tinha perseguido os grupos de resistência tibetanos e, alegadamente, tinha provocado inúmeras mortes. No entanto, simultaneamente, era-lhe também atribuído o mérito de ter liberalizado a vida cultural no Tibete.

Num desenvolvimento não relacionado, que poderia ter influência sobre o futuro do Tibete, foi noticiado que o Presidente de Taiwan, Chen Shui-bian, tinha enviado uma mensagem secreta aos líderes chineses, no sentido de incentivarem o fim das tensões a nível das relações bilaterais. Foi referido que a mensagem tinha sido a primeira a ser emitida ao mais alto nível de contacto entre os dois países no espaço de cinco anos. A propósito, o Dalai Lama goza de um enorme respeito e popularidade em Taiwan, tendo visitado o país e sido objecto de uma recepção efusiva e à revelia das objecções levantadas pela China.

Entretanto, a China moldou a região à sua própria imagem e, inclusivamente, alterou a demografia do Tibete ao deslocar chineses Han para o Tibete. Segundo as estimativas, o Tibete acolhe agora cerca de 6 milhões de tibetanos indígenas e 7 milhões de chineses Han. Pequim está também a fortalecer o seu domínio sobre o Tibete através de actividades económicas. Um poderoso exemplo desse facto é a construção de uma linha de caminho-de-ferro que liga a China continental a Lhasa, que irá necessariamente facilitar a entrada de militares e civis vindos da China. A ligação ferroviária entre Pequim e Lhasa ficou operacional em Julho de 2006, depois de quatro anos de construção. A linha de caminho-de-ferro, com uma extensão de 1142 quilómetros, é um espantoso feito de engenharia, tendo em conta que uma grande parte foi construída sobre gelo permanente. A ligação ferroviária, que é a mais alta do mundo, tem trechos que estão 4500 metros acima do nível do mar.

Os críticos do projecto questionaram a sensatez da construção de ligações ferroviárias deste tipo, dado que o seu custo suplantou, em muito, as vantagens económicas. Afirmam que a principal motivação do projecto é política e não económica, dado que contribuiria para acelerar a integração do Tibete na China. Samdhong Rinpoche, o primeiro-ministro do governo tibetano no exílio, acredita que a ligação ferroviária, cujas primeiras viagens estão programadas para Julho, teria influências negativas tremendas sobre a cultura tibetana e sobre os seus frágeis ecossistemas, mas não se opõe à mesma dado que abriria enormes possibilidades de desenvolvimento para o comércio no Tibete.

«Esta linha de caminho-de-ferro tem ramificações que poderão ter consequências graves», afirma Khedroob Thondup, um antigo deputado do governo tibetano no exílio. «Irá criar um influxo ainda maior de chineses Han para o Tibete. Irá acelerar o transporte de militares e de abastecimentos para o Tibete. A ligação ferroviária também irá criar um grave desequilíbrio num ecossistema que, já de si, é frágil.»

Num artigo publicado no popular sítio tibetano da Internet, www.phayul.com, Thondup afirmou: «O planalto tibetano, que se estende por 4 milhões de quilómetros quadrados, é o maior e mais alto planalto do mundo. Alberga mais de 5000 espécies de plantas superiores e de mais de 12 000 espécies de plantas vasculares, 532 espécies de aves diferentes e 126 minerais identificados, tendo ricas florestas virgens. É também a nascente de muitos dos principais rios da Ásia, cujos afluentes são o meio de subsistência de milhões de pessoas no continente asiático. Os números apontados pelas investigações demonstram que os rios que têm origem no Tibete sustentam as vidas de 47 por cento da população mundial. Consequentemente, a questão ambiental tem uma enorme importância global que justifica a atenção internacional.»

Andrew Fischer, um economista especializado no Tibete e autor do livro *State Growth and Social Exclusion in Tibete*, foi citado pela rádio *ABC Australia* como tendo afirmado: «Não me parece que a ligação ferroviária faça qualquer sentido, em termos económicos. No ano passado, anunciaram que têm de investir um montante adicional de seis ou sete mil milhões de *yuan* na linha de caminho-de-ferro para concluir a sua construção, por isso, basicamente, estamos perante um projecto de mais de trinta mil milhões de *yuan* [cerca de 3,7 mil milhões de dólares].»

Fischer afirmou que o que o preocupa «é o facto de, neste momento, aquilo a que estamos a assistir ser um surto de desenvolvimento, porque há muitos postos de emprego e muito dinheiro a entrar na província, tudo isso relacionado com um único projecto. Mas assim que o projecto estiver concluído... o mais provável é assistirmos a um fiasco... o governo terá dificuldade em manter os subsídios, em subsidiar o investimento a tão alto nível sem que o projecto ainda exista, e depois ocorrerá uma quebra no número de postos de emprego e por aí adiante».

A China investiu demasiado no Tibete para se limitar a afastar-se devido à pressão internacional liderada pelo Dalai Lama. A ligação ferroviária entre Pequim e Lhasa é apenas um forte exemplo desse facto. Quanto mais a China gastar no Tibete, menores são as probabilidades de sair.

Tendo em conta estes desenvolvimentos, a única opção viável que resta aos tibetanos é uma autonomia claramente definida enquanto parte da China, que garanta a autogovernação e que declare inequivocamente quais as áreas do governo que seriam controladas pelos tibetanos. É provável que as áreas de litígio abranjam quase todas as questões mais importantes, desde os poderes judicial e legislativo até aos assuntos culturais e religiosos. Os peritos estão a analisar diversos modelos de autonomia, incluindo o modelo de «um país, dois sistemas» utilizado pela China em Hong Kong. A luta da China por crescimento económico e influência geopolítica irá forçá-la a reprimir ou até mesmo a eliminar os conflitos dentro do seu território.

O Tibete é, potencialmente, o território mais problemático para a China, devido ao facto de o Dalai Lama defender veementemente o direito à autogovernação. O Dalai Lama tem afirmado consistentemente que «qualquer relação entre o Tibete e a China terá de ser baseada no princípio da igualdade, do respeito, da confiança e do benefício mútuos. Terá também de se basear no princípio que os sábios governantes do Tibete e da China estabeleceram num tratado em 823 d.C.». Esse tratado permanece gravado no pilar erguido em frente de Jokhang, o mais sagrado santuário do Tibete.

O tratado afirma que: «Os tibetanos viverão felizes no grande país do Tibete, e os chineses viverão felizes no grande país da China.» Há muito que esse sentimento foi atropelado pelo controlo inabalável que a China exerce sobre o Tibete. Se nos guiássemos pela alteração do mapa demográfico, talvez agora o tratado devesse afirmar: «Os chineses viverão felizes no grande país da China e também no Tibete. Quanto aos tibetanos, podem viver ao lado dos chineses, na total incerteza quanto ao seu futuro.»

Durante os seus primeiros anos no exílio, o Dalai Lama privilegiava a independência. Mas, nos últimos quinze anos, acabou por reconhecer a sua inviabilidade. Sabe que as suas opções são limitadas, devido à influência repressora da China sobre as questões tibetanas e à cada vez menor atenção do mundo. Recentemente, tem defendido a filosofia da moderação. Embora isso garanta que o Tibete manteria a sua identidade política, social, cultural, religiosa, económica e linguística distinta, também significa que terá de abandonar a ideia de total independência da China.

À medida que o tempo passa, a margem de negociação do mestre budista está a ficar cada vez mais limitada. Dado que a sua abordagem moderada não produz o tipo de resultado que satisfaria os tibetanos mais jovens que estão no exílio, há sinais de desafio entre estes; alguns dos jovens líderes que se encontram na Índia defendem abertamente que o Tibete se separe da China em vez de se contentar com a autonomia.

26
RADICAIS *VERSUS* MODERADOS

O dia 27 de Abril de 1998 foi um dia de calor opressivo em Nova Deli. A névoa amarelada de poluição que pairava sobre a cidade fazia com que a luz do Sol parecesse artificialmente atenuada. No exterior de Jantar Mantar, um observatório do século XVIII que está entre os mais populares destinos turísticos da cidade, um grupo de tibetanos estava sentado com um ar sombrio e zangado. O quinquagenário Thubten Ngodup parecia especialmente revoltado. Ngodup disse que não via outra opção senão infligir violência sobre si próprio, para marcar uma posição sobre quão frustrados os jovens tibetanos estavam a ficar pelo facto de a questão do Tibete não estar a ser resolvida com suficiente celeridade. Na verdade, Ngodup tinha dito que não hesitaria em imolar-se para «incitar o movimento a enveredar por uma nova trajectória». Aquilo que parecia ser retórica irada, acabou por ser muito pior quando cumpriu a sua ameaça.

Embora não tenha havido nenhum outro incidente de imolação, desde que Ngodup se imolou nessa tarde de Abril, na capital da Índia, há ainda muita raiva e desencanto perante o «total fracasso» da abordagem moderada do Dalai Lama. O Congresso da Juventude Tibetana (CJT) é o grupo de jovens tibetanos que defende mais acerrimamente a independência do Tibete, em vez da autonomia enquanto parte da China que é apoiada pelo Dalai Lama. Ironicamente, o CJT foi fundado em Outubro de 1970 com um discurso inaugural do Dalai Lama. Entre os seus fundadores, contavam-se Tenzin Geyche Tethong, o secretário particular do Dalai Lama, e Lodi G. Gyari, o enviado especial do Dalai Lama para Washington, que apoiavam fortemente a abordagem moderada do líder tibetano.

O CJT, que diz ter vinte mil membros em todo o mundo, afirmou que não apoia a filosofia moderada do Dalai Lama, embora tenha por ele grande estima enquanto seu líder. Os elementos mais jovens e mais radicais da comunidade no exílio obtiveram proveitos políticos consideráveis nos últimos tempos. Em 2006, as eleições parlamentares no exílio assistiram à ascensão de muitos jovens representantes que apoiam a independência do

Tibete. «A abordagem moderada de Sua Santidade, o Dalai Lama, não resultou nem resultará quando se trata de lidar com a China comunista», afirmou o novo deputado, Serta Tsultrim, de trinta e dois anos, que publica um jornal em língua tibetana e que advoga a independência do Tibete. Outro jovem deputado, Karma Yeshi, afirmou: «O que é preciso é a independência.»

Um raro incidente ilustrativo da crescente dissidência ocorreu durante a visita do primeiro-ministro chinês, Wen Jiabao, à Índia, em Abril de 2005. Durante um compromisso no Instituto de Ciências da Índia, em Bangalore, houve uma quebra de segurança quando Tenzing Tsundue, secretário-geral da organização Amigos do Tibete, subiu a uma torre de sessenta metros de altura e conseguiu interromper o encontro ao gritar *slogans* anti-China. O protesto foi visto como tendo por alvo a abordagem moderada do Dalai Lama.

Lobsang Yeshi, vice-presidente do CJT, foi citado na altura como tendo afirmado que o objectivo do protesto era «transmitir ao Dalai Lama e ao seu governo no exílio uma mensagem clara de que a geração mais jovem não está satisfeita com a política relativa ao Tibete que está a ser seguida por ele».

A abordagem moderada resultou de uma resolução aprovada pelo governo tibetano no exílio a 10 de Março de 2004. «A administração tibetana gostaria de apelar a todas as organizações tibetanas que apoiem a abordagem moderada e que trabalhem no sentido de criar um ambiente propício ao diálogo», afirmava a resolução. «De momento, estamos empenhados na política moderada para a resolução da questão tibetana através da não-violência. Quando realizamos qualquer actividade pela causa do Tibete, é extremamente importante que as nossas acções não vão contra a própria política e abordagem em que estamos empenhados.»

Apesar do ultraje sentido nas suas fileiras, entre os jovens exilados tibetanos que defendem uma sublevação armada, há um claro reconhecimento de que enfrentam um adversário poderoso, que ocupa agora um lugar entre as grandes potências mundiais. Tal como Thubten Jigme Norbu explicou de forma tão gráfica, mesmo que os chineses estivessem dispostos a dar as suas vidas perante uma sublevação armada liderada pelos tibetanos, os números estão tão esmagadoramente contra estes últimos que não faz qualquer sentido sequer tentar uma revolta. A única opção do Dalai Lama é arquitectar um compromisso para a autonomia, por mais impopular que esta decisão possa ser junto da geração de tibetanos mais jovens.

O Dalai Lama continua firmemente empenhado na não-violência. «É claro que uma campanha não-violenta pode demorar uma vida inteira», afirma. «Temos o grande modelo do que Mahatma Gandhi fez pela Índia. Embora a violência possa resultar em determinadas circunstâncias, a certa altura irá invariavelmente gerar mais violência em resposta a ela. Muitos jovens falam de forma encolerizada sobre o facto de os chineses terem destruído muitos mosteiros. Se recorrermos a métodos violentos porque o outro lado destruiu os nossos mosteiros, por exemplo, então não nos limitámos a perder o nosso mosteiro, perdemos também as nossas práticas budistas especiais de desprendimento, amor e compaixão. Acho que a violência só tem justificação em casos muito extremos. Por exemplo, se apenas estivesse vivo um lama sábio ou um verdadeiro praticante do Budismo, a sua vida estivesse em perigo e a sua morte pudesse destruir toda a esperança de manter o nosso conhecimento intacto, então talvez pudesse concordar com a eliminação dos nossos inimigos por meios violentos», afirmou.

«É óbvio que não podemos competir com os chineses em termos militares ou diplomáticos, nem em termos de dinheiro ou tamanho. Eles têm tudo, mas não têm justiça. Por outro lado, toda a nossa fé se baseia na verdade e na justiça. A tolerância é uma importante virtude dos *bodhisattvas* [seres iluminados]. Chamo-lhe desarmamento a partir do interior. A tolerância liberta-nos das amarras de procurarmos vingança ou de levarmos a cabo um contra-ataque», afirmou.

O facto de, nesta fase, a morte do Dalai Lama poder contribuir para acender o curto rastilho da ira incendiária patente em certos quadrantes da jovem liderança no exílio, continua a ser uma questão em aberto. Se a quantidade de membros do Congresso constituir uma medida, poderá haver um número razoável de membros que estejam dispostos a tomar a medida extrema de uma sublevação armada. No entanto, ao mesmo tempo, os líderes têm suficiente consciência de que simplesmente não dispõem dos números ou dos meios necessários para ter qualquer impacte perceptível sobre a China através de qualquer forma de insurreição. Mesmo que puséssemos de lado a total improbabilidade de ser possível conduzir um movimento insurrecto a partir da sua base na Índia, os radicais são incapacitados pelas suas próprias limitações inatas enquanto grupo. Na ausência de qualquer padrão de medida credível relativamente ao estado de espírito da população no Tibete, é praticamente impossível especular sobre a forma como os tibetanos nativos iriam responder a qualquer estímulo externo para embarcar numa luta armada absoluta.

Fontes dos serviços secretos indianos, que ocasionalmente seguem as perspectivas de resistência tibetana em solo indiano, afirmam que, até à data, não temem que organizações como o CJT preparem uma revolta armada. «Trata-se de pessoas extremamente pacíficas. Não têm qualquer historial de violência na Índia. Não cremos que estejam a ser elaborados quaisquer planos sérios para iniciar uma revolta armada, mas continuamos a mantê-los debaixo de olho, de tempos a tempos», afirmou uma fonte dos serviços secretos de Nova Deli. O que é interessante é o facto de essa fonte ter também afirmado que teriam dificuldade em caracterizar a auto-imolação como um acto de terrorismo ou de insurreição. A fonte em questão afirmou que, ao abrigo da legislação indiana, tais actos seriam considerados como suicídio, que é proibido por lei. «Mas não consideramos que seja um acto de revolta», afirmou a mesma fonte.

Quando lhe foi perguntado se temia que alguns dos renegados do movimento pudessem dar o passo extremo de cometer suicídio bombista ou actos de terrorismo, a fonte afirmou: «Nunca podemos ter certezas em relação a pessoas individuais, mas se a história servir de orientação, trata-se de pessoas que não gostam mesmo nada de violência. Além disso, o seu número não é suficientemente grande para constituir uma ameaça séria dessa natureza.»

Diversas conversas de fundo mantidas no governo no exílio indicam que, embora reconheçam que existem sérios desacordos quanto aos modelos para um futuro Tibete, não são de tal ordem que os jovens tibetanos possam levar a cabo uma revolta armada. «Sua Santidade inspira um enorme respeito e tem grande influência junto da comunidade tibetana, quer no exílio quer no interior do Tibete. Não pensamos que os nossos jovens possam desrespeitar a vontade do Dalai Lama ao ponto de cometerem actos de violência», afirmou um alto funcionário do governo no exílio.

Mas existe um sentimento de exasperação entre os jovens tibetanos que não são membros do CJT e que não reclamam qualquer filiação política. Muitos deles afirmam que não acreditam na violência como primeira escolha, mas argumentam que foram encurralados numa posição em que não há outra opção senão retaliar. Em 2003, o então presidente do CJT, Kalsang Godrupka Phuntsok, disse a Jehangir Pocha, do sítio www.inthesetimes.com: «Não se pode desistir da independência do Tibete. Qualquer pessoa que o tente fazer estará a cometer um erro. As negociações nada significam. Não se pode confiar nos chineses. Limitam-se a brincar [com o Dalai Lama], a ganhar tempo e a esperar que ele morra.» Também defendeu aquilo a que chamou «violência orientada e sem vítimas» contra os chineses, que incluía a destruição de alvos económicos, como é o caso das pontes.

Embora este tipo de opiniões possa não ser generalizado, o certo é que prevalece entre uma secção dos jovens tibetanos que seriam os futuros herdeiros de qualquer movimento político pós-Décimo Quarto Dalai Lama. Na comunidade exilada, há outros apoiantes pró-independência que acreditam numa abordagem diferente. No dia 11 de Junho de 2006 terminou uma «Marcha pela Independência do Tibete», realizada entre Charlottesville e Washington, DC, que teve uma duração de onze dias. Entre os manifestantes encontrava-se Jigme Norbu, o sobrinho do Dalai Lama (filho de Thubten Jigme Norbu, o irmão mais velho), que afirmou: «Esta marcha demonstrou mais uma vez que os tibetanos, tanto jovens como idosos, querem nada menos que liderar o seu próprio país livre e garantir aos tibetanos que estão no Tibete que o seu desejo de independência será concretizado.»

Não se sabe o que é que os jovens tibetanos no Tibete pensam sobre a questão da revolta armada, mas as notícias que chegam à comunidade exilada na Índia, através de refugiados que acabaram de chegar ao país, sugerem que muitos deles nem sequer têm motivação para considerar o assunto. Dado que todos os jovens nativos tibetanos nasceram num Tibete já dominado pelos chineses Han, não têm quaisquer perspectivas sobre uma vida sem a influência chinesa generalizada. A sua exposição ao Dalai Lama e àquilo que este representa é limitada. Têm pouco ou nenhum acesso a notícias e informações sobre a luta travada pela comunidade exilada. No entanto, alguns refugiados, muitos deles jovem monges no fim da adolescência ou na casa dos vinte anos, indicam que muitos tibetanos estão bastante revoltados com a ocupação chinesa. Embora muitos deles tenham consciência do impacte modernizador da presença chinesa e o aprovem, ao mesmo tempo desagrada-lhes a ideia de a sua identidade tibetana estar a ser sistematicamente apagada. Mais que a questão da identidade, o que prevalece é a forte vontade, entre os tibetanos comuns, de melhorarem o seu destino. De acordo com um relatório noticioso da agência AFP, datado de 10 de Setembro de 2003, estão a ocorrer mudanças no Tibete. A agência noticiosa citou Melvyn Goldstein, um antropólogo da Universidade Case Western Reserve, nos Estados Unidos, que investigou e escreveu extensamente sobre o Tibete contemporâneo, como tendo afirmado que o ponto crucial da questão se prende com a forma de permitir que mais tibetanos beneficiem do impulso da modernização e, simultaneamente, preservem as suas tradições religiosas.

«Estão a ocorrer mudanças no Tibete, e embora algumas sejam positivas, trata-se de um processo complicado e nem tudo é claro», disse Goldstein à AFP. «Os tibetanos estão mais conscientes de que querem uma mudança e são extremamente materialistas. Muitas pessoas estão a abandonar as zonas rurais e a deslocar-se em busca de trabalho. Os tibetanos estão a tentar competir, mas é difícil.»

Se isto corresponder ao sentimento geral dos tibetanos nativos, as perspectivas de uma revolta armada são fracas. No entanto, a comunidade tibetana no exílio, que considera que Goldstein é um colaborador nos planos chineses, afirma que as informações que recebe a partir da sua própria rede mostram uma imagem completamente diferente — a de uma comunidade desejosa de assumir o controlo do seu destino por quaisquer meios. Por seu lado, o governo chinês assumiu a opinião de que o seu adversário não tem a força numérica, económica e política necessária para emergir como uma séria ameaça ao seu controlo sobre o Tibete.

A única conclusão clara que se pode retirar de todas as incertezas sobre o futuro do Tibete parece apontar para a sensatez de seguir a ideia do Dalai Lama relativa à autonomia no seio da China. Muito trabalho já foi feito no sentido de estudar a estrutura e a natureza da autonomia que a China e o Dalai Lama devem negociar.

27
MODELOS DE AUTONOMIA

A menos que exista intervenção divina ou que ocorra uma catástrofe de proporções tremendas, é improvável que a China desista do Tibete. Embora haja tibetanos no exílio que acreditam sinceramente que uma das duas ocorrências está sempre no campo das possibilidades, os membros mais perspicazes do governo tibetano no exílio e, com toda a certeza, o próprio Dalai Lama, reconhecem a necessidade de ser realistas em relação ao que pode e deve acontecer agora.

O interesse da comunidade internacional na causa tibetana é, na melhor das hipóteses, periférico. A causa tibetana não tem qualquer importância para os países, especificamente para os Estados Unidos, que se sabe intervirem militarmente ou através de sanções económicas em regiões que consideram ter importância económica ou estratégica para os seus próprios interesses. Se o Tibete tivesse grandes quantidades de reservas petrolíferas, o seu destino teria sido marcadamente diferente. Dado que nada mais é que um planalto com 1 221 600 quilómetros quadrados, coberto por gelo permanente, sem qualquer importância estratégica para o Ocidente, o Tibete já quase não desperta interesse entre as capitais ocidentais. A lei sobre a política tibetana, emitida em 2002 pelo governo norte-americano, não podia ser mais clara quanto à posição oficial de Washington.

«Os Estados Unidos reconhecem que a Região Autónoma do Tibete — adiante designada por "Tibete" — é parte integrante da República Popular da China. Esta política de longa data é consistente com a opinião da comunidade internacional. Além disso, o Dalai Lama renunciou expressamente a qualquer intenção de exigir a soberania ou a independência para o Tibete e declarou que o seu objectivo consiste numa maior autonomia para os tibetanos na China.»

«Dado que não reconhecem o Tibete como um Estado independente, os Estados Unidos não mantêm relações diplomáticas oficiais com o "governo tibetano no exílio" em Dharamshala. No entanto, mantemos contactos com representantes de uma grande variedade de grupos políticos, e outros, no interior e no exterior da China, incluindo com tibetanos que se encontram nos Estados Unidos, na China e em todo o mundo. Os nossos contactos incluem encontros com o Dalai Lama, na sua qualidade de importante líder espiritual mundial e laureado Nobel. O facto de o Presidente, o Secretário de Estado e outros altos funcionários da administração se terem encontrado com o Dalai Lama em inúmeras ocasiões é sinal do respeito que o nosso país tem por ele.»

«Temos insistido constantemente com a China para que respeite a herança religiosa, linguística e cultural ímpar do povo tibetano e para que respeite na íntegra os seus direitos humanos e liberdades civis», afirma o documento norte-americano.

Depois do seu envolvimento inicial no sentido de fornecer armas aos rebeldes tibetanos, através da Agência Central de Informações (CIA), na década de 1950, os Estados Unidos têm essencialmente mantido uma política de não ingerência no Tibete. Os Estados Unidos consideram o Tibete como uma questão de direitos humanos e liberdades civis e no contexto de preservação de um herança ímpar. Mas nenhuma dessas preocupações tem peso suficiente para que os Estados Unidos organizem uma campanha para libertar o Tibete. Além dos Estados Unidos, a Índia tem sido a única potência capaz de fazer a diferença a favor daquilo que o Dalai Lama representa. Dado que também a Índia evoluiu no sentido de estabelecer relações amigáveis com a China, a causa tibetana ficou praticamente órfã. Nova Deli nunca considerou uma opção militar. Se a sua incapacidade para o fazer nas décadas entre 1960 e 1980 podia ser explicada pelo facto de a Índia ter um poder militar inegavelmente mais fraco que o da China, a sua relutância em envolver-se mais ao longo dos últimos vinte anos pode ser atribuída a conveniências económicas e estratégicas. Também o conceito de que o Tibete poderia funcionar como estado-tampão foi há muito ultrapassado pelo desenvolvimento das tecnologias militares e de armamento e pelas capacidades atacantes da Índia. Tanto a Índia como a China são potências nucleares e, consequentemente, a garantia de que um Tibete independente as poderia manter a uma distância segura uma da outra já não é válida. Os mísseis de longo alcance tornaram ultrapassado o conceito de um estado-tampão.

Desde 1987 que o Dalai Lama se tem vindo a preparar cuidadosamente para organizar a opinião popular, quer entre os tibetanos no exílio quer entre os que se encontram no Tibete, a favor da autonomia em vez da independência. Num discurso aos membros do Congresso norte-americano, em Setembro desse mesmo ano, afirmou: «O mundo está cada vez mais interdependente, por isso, a paz duradoura — nacional, regional e mundial — apenas pode ser atingida se pensarmos em termos dos interesses mais vastos e não das necessidades individuais».

«O povo tibetano está ansioso por contribuir para a paz regional e mundial, e acredito que se encontra numa posição única para o fazer. Tradicionalmente, os tibetanos são um povo não-violento e que ama a paz. Desde que o Budismo foi introduzido no Tibete, há mais de um milénio, os tibetanos têm praticado a não-violência em relação a todas as formas de vida. Esta atitude também foi alargada às relações internacionais do nosso país. A posição altamente estratégica do Tibete, no coração da Ásia, separando as grandes potências do continente — a Índia, a China e a URSS — tem-lhe proporcionado, ao longo da história, um papel fundamental na manutenção da paz e da estabilidade. Foi precisamente por esse motivo que, no passado, os impérios da Ásia não se pouparam a esforços para se manterem uns aos outros fora do Tibete. O valor do Tibete, enquanto estado-tampão independente, era essencial para a estabilidade da região», afirmou.

Enquanto falava da «ocupação ilegal» do Tibete pela China, prosseguiu propondo um plano de paz em cinco pontos:

1. Transformação de todo o território do Tibete numa zona de paz;
2. Abandono, por parte da China, da política de transferência de populações que ameaça a própria existência dos tibetanos enquanto povo;
3. Respeito pelos direitos humanos e liberdades democráticas fundamentais do povo tibetano;
4. Restabelecimento e protecção do ambiente natural do Tibete, e abandono, por parte da China, da utilização do Tibete para a produção de armas nucleares e para a descarga de resíduos nucleares;
5. Início de negociações sérias sobre o futuro estatuto do Tibete e das relações entre os povos tibetano e chinês.

O Dalai Lama mantém que estes cinco pontos continuam a ser a base de qualquer resolução da questão tibetana. O elemento fundamental do plano de paz era, e continua a ser, a autogovernação do Tibete pelos tibetanos. Desde que saiu do Tibete, foram feitas frequentes tentativas para reatar as negociações entre o Dalai Lama e o governo chinês. Em 1980, quando o governo chinês iniciou a «liberalização» na Região Autónoma do Tibete, o Dalai Lama foi convidado a enviar delegações para supervisionar pessoalmente as mudanças que estavam a ocorrer na região. Entre 1979 e 1985, quatro delegações tibetanas de alto nível visitaram o Tibete. Depois dessas visitas, o contacto entre os dois lados praticamente se extinguiu, apesar de essas visitas terem sido promissoras. Durante os dezassete anos seguintes o contacto foi, na melhor das hipóteses, esporádico.

O contacto foi restabelecido através de uma visita feita por Thubten Jigme Norbu, em Julho de 2002, durante a qual se deslocou a Pequim e a Lhasa. Embora tenha dado conta de muitas mudanças no Tibete, desde que a família do Dalai Lama fugira, não regressou muito convencido de perspectivas para futuras conversações frutuosas. Apesar disso, em Setembro de 2002, Lodi Gyari, o enviado especial do Dalai Lama para os Estados Unidos, e Kelsang Gyaltsen, o seu enviado para a Europa, visitaram Pequim, onde regressaram novamente em Maio de 2003. A sua terceira visita teve lugar em Setembro de 2004. Essa visita produziu aquilo a que Gyari chamou oficialmente «a mais extensa e séria troca de opiniões sobre questões relacionadas com o Tibete, até à data». Mas a declaração apresentada pelo ministro-adjunto dos negócios estrangeiros da China, Shen Guofang, embora tenha reconhecido a natureza «útil e vantajosa» do contacto, de um modo geral manteve-se menos optimista. A declaração afirmava que a China apenas consideraria debater o «futuro pessoal» do Dalai Lama se este estivesse disposto a abdicar das suas «actividades separatistas», a reconhecer que o Tibete e Taiwan faziam parte da China e a admitir que o governo da China era «o único governo legítimo que representava a totalidade da China».

O Dalai Lama não considera que as suas actividades no exílio estejam sequer perto de ser «separatistas». «Estou a lutar pela sobrevivência da cultura tibetana. Nessa campanha, tenho de me concentrar no papel desempenhado pela China em termos da destruição do nosso modo de vida. Sem a sua herança única, o Tibete perde o seu valor», afirmou.

A ideia de autogovernação através da autonomia foi levantada há já algum tempo, mas foi só nos últimos seis anos que os peritos em direito analisaram seriamente os diversos modelos que poderiam ser aplicados ao Tibete. Eva Herzer, uma advogada de Berkeley, na Califórnia, que é especialista em mediação e direito internacional em matéria de Direitos Humanos, tem estado intimamente envolvida na causa. Na qualidade de membro fundador e antiga presidente da organização Centro para a Justiça Tibetana, anteriormente conhecida como o Comité Internacional de Advogados pelo Tibete, tem trabalhado com tibetanos exilados no sentido de desenvolver um modelo de autogovernação.

«O processo legal do Tibete assenta em dois pilares. O primeiro é a sua pretensão histórica, baseada na independência passada, conhecida como o direito à integridade territorial. O segundo pilar é o direito à autodeterminação, que permite que um povo escolha a forma como quer ser governado. Individualmente, ambos proporcionam aos tibetanos a capacidade para determinar o seu estatuto político, que poderá consistir na total independência, num acordo de autonomia ou, pelo menos em teoria, na total fusão no Estado chinês. Mas, neste caso, é necessário lembrar que o direito à autodeterminação não constitui uma opção para o estatuto político do Tibete, como acontece com a independência e a autonomia. Assiste-lhes o direito legal de escolher a independência ou a autonomia. O direito a escolherem um estatuto político é um direito subjacente», afirmou Herzer.

Afirmou que embora as pretensões históricas estivessem sempre abertas a interpretação e, consequentemente, fossem susceptíveis de ser contestadas, o direito à autodeterminação é independente da pretensão territorial ou histórica do Tibete. «Mesmo que, por uma questão de argumentação, se diga que a China está correcta ao afirmar que o Tibete não era independente no passado, os tibetanos continuam a ter direito à autodeterminação. E, consequentemente, assiste-lhes o direito legal de decidir o seu estatuto político», afirmou. Não há contestação quanto ao facto de os tibetanos serem um povo distinto e de isso os qualificar para exercer este direito, tal como foi sancionado duas vezes, em 1961 e em 1965, pela Assembleia-Geral das Nações Unidas. Herzer afirmou que seria prudente que os tibetanos seguissem a via do direito à autodeterminação, dado que isso evita as incertezas da história e ajuda a internacionalizar a questão. É possível que, ao exercer o direito à autodeterminação, os tibetanos possam de facto escolher a independência em detrimento da autonomia e, assim, criar complicações. No entanto, dado o facto de, em períodos mais recentes, o Dalai Lama ter apoiado consistentemente a autonomia em detrimento da independência, as perspectivas de ocorrer uma eventualidade desse tipo não são muito fortes.

Herzer afirmou que, durante o século XX, foram celebrados bem mais de quarenta acordos de autonomia, mesmo apesar de o termo «autonomia» não ter um significado específico no âmbito do direito internacional. Embora a definição dos dicionários seja «independência, liberdade e direito à autogovernação», na prática o termo tem significado sobretudo uma forma de autogovernação no seio de um Estado soberano maior. Normalmente, a autoridade sobre áreas como os assuntos culturais, a educação, a língua oficial, a saúde e os serviços sociais, a economia, a tributação, os recursos naturais, a política ambiental, os transportes, a lei e a ordem, as telecomunicações, a jurisdição, a moeda e a política monetária, a cidadania, a defesa, a política externa e a alfândega, bem como o controlo fronteiriço e a imigração, entram em jogo quando se debatem questões relativas aos acordos de autonomia. Herzer argumentou que, com base nessa definição, a Região Autónoma do Tibete, tal como existe presentemente, é um exemplo de «autogovernação insignificante». «A Região Autónoma do Tibete dispõe de muito poucos poderes governamentais e aqueles de que dispõe são, na verdade, controlados pelo Partido Comunista. Assim, esse não é de todo o modelo que deve ser seguido. Citaria os exemplos do Liechtenstein, que tem um acordo de autonomia com a Suíça, e da Gronelândia, que tem um acordo semelhante com a Dinamarca, como dois modelos possíveis. Penso que também vale a pena considerar a Proposta de Estrasburgo, da autoria do próprio Dalai Lama, que conferiria quase todos os poderes, com excepção da defesa e dos negócios estrangeiros, aos tibetanos», afirmou Herzer.

Alguns dos elementos mais importantes de um acordo de autonomia são os assuntos culturais, o ensino e a língua oficial. No caso do Tibete, dado que a preservação da cultura, o ensino e a língua oficial são os alicerces da sua luta, esses poderes teriam de permanecer nas mãos dos tibetanos. «Embora esses poderes sejam cruciais, penso que também se deve falar de outros poderes. A minha Proposta de Estrasburgo continua a ser um quadro válido para ser seguido pela China. Afinal, a sua principal preocupação de que, em questões de defesa e negócios estrangeiros, o Tibete deva parecer estar em sintonia com o continente é abordada favoravelmente nessa proposta», afirmou o Dalai Lama.

Com cerca de 1,3 milhões de quilómetros quadrados, a Região Autónoma do Tibete ocupa apenas cerca de 50 por cento de toda a área historicamente conhecida como Tibete. Faz fronteira com a Índia, o Nepal, o Butão, a Birmânia e a China, e alberga mais de dois milhões de pessoas. Qualquer acordo de autonomia terá também de abordar os restantes 50 por cento do território tibetano, uma área que tanto o Tibete como a China reclamam como sendo sua. «Seria impossível não abordar a questão da totalidade do Tibete. Mas, como sabemos, a China não está disposta a discutir qualquer autonomia... da Região Autónoma do Tibete e [muito menos] da totalidade do Tibete», afirmou Herzer.

Num sinal do domínio inexpugnável da China sobre o Tibete, Pequim decidiu realizar, a partir de 6 de Setembro de 2005 e em todo o mundo, comemorações do quadragésimo aniversário da criação da Região Autónoma do Tibete. Estava programado que as comemorações fossem organizadas nas embaixadas chinesas de várias capitais mundiais. A mais esplendorosa de todas seria em Nova Deli, onde Pequim programava uma celebração desse tipo pela primeira vez. Os peritos afirmaram que o facto de a China estar a planear celebrar também o aniversário na Índia sublinhava o quão audaciosa a China se tornara.

A visita dos dois enviados tibetanos a Pequim, realizada em Setembro de 2004, foi frutífera na medida em que demonstrou que os chineses não fecharam completamente a porta à realização de conversações. Entre os líderes chineses, há um reconhecimento tácito de que, enquanto o Tibete continuar a ser um assunto pendente e enquanto o Dalai Lama continuar a defender a causa com o vigor e a convicção que tem demonstrado ao longo de décadas, Pequim nunca conseguirá realmente concretizar as suas ambições mais vastas de se tornar numa potência mundial que possa rivalizar com os Estados Unidos. Um diplomata indiano que tem seguido de perto o conflito há já vários anos, afirmou: «Pequim pode nunca reconhecer isso publicamente, contudo, preferiria que a questão do Tibete fosse resolvida de modo a que o Dalai Lama regressasse, embora sujeito às condições impostas pela China, mas com algum desfecho reconhecível de que a sua luta não foi completamente vã. Contrariamente à ideia popular de que a China está a aguardar que ele morra, eu diria que prefere o regresso a Lhasa de um Dalai Lama idoso e com capacidades físicas e mentais em declínio. Desse modo, a China pode provar ao mundo que foi bastante condescendente em relação ao Dalai Lama, ao permitir o seu regresso, mas ao mesmo tempo não lhe concedendo realmente muito, dado que a morte está sempre iminente.»

O diplomata argumentou que, aos setenta e um anos de idade, o Dalai Lama não tem pela frente muitos anos efectivos. «Se Pequim ceder a algumas das exigências do Dalai Lama e permitir que ele regresse, a longo prazo acaba por ganhar um controlo emocional ainda maior sobre os tibetanos. Os líderes chineses consumaram a importante tarefa de tornar o Dalai Lama redundante entre os jovens tibetanos no Tibete. Por isso, o que têm a perder se o deixaram regressar antes de morrer? Muito pouco, na verdade», afirmou.

28

OS CHINESES HAN VOLTAM-SE PARA O BUDISMO

Nunca o preceito budista da impermanência foi mais espantosamente evidente que em dois acontecimentos completamente distintos que ocorreram no Tibete em Agosto de 2005. Ambos foram noticiados por dois serviços noticiosos internacionais e, em conjunto, ilustraram que as coisas nunca são tão preto no branco, tão definitivas e tão profundamente arreigadas quanto os regimes totalitários gostariam que o mundo acreditasse. Um foi uma notícia da Associated Press, de Lhasa, sobre a forma como os turistas chineses Han se sentem atraídos pelo Budismo, o outro foi uma notícia da agência Xinhua sobre o contínuo movimento das placas tectónicas no planalto do Tibete.

LHASA (AP) — Há um novo tipo de peregrino a fazer girar as rodas de oração nos locais mais sagrados do Tibete. Juntamente com os tibetanos que se prostram perante o trono vazio do seu líder no exílio, o Dalai Lama, multidões de turistas chineses esfregam nas suas testas notas chinesas novinhas em folha e depois enfiam-nas em caixas de esmola.

Usando chapéus a condizer com as insígnias de cada grupo turístico, os visitantes chineses fazem vénias nos altares tibetanos, acendem velas e tocam as campainhas dos templos. Jovens mulheres atentas à moda experimentam o visual tibetano, entrançando brilhantes faixas de tecido nos seus cabelos negros.

«Este é um lugar místico, um pedaço de paraíso na terra», afirmou Tang Wei, o director de uma empresa estatal de software *em Pequim. «Apesar de ser um país subdesenvolvido, a vida aqui é boa. As pessoas levam uma vida tranquila e têm satisfação no seu trabalho.»*

Quanto ao Dalai Lama, condenado por Pequim como traidor, «não me parece que seja assim tão mau», afirmou Tang.

PEQUIM (Xinhua): O planalto do Tibete, também conhecido como o «tecto do mundo», está a deslocar-se para Norte e para Este a uma veloci-

dade de sete a trinta milímetros por ano, afirmou um investigador chinês presente no local.

Tan Kai, um investigador do Gabinete Sismológico da China, foi citado pela agência Xinhua como tendo dito que: «O planalto está a deslocar-se porque está a ser empurrado pela placa indiana.»

Tan e os seus colegas constataram, através de uma pesquisa, que a cidade de Lhasa, situada no extremo Sul do planalto do Tibete ou de Qinghai, se está a deslocar 30 mm por ano, para Noroeste, num ângulo de 38 graus.

Afirmam que as Montanhas Kunlum, localizadas no planalto central, se estão a deslocar 21 mm por ano, a 61 graus, enquanto as Montanhas Quilian, localizadas mais a norte, se estão a deslocar entre sete e 14 mm por ano, num ângulo de 80 graus.

«O que significa que, em média, o planalto se está a deslocar entre 7 a 30 mm por ano», disse Tan à agência Xinhua. «Essas deslocações são quase imperceptíveis e não provocarão alterações na placa continental chinesa brevemente. Mas continuam a ser significativas, do ponto de vista geológico.»

O grande esmagamento tectónico ocorre numa escala temporal geológica e normalmente não é perceptível, pelo que, consequentemente, não tem qualquer importância para a vida de um indivíduo. Mas a mudança de perfil daqueles que, na China, se sentem atraídos pelo Budismo tibetano em geral, e para o Dalai Lama em particular, encerra algures uma lição mais imediata e compreensível. Há já algum tempo que o governo tibetano no exílio tem vindo a afirmar que muitos chineses Han se sentem cada vez mais atraídos pelo Budismo e pela mensagem do Dalai Lama. Mas as suas afirmações foram rejeitadas como sendo disparates partidários ou desejos pessoais. No entanto, ultimamente, as notícias veiculadas pelos meios de comunicação independentes têm apoiado essas afirmações. As pessoas estão a aperceber-se de que, quase cinco décadas depois de o Dalai Lama ter sido obrigado a fugir do Tibete para salvar a vida, a sua estatura, longe de diminuir, tem aumentado no Tibete. Em Agosto de 2005, as autoridades chinesas continuavam a prender pessoas e a colocá-las na prisão por períodos que podiam chegar aos quatro anos, por terem consigo imagens e fotografias do Dalai Lama e também cassetes áudio com os seus ensinamentos.

Aqueles que compreendem as formas deliberadas como os líderes chineses funcionam, afirmam que é possível que Pequim talvez tenha começado a entender que o problema do Tibete se manterá, independentemente do facto de existir um Dalai Lama específico, neste caso, Tenzin Gyatso, para o defender. A um certo nível, a luta de desgaste entre Pequim e o Dalai Lama, em que o primeiro aguarda que o último morra, pode começar a perder a sua eficácia. Enquanto ainda está vivo, Tenzin Gyatso continua a gozar de uma autoridade moral e espiritual sobre os tibetanos, dentro e fora do Tibete, que lhe permite fazer com que aceitem uma solução razoável que está muito longe da independência. Mas depois de ele desaparecer, é impossível prever para que lado a opinião poderá pender. Até à data, a opinião aceite tem sido a de que, quando o actual Dalai Lama falecer, durante a década e meia seguinte não existirá uma figura comparável que mantenha a questão viva com tanto vigor, convicção e capacidade de persuasão como Tenzin Gyatso fez. Consequentemente, não faz qualquer sentido que a China continue a marcar passo, criando uma falsa impressão de que Pequim está interessada em negociar um acordo. A outra opinião, menos popular e quase não expressa, afirma que a liderança central não tem tanto controlo sobre a opinião popular como tem feito crer até à data, e que o povo da China está interessado em explorar outras opções que não as que são impostas por Pequim, incluindo o facto de escolherem ou não seguir qualquer fé religiosa. Aqueles que apoiam este ponto de vista citam relatos noticiosos de Lhasa que falam da mudança de opinião entre os chineses Han em relação ao Budismo tibetano e aos seus símbolos, como é o caso do Dalai Lama.

A população chinesa, apesar de ser estritamente controlada e regimentada, continua a ser consideravelmente jovem. De acordo com estimativas, cerca de 40 a 50 por cento da sua população de 1,2 mil milhões de pessoas está na casa dos vinte anos. Segundo algumas projecções, em 2025 a idade média na China será de quarenta anos. As pessoas com menos de 25 anos não têm qualquer memória da Revolução Cultural. Também não são tão inflexíveis em relação aos dogmas socialistas como os seus pais eram. É este enorme segmento da população que se espera venha a ajudar a moldar muitas das futuras políticas da China, incluindo a forma como Pequim lida com o Tibete e com o Dalai Lama. Se as afirmações do jovem engenheiro de *software* que estava de visita a Lhasa, vindo de Pequim, constituem um padrão de medida, os líderes chineses não têm muito sobre que pensar. Muito irónico é o facto de o Dalai Lama continuar a ser a figura mais proeminente dessa parte do mundo. O reconhecimento marcante do seu nome pesa tanto a seu favor que Pequim, apesar da sua muito conhecida aversão pela criação de personalidades, terá de encontrar uma que lhe faça frente. Caso contrário, terá de se reconciliar com ele.

Em parte, a China tem argumentado que, com o passar do tempo, a santidade, o poder e a atracção do Dalai Lama sobre a vida tibetana ficariam de tal modo desgastados que deixariam de ter importância. Os desenvolvimentos no Tibete apontam para o contrário. Facto ainda mais importante para os tibetanos, por muito que os Dalai Lamas individuais tenham importância, o que tem maior importância é a própria instituição do Dalai Lama. Não é de surpreender que o *establishment* comunista da China tenha sido obrigado a ignorar o seu desprezo institucional pela religião e a permitir a manutenção de muitas das tradições do Budismo tibetano, incluindo a instituição do Panchen Lama. Algumas pessoas podem argumentar que Pequim fez essas concessões por motivos de oportunismo político e não pelo facto de ter qualquer fé nas tradições propriamente ditas, dado que compreende a importância de usar quaisquer meios para manter o seu controlo sobre o Tibete. Se este último caso for realmente verdade, por que motivo é que uma causa ideológica tão poderosa como o *establishment* comunista se daria sequer ao trabalho de manter em cena o Dalai Lama e as tradições que ele representa, quando lida com a questão do Tibete? Podiam facilmente tratar o Dalai Lama e a sua instituição como sendo irrelevantes nos tempos modernos e prosseguir com quaisquer planos que tenham para o Tibete. Afirmar que a China tem continuado a manter relações com o Dalai Lama simplesmente devido à pressão internacional, ou para manter as aparências ou até por oportunismo político, seria levar a credulidade demasiado longe. É verdade que a sua morte está muito mais próxima agora que em 1959 e, enquanto Estado, a China pode dar-se ao luxo de esperar uma década ou mais, até que aconteça o inevitável com Tenzin Gyatso. No entanto, há algo de terrivelmente errado com uma estratégia que presume que, para todos os efeitos, a morte do Dalai Lama resolveria a questão do Tibete.

Há dois factores que poderiam desempenhar um papel decisivo. Um é a mudança de opinião entre a população jovem da China e o outro é a forma como os próprios tibetanos poderão lidar com o seu problema, caso um Dalai Lama real já não faça parte da equação. Embora não haja quaisquer relatos conhecidos do facto de jovens chineses Han exigirem que os seus líderes resolvam a questão do Tibete, sinais como as recentes notícias veiculadas pelos meios de comunicação indicam que, pelo menos, não vêem o Tibete e o Budismo nos mesmos tons de preto e branco que os seus líderes. Desde a insurreição da Praça de Tiananmen, não houve qualquer relato sério de um movimento democrático liderado pelos líderes estudantis do país ter ganho mais terreno. Apesar disso, tanto fontes ocidentais como tibetanas falam de algumas mudanças profundas que estão a ocorrer em toda a China. Admitem que essas mudanças não são de tal calibre que possam alterar subitamente o curso da história, mas, ao mesmo tempo, são suficientemente fortes para poderem ter um impacte duradouro ao longo de um certo período de tempo.

Por outro lado, é possível que quase cinco décadas de ocupação tenham forçado os próprios tibetanos a uma submissão irreversível e que estes já não estejam interessados em insurgir-se contra o jugo chinês. Os tibetanos no exílio, e outros, afirmam que, pelo contrário, o nível de descontentamento no Tibete é tão elevado que poderia explodir e transformar-se em algo incontrolável, se o Dalai Lama já não estivesse presente para o amortecer. «Foi a inabalável insistência de Sua Santidade em relação à não-violência e ao pacifismo, e a sua importância no sentido de garantir que assim seja, que impediu o Tibete de perder o controlo. Penso que os chineses não reconhecem esse facto, de todo, e deviam fazê-lo», afirmou Tempa Tsering.

De uma forma ou de outra, a questão do Tibete está agora mais pronta que nunca para ser resolvida. Para o Dalai Lama e para os tibetanos, o maior perigo é que a sua campanha se possa tornar ineficaz e irrelevante. Para a China, o maior perigo é a explosão da violência, que, por sua vez, pode atrair precisamente o tipo de atenção internacional que quer evitar a qualquer custo. Teoricamente, faz todo o sentido que as duas partes cheguem em breve a um acordo negociado. Na realidade, contudo, as animosidades e as suspeitas, apesar de se terem atenuado ao longo das últimas cinco décadas, estão a tornar extremamente difícil qualquer avanço positivo. Há um sentimento desanimador de que, se existe um lado que possa ser forçado a ceder mais que o outro, é o lado dos tibetanos. À parte a extraordinária campanha do Dalai Lama, este povo nada mais tem a seu favor.

O mais recente exemplo de quão inflexivelmente empenhada a China continua em manter o Tibete sob o seu controlo, foram os comentários atribuídos recentemente a Zhang Qingli, Secretário do Partido Comunista da Região Autónoma do Tibete. Segundo uma notícia de 14 de Agosto de 2006, de Jane Macartney, a correspondente em Pequim do *Times* de Londres, Zhang, um forte aliado do Presidente da China, Hu Jintao, estava determinado a «esmagar a lealdade» ao Dalai Lama. Alegadamente, em Maio, Zhang disse a altos funcionários do partido que Pequim estava empenhada numa «luta até à morte» contra o Dalai Lama. Entre as muitas medidas draconianas que Zhang estava a impor aos funcionários, havia uma peculiarmente cómica. De acordo com uma notícia veiculada pelo *Times*, era exigido aos altos funcionários públicos que escrevessem ensaios com dez mil caracteres a condenar o Dalai Lama, sendo exigido aos que ocupavam cargos inferiores que elaborassem ensaios com cinco mil caracteres. As afirmações de Zhang eram um exemplo clássico de quão rapidamente as esperanças de qualquer resolução do conflito sino-tibetano são goradas.

29

O DALAI LAMA ALGUMA VEZ REGRESSARÁ AO TIBETE?

No dia 20 de Junho de 2005, apenas três meses antes do quadragésimo aniversário da criação da Região Autónoma do Tibete, interlocutores tibetanos e chineses encontraram-se pela primeira vez fora da China. A escolha da capital suíça, Berna, não foi destituída de simbolismo. Estas conversações, as quartas de uma série que começou em 2002, estavam a ter lugar num país que declarou neutralidade relativamente a todos os grandes conflitos.

O lado tibetano era representado por Lodi Gyari, o enviado especial para os Estados Unidos, e por Kelsang Gyaltsen, o enviado especial para a Europa. Foram acompanhados por três outros altos diplomatas — Sonam Norbu Dagpo, secretário do Departamento de Informação e Relações Internacionais; Tsegyam Ngaba, o representante do Dalai Lama em Taiwan; e Bhuchung K. Tsering, um membro do Grupo de Acção para as Negociações da Administração Central Tibetana. A China era representada pelo vice-ministro Zhu Weigun, acompanhado por uma delegação de seis membros.

No contexto da China e do Tibete, não é importante aquilo de que realmente falam. O que é importante é o facto de sequer falarem. Fontes tibetanas, não querendo parecer demasiado confiantes e optimistas, afirmaram que as conversações se destinavam a «explorar as possibilidades do que podia ser feito» para preparar o terreno para qualquer solução possível. A sensação com que se fica, quando se fala com fontes tibetanas que estão a par das conversações bilaterais, é a de que a China pode estar a explorar indirectamente o que significaria permitir o regresso do Dalai Lama. Embora não haja declarações oficiais de qualquer dos lados sobre o facto de o seu regresso estar sobre a mesa, a China precisa de um drástico desenvolvimento dessa escala para convencer o mundo das suas intenções. À margem das conversações, os relatos dos meios de comunicação citaram o Dalai Lama como tendo afirmado o seguinte: «Desejo fazer uma peregrinação a importantes santuários budistas na China.»

Numa nova e espantosa reviravolta em relação à muito falada luta de desgaste entre a China e o Dalai Lama, em que Pequim se limitaria essencialmente a aguardar que as fraquezas da vida alcançassem o Dalai Lama, há aqueles que acreditam que é possível que, na realidade, a China não tenha muito a ganhar ao permitir-lhe que regresse. Um conhecido estudioso tibetano, que não quis ser identificado, afirmou: «Ele já tem setenta e um anos. Os seus melhores anos já ficaram para trás. Enquanto Estado, a China não tem qualquer problema de longevidade em comparação com um indivíduo. Não me surpreenderia grandemente que a opinião, em Pequim, seja a de que trazê-lo de volta possa prejudicar significativamente o vigor da sua campanha.»

O estudioso afirmou que, enquanto o Dalai Lama permanecer fora do Tibete, continua a estar numa posição de superioridade moral e pode incentivar a causa com muita convicção. Mas se regressar, pode prestar-se inadvertidamente a manipulações por parte dos chineses e fazer com que seja mais fácil para estes controlarem a sua influência e prejudicarem o seu estilo.

Embora esta opinião seja certamente interessante, omite um aspecto básico: o facto de o Dalai Lama e a sua administração serem suficientemente inteligentes e perspicazes para saberem quais são as consequências que o seu regresso, nesta fase, poderia ter sobre tudo aquilo por que trabalhou tão arduamente. Apesar de o Dalai Lama que fugiu do Tibete em 1959 já não ser o mesmo Dalai Lama que poderá regressar agora, é impossível prever o que aconteceria depois de ele estar na China. O regresso do Dalai Lama ao Tibete seria completamente diferente do regresso de qualquer outra figura pública à sua pátria. Não só o seu potencial regresso está carregado do peso simbólico que tem facto de o mais respeitado refugiado do mundo finalmente regressar à pátria, como está repleto de enormes consequências políticas, culturais e religiosas, tanto para a China como para o Tibete. Numa ordem política e ideológica que escarnece da celebridade pessoal, a presença de um dos mais carismáticos líderes globais poderia perturbar gravemente o equilíbrio existente no país. Se, vivendo fora do seu país, o Dalai Lama consegue apaixonar milhões de pessoas em todo o mundo, podemos apenas imaginar o que poderá fazer quando estiver rodeado por toda a pompa e circunstância da sua vida exaltada.

As especulações em relação ao provável regresso do Dalai Lama pairam no ar desde, pelo menos, 2003. Ninguém sabe se é um isco que a China está a acenar como parte das suas negociações em curso com os enviados tibetanos. Em 2003, houve relatos de «negociações secretas», em que os enviados do Dalai Lama se estavam a preparar para chegar a um importante acordo com o governo chinês, ao abrigo do qual ele regressaria ao Tibete.

Nessa altura, Thubten Samphel, um porta-voz do governo do Tibete no exílio, afirmara: «O Dalai Lama tem uma grande vontade de regressar. Todos os tibetanos têm esperança de que o Dalai Lama regresse ao Tibete o quanto antes, em condições que satisfaçam a vontade maioritária do povo tibetano.»

«O governo chinês tem a ideia errada de que o Dalai Lama constitui o problema, e não a solução, para a questão do Tibete. Estamos a tentar persuadi-los de que, se querem estabilidade a longo prazo, têm de permitir que o Dalai Lama desempenhe um papel útil», afirmou.

Durante as conversas que mantivemos, a resposta do Dalai Lama foi semelhante. «Sabe, agora já estou fora do Tibete há muito tempo. Por isso, gostaria muito de regressar. Mas a China tem de criar condições para que isso aconteça, e essas condições têm de satisfazer a maioria das pessoas no Tibete. Gosto de pensar que o meu regresso pode ajudar a resolver as questões e contribuir para a estabilidade.»

Mais de dois anos após estas especulações, continuava a não haver sinais de que a China estivesse perto de permitir o seu regresso. No entanto, em Agosto de 2005, surgiu uma nova série de especulações. Uma notícia veiculada pela Reuters, em Lhasa, ilustrava o equívoco em relação a este assunto. «O canal para dialogarmos com o Dalai Lama está aberto. Mantenho contactos frequentes com os seus representantes particulares, por exemplo, com a sua família», afirmou Wu Yingjie, um vice-governador do Tibete, numa conferência noticiosa.

«Nunca reconhecemos o governo ilegal do Tibete fora da China, por isso a questão do diálogo entre o governo central e os representantes [oficiais] do Dalai Lama nem sequer se coloca», afirmou Wu.

Wu afirmou também que o Dalai Lama «se aproveitou da religião para concretizar objectivos políticos», acrescentando que, para regressar, o líder espiritual teria também de reconhecer que a ilha de Taiwan, em regime de autogovernação, é parte integrante da China.

«Penso que ainda é demasiado cedo para debater esta questão», afirmou Wu.

O último comentário foi particularmente significativo. Quase cinquenta anos depois do seu exílio, a opinião oficial chinesa é que ainda é demasiado cedo para o seu regresso.

O debate sobre se a China tem mais vantagens com o Dalai Lama morto no exílio que vivo no Tibete tem tantas dimensões que é difícil mantermo-nos a par de todas elas. Há uma escola de pensamento que sustenta que talvez a maior resistência ao seu regresso venha dos próprios tibetanos.

Geremie Barme, especialista em questões relacionadas com a China e professor na Universidade Nacional Australiana, em Camberra, foi citado como tendo afirmado numa reportagem: «É possível que a oposição venha de tibetanos locais que fizeram fortuna e de sátrapas chineses locais. Estão aterrorizados com a perspectiva de um governo honesto, com o Dalai Lama e com a expressão da vontade popular.»

«Os tibetanos que, durante 50 anos, colaboraram com o regime não querem uma nova classe governante tibetana», afirmou. Barme não concorda com a teoria de que a China está à espera de que o Dalai Lama morra. «Havia a opinião de que, quando ele morresse, o problema do Tibete ficaria resolvido, dado que deixaria de existir uma figura central que fomentasse a resistência», afirmou Barme. Mas os ataques terroristas de 11 de Setembro de 2001, em Nova Iorque e Washington, podem ter alterado essa lógica. «Com o 11 de Setembro, têm noção de que, quando o Dalai Lama morrer, muitas das células da resistência irão abandonar a sua mensagem de resolução pacífica da questão do Tibete e tornar-se-ão militarizadas», afirmou.

«Ficaria chocado se os chineses se mostrassem tão rudimentares e ingénuos a ponto de pensarem que isto pode ser resolvido com a morte deste homem no exílio. Penso que adorariam que ele regressasse ao Tibete antes de morrer», afirmou Barme.

Um facto extremamente importante e que, frequentemente, não é considerado de forma séria nos debates relativos ao possível regresso do Dalai Lama ao Tibete, são os Jogos Olímpicos de 2008, de que a China será anfitriã. Os antecedentes da China em termos de Direitos Humanos são pouco lisonjeiros e podem ser sujeitos a um severo escrutínio por parte da comunidade internacional durante o período de preparação até aos Jogos. O facto de permitirem que o Dalai Lama regresse antes dos Jogos Olímpicos pode atenuar drasticamente esse escrutínio e afastá-lo consideravelmente das exigências das principais organizações de Direitos Humanos. Embora o seu possível regresso não fosse, de modo algum, considerado como uma melhoria da situação da China em termos de Direitos Humanos, um gesto dessa natureza seria tão magnificentemente simbólico que poderia gerar uma grande dose de apreço.

No entanto, independentemente de quão desejoso de regressar a Lhasa o Dalai Lama possa estar, continua a não estar inclinado a fazer cedências ao ponto de se limitar a acabar por ser um joguete no grande jogo que a China pode estar a jogar na sua luta por maior respeito a nível global. A economia da China atingiu um nível em que precisa desesperadamente de respeitabilidade política, ideológica e sociológica, para conquistar o estatuto de uma potência mundial com capacidade para rivalizar com os Estados Unidos, um objectivo que tão assiduamente tem perseguido. Os líderes chineses podem não expressar as suas aspirações de forma tão clara, mas os especialistas chineses afirmam que compreendem o perigo inerente de se limitarem a ser um gigante económico sem as vantagens de serem uma potência respeitável. Nessa medida, o regresso antecipado do Dalai Lama é do interesse da China.

Em certos aspectos, pela primeira vez desde o seu exílio, o Dalai Lama está agora em posição de conseguir chegar a um acordo razoável com a China, que ambas as partes considerem aceitável. A dimensão da oposição ou da resistência que um acordo desse tipo poderá enfrentar entre os tibetanos no Tibete não é clara. Se nos guiarmos pelo respeito, pela devoção e pela admiração de que o Dalai Lama continua a gozar entre eles, talvez a questão da resistência tibetana seja exagerada. Os tibetanos que conquistaram estatuto ou riqueza ao aliar-se aos chineses não progrediram tanto que se sintam ameaçados pelo regresso do Dalai Lama. Sabem que nunca poderão aspirar a emergir como centro de poder rival do Dalai Lama, até sob a tutela chinesa — mesmo que o Dalai Lama estivesse incapacitado pelas imposições chinesas, continuaria a ser uma figura muito mais poderosa que qualquer líder tibetano nativo que pudesse ter subido ao poder com a bênção dos chineses.

«O meu regresso ao Tibete não se prende apenas comigo próprio. Aliada a isso, está a questão maior de tudo aquilo por que lutámos. Já não insistimos na independência. Mas se os chineses quiserem que também desistamos da autonomia, desenganem-se. Se eu quisesse abdicar até da autonomia, porque é que, para começar, teria ido para o exílio?», afirmou o Dalai Lama.

30
IMPRESSÕES PESSOAIS

A cada passo que dou no caminho empedrado e coberto de orvalho, o céu parece iluminar-se um tudo-nada mais. Quando chego ao bangaló do Dalai Lama, o sol já dissipou uma parte do nevoeiro. No átrio do bangaló, cerca de cem jovens monges entoam mantras, por entre minúsculas nuvens de vapor. Alguns deles estão a debater vigorosamente conceitos budistas, acompanhados de movimentos corporais bem orquestrados. É quase como se estivessem envolvidos numa espécie de luta divinamente coreografada. Os agentes policiais indianos, alheados do que se passa à sua volta, estão a bebericar chávenas de chá acabado de colher nas plantações do Vale Kangra, situado ali perto.

Ao entrar na sala de estar esparsamente mobilada, detecto a silhueta de uma figura sentada no chão, com as pernas cruzadas, oscilando para a frente e para trás; os seus rechonchudos dedos de bebé manuseiam o rosário com uma elegância espantosa. O brilho malva do sol confere uma tonalidade ainda mais intensa às vestes ocre do Dalai Lama e dá ao seu rosto um toque de profunda serenidade. Sorri para mim com uma familiaridade que ultrapassa largamente a nossa relação. Afinal, este é apenas o meu terceiro encontro com ele, de uma série de muitos mais. Termina o rosário e explode numa gargalhada desinibida.

«Gosta de se rir, não é?», pergunto.

Ele volta a rir-se, desta vez ainda com mais vivacidade, e responde: «Sabe, mantém a minha alma... como é que se diz... a minha alma limpa.»

Se tivesse de resumir o Dalai Lama numa linha, penso que seria exactamente assim: sentado à minha frente está um homem, um monge e um místico, que foi deificado ou reverenciado por quase todos os que tiveram contacto com ele desde a altura em que tinha apenas três anos. Ao longo do tempo, milhões de pessoas se prostraram aos seus pés ou curvaram-se em reverência perante ele. O seu simples toque conduziu muitas pessoas a auges de devoção. Contudo, continua a ser modesto, ao ponto de ser normal nas suas relações pessoais. Não tenho uma entrevista marcada para esta manhã. Estou aqui para observar uma audiência geral que o Dalai Lama concede frequentemente a centenas de exilados tibetanos, a indianos e a estrangeiros, que fazem fila no exterior do seu bangaló. Nesta manhã em particular, a polícia disse-me que o número se aproxima das quinhentas pessoas. Presentes, estão uma variedade de tibetanos prostrados em suprema reverência ante a expectativa de verem o Dalai Lama, ocidentais que parecem um retrocesso à década de 1960, quando os *hippies* viviam num mundo de desprendimento iluminado, e indianos curiosos e expectantes.

Um dos indianos olha para a minha credencial de imprensa e diz: «Já se deve ter encontrado com ele. Ele já lhe leu a mão?» Um «budista amador» alemão mostra irritação perante a sugestão do indiano e diz: «Sua Santidade não lê a mão. Para isso, deve consultar um charlatão de beira de estrada.» Sinto a tensão no ar e faço uma rápida retirada.

Quando o Dalai Lama aparece, com uma das extremidades da veste dobrada sobre o seu braço direito, os tibetanos que estão na fila prostram-se no chão como se tivessem sido atingidos por uma força misteriosa. A fila começa a avançar. Entre os primeiros devotos, está Eric, um caminheiro sueco, que usa brincos e que «se entregou a todo o tipo de práticas orientais, mas sem encontrar grande conforto». Eric diz que o Dalai Lama é o seu último recurso. «Se ele não funcionar, volto aos meus decadentes costumes ocidentais. Concluirei que o misticismo oriental é só conversa fiada», afirma. À medida que se aproxima do Dalai Lama, Eric baixa o olhar. O Dalai Lama repara nos brincos e diz-lhe: «São bonitos. Você gosta de adornos.» Eric responde: «Ando em busca de respostas, mas ainda não encontrei nenhuma. O senhor é a minha última esperança.»

O Dalai Lama ri-se pela enésima vez nessa manhã. «Eu não tenho respostas. Tenho perguntas», diz, e depois fica pensativo. «Tudo o que lhe posso dizer é que, tal como acontece com as perguntas, as respostas também vêm de dentro. Se procurar, encontrará», acrescenta.

Depois de mais de duas horas passadas a abençoar, reconfortar e, ocasionalmente, deleitar a sua audiência, o Dalai Lama chega à parte mais importante da manhã. Tem de falar para um novo grupo de refugiados tibetanos que fugiram para a Índia, vindos da China através do Nepal.

«Admiro a coragem que demonstraram ao conseguir chegar até à Índia, uma terra que tem sido como uma mãe para nós. O nosso único desejo é viver pacificamente na nossa terra do Tibete e seguir a via do progresso e do crescimento espiritual, mas isso parece ser inaceitável para os nossos amigos de Pequim. Vivo fora do Tibete há mais de quarenta anos. Gostaria de regressar ao meu país na primeira oportunidade possível. No entanto, antes de o fazer, os nossos amigos de Pequim têm de compreender que o Tibete sempre foi um país independente. Não temos qualquer desejo de lutar com quem quer que seja. O Budismo sempre nos ensinou a moderação. Também nos ensinou a defender o que é justo e a desafiar o que não o é. Acredito que a China foi injusta. Quero regressar ao Tibete ainda em vida. Se não, então...», o Dalai Lama faz uma pausa, pensa concentradamente, e acrescenta: «Não sei quando. Não posso esperar pelo próximo nascimento. Não quero que odeiem ninguém. Se puderem, regressem ao Tibete e ajudem os vossos irmãos tibetanos. Se não puderem, fiquem aqui e ajudem os tibetanos no exílio. Prometam-me que nunca trairão a Índia.»

Os refugiados, que tinham estado todos de olhos postos no chão durante o discurso, levantaram o olhar para o Dalai Lama por um momento e depois voltaram a baixá-lo. Ele deixa a audiência. À medida que me dirijo para o quarto do hotel, decido fazer um desvio pelo estreito caminho que circunda a montanha. Com a temperatura a aumentar para uns amenos 17 graus, e com o sol a brilhar agora intensamente, é um dia perfeito para reflectir sobre uma das mais notáveis figuras do nosso tempo. À minha frente, caminha um velho mas jovial monge, a girar a sua roda de oração. Está prestes a pisar um insecto, mas pára. Pega numa folha, apanha o insecto e coloca-o numa árvore.

«Não é possível que, anteriormente, tenha pisado inadvertidamente muitos insectos? Porquê salvar este?», pergunto-lhe. Ele pára de girar a roda de oração e responde: «Porque o vi.» Mais tarde, vim a descobrir que este monge, em especial, é considerado como um dos mais eruditos.

Cerca de um ano mais tarde, enquanto passeio em redor da mesma montanha e cumprimento um monge que passa ocasionalmente, começo a pensar se os meus muitos encontros com o Dalai Lama me afectaram, e de que forma o fizeram. Sento-me numa pedra com vista para o vale de Dharamshala e começo a folhear as minhas notas. Há uma anotação que me surpreende especialmente, devido à sua total falta de sentido crítico. Diz o seguinte: «6 de Junho... deve ser um feito notável, ser-se o Dalai Lama... parece tão puro e sereno...» Uma outra, datada de 7 de Agosto, é mais céptica: «Toda esta conversa de reencarnação é realmente verosímil! Parece um pouco excessivo afirmar que se está na Décima Quarta reencarnação. Mas, por outro lado, quem sabe da vida e do que vem depois?» No entanto, a mais surpreendente é a que registei no dia 3 de Dezembro: «Quando o conhecemos pela primeira vez, não percebemos o motivo de todo este estardalhaço. À medida que nos encontramos com ele com maior frequência e o observamos mais de perto, continuamos a sentir-nos intrigados pela aura que envolve o homem. Eventualmente, acabamos por nos reconciliar com o facto de ele ser alguém inexplicavelmente dotado.»

Tal como acontece com a maioria das pessoas dotadas, talvez seja fútil tentar analisar, ou deslindar ou desmistificar o Dalai Lama. O motivo pelo qual sobressaem em qualquer multidão deve-se ao facto de terem essa qualidade indefinível. Não é possível analisar o carisma sem simultaneamente o destruir. O mais provável é que um escrutínio racional acabe por produzir um resultado ou uma conclusão vulgar. Apesar disso, existem atributos aparentemente vulgares que contribuem para criar uma personalidade extraordinária. Todas as pessoas importantes têm algo de efémero em termos da sua personalidade. No caso do Dalai Lama, o efémero é intensificado pela sua total falta de malícia. É possível que a minha avaliação esteja incorrecta. Tendo-o observado durante um período de tempo considerável, tenho quase a certeza absoluta de que o Dalai Lama privado talvez seja completamente inacessível a qualquer pessoa. Muitos dos ocidentais que tiveram oportunidade de o conhecer de perto cometem o erro comum de proclamarem ser seus grandes amigos.

Tempa Tsering disse-me, certa vez: «Depois da sua iniciação formal como Dalai Lama, muitas décadas atrás, até a sua família mais próxima hesitaria em afirmar ter qualquer tipo de proximidade com ele. Para si, isso pode parecer estranhamente reverente, mas o Dalai Lama não é uma figura com quem se estabeleça uma amizade.»

No entanto, suspeito de que o próprio Dalai Lama considera constrangedor destacar-se como uma espécie de divindade entre os comuns mortais. A sua recorrente descrição de si próprio como «apenas um monge vulgar» poderá soar como humildade propositada ou falsa modéstia. Eu sei, com toda a certeza, que advém de uma convicção genuína e de um profundo conhecimento sobre o lugar de um indivíduo neste universo vasto e fascinante. Certa vez, perguntei-lhe se levava a sério toda a devoção e reverência. Reflectiu profundamente e disse: «Todos têm essa qualidade especial que as pessoas tanto vêem numa pessoa como eu. Só têm de aprender a encontrá-la em si próprios e projectá-la. Sou realmente um monge vulgar, ansioso por aprender acerca de tudo o que me rodeia.»

Durante os sete anos em que estive a trabalhar na sua biografia, passei uma quantidade considerável de tempo a observar de perto o Dalai Lama, em inúmeras situações diferentes. Desde a apresentação de discursos sobre metafísica até à presidência a cerimónias de iniciação, desde a visita a campos de refugiados tibetanos até à concessão das suas audiências matinais, desde a apresentação de sessões de ensino exclusivas para os poucos escolhidos até dar conselhos a um novo grupo de refugiados, e desde a participação nas festividades do Ano Novo tibetano até à instrução de monges noviços — tudo aquilo a que assisti tinha alguns traços comuns. Espantosamente, o Dalai Lama nunca deu uma única nota dissonante. Se fosse um cantor, nunca estaria fora de tom. Se fosse um malabarista, nunca deixaria cair uma bola. Se fosse um funâmbulo, nunca daria um passo em falso. Tem sempre um aspecto calmo. Nunca deixa de rir, pelo menos uma vez, mesmo enquanto está a dirigir-se a um novo grupo de refugiados tibetanos desesperados. Parece estar sempre calmamente consciente e nunca mostra qualquer grau de ansiedade, quer em termos do rosto quer da linguagem corporal. É sempre curioso sem ser intrometido, e expansivo sem ser arrogante. Tem sempre total controlo sobre o ambiente que o rodeia, independentemente do local onde se encontra. Ainda mais importante, tem um sentido de desprendimento em relação a tudo o que faz, sem parecer ser indiferente até ao mínimo pormenor.

Uma circunstância que trouxe à luz todos os seus atributos foi uma conferência que o Dalai Lama apresentou numa popular universidade de Nova Deli. O tema da conferência era, mais uma vez, o *shunyata*, ou o nada. Para a maioria das pessoas, trata-se de disparates esotéricos, mas na verdade é algo de bastante profundo e que tem sólidas bases intelectuais. A sala estava a abarrotar com milhares de estudantes e outras pessoas. O Dalai Lama estava discretamente sentado contra um pano de fundo negro. A cor ocre das suas vestes contrastava espantosamente com o negro do pano de fundo e fazia com que, à distância, ele parecesse uma chama ondulante. O efeito era cinematográfico, devido à forma como oscilava para trás e para a frente. Sabia que as pessoas do público estavam à espera de que iniciasse o seu discurso. Subitamente, olhou para cima, para o telhado de chapa ondulada. «A última vez que aqui vim, havia uma família de pombos. Pergunto-me se ainda lá estará», afirmou e riu-se. Como se aproveitasse a deixa, um pombo esvoaçou pela sala. Percebi que o seu comentário de abertura cativou completamente a audiência, mantendo-a sob o seu encanto durante a hora e meia seguinte, em que falou sobre os aspectos metafísicos do Budismo. A excelência do discurso não se perdeu na tradução de tibetano para inglês.

Esta memória permaneceu comigo por muitos motivos. Num certo sentido, toda a vida do Dalai Lama se desenrolou perante os meus olhos nessa tarde. É alguém nascido numa aldeia indistinta, numa das regiões mais inacessíveis do mundo, no seio de uma família sem qualquer importância significativa, quer em termos materiais quer de aprendizagem. É uma pessoa que não tem quaisquer sinais exteriores de poder ou de sucesso material que possam atrair os outros. O tema que escolheu e a língua em que comunica não são do tipo que cativa uma audiência. E, no entanto, estava a cativar um público eclético com uma facilidade tão consumada, falando sobre um tema tão abstracto como o nada, numa língua que poucos entendiam sem a ajuda de um intérprete. O facto de ter começado o discurso com reminiscências sobre um bando de pombos apenas contribuiu para aumentar a sua eficácia. Se destilarmos tudo isto, resta-nos uma explicação simples — há pessoas que são inexplicavelmente dotadas.

Um outro incidente, que ilustra de forma brilhante aquilo que o Dalai Lama representa, ocorreu durante as viagens que fiz com ele a Bylakuppe, o maior campo de refugiados tibetanos situado próximo das famosas plantações de café do Estado de Karnataka, no Sul da Índia, onde vivem perto de 40 000 refugiados tibetanos. As visitas do Dalai Lama aos campos de refugiados tibetanos são sempre plenas de pompa e circunstância, independentemente da frequência com que ocorrem. Os tibetanos parecem nunca se fartar dele. O percurso de quase oito quilómetros que conduz ao mosteiro Sera Je, onde o Dalai Lama estava a ministrar ensinamentos Kalchakra, estava cheio de milhares de tibetanos e pessoas de outras nacionalidades. O ar frio da região parecia estar parado, dado que nem uma única dessas pessoas emitiu qualquer som enquanto a comitiva do Dalai Lama passava de carro. Muitos deles esperavam, segurando lenços brancos, na esperança de poderem ser abençoados pessoalmente por ele. O grupo de automóveis deslocava-se a uma velocidade deliberadamente lenta, dando aos fiéis uma oportunidade de ver o Dalai Lama. Então, subitamente, o Dalai Lama pediu que parassem o carro em que seguia. Parecia ter visto alguma coisa. Saiu do automóvel, para grande ansiedade da sua guarda de segurança, e dirigiu-se para um aglomerado de pessoas. Por um momento, todos pensaram que tinha visto alguém que conhecia. Estava ali uma criança tibetana, que devia ter quatro ou cinco anos e que estava a brincar com um cão que devia ter cerca de dois anos. À medida que o Dalai Lama se aproximava da multidão, muitos pensaram que se dirigia a eles para os abençoar. Em vez disso, estendeu a mão para a criança e para o cachorro, fez uma festa a ambos, deu uma gargalhada e disse: «Parecem os dois tão felizes. Sabem, não se importam que o Dalai Lama esteja por perto», e regressou ao automóvel.

Umas horas mais tarde, o Dalai Lama estava sentado num trono ornamentado, em frente de alguns milhares de pessoas, conduzindo-as pelo labirinto dos ensinamentos budistas. O contraste entre um homem que não perdeu o contacto com as alegrias simples da vida, um monge que está sempre consciente das suas obrigações religiosas e um místico que raramente revela o que se esconde para além do óbvio é bastante evidente no Dalai Lama.

O peso da expectativa de que, sempre que abre a boca, faça um comentário encantadoramente inteligente ou espantosamente profundo, tem aumentado constantemente sobre o Dalai Lama ao longo dos últimos vinte anos. Num certo sentido, é como um cómico de enorme sucesso, que tem de actualizar constantemente o seu repertório não vão as suas piadas fracassar no espectáculo seguinte. No entanto, o Dalai Lama tem evitado resolutamente posicionar-se de forma a agradar a toda a gente. O seu maior sucesso tem sido conseguir remodelar e reinventar a relevância da sua instituição durante um período da história humana que a maioria das pessoas considera ser o mais exigente em termos científicos, tecnológicos e racionais. Tornou a sua mensagem não-confessional e não-religiosa, sem comprometer o permanente misticismo da sua vida. Apresentou com sucesso uma versão do Budismo que apraz à mente ocidental moderna e que é cada vez mais secularizada.

O exemplo de como reposicionou a sua mensagem foi patente durante a sua visita de vinte dias aos Estados Unidos, em Setembro de 2005. Ao dirigir-se à multidão presente no estádio Rutgers, em Nova Jérsia, o Dalai Lama começou o discurso da forma modesta que lhe é característica. «Nada tenho a oferecer, nem novas ideias nem novos pontos de vista», afirmou.

«Somos seres vivos, como as árvores e a relva», afirmou, inspeccionando o verde campo de futebol, e acrescentou: «Não sei se esta relva é relva verdadeira.»

Exactamente quando o público poderia estar a começar a perguntar-se se ele alguma vez diria alguma coisa fora do vulgar, afirmou que a guerra estava «fora de moda». E depois disse: «Eventualmente, todo o mundo acabará por ficar livre de armas nucleares.» A ideia parecia ser bastante comum e vulgar até essa altura. Mas ele elevou-a, afirmando que antes de o mundo poder atingir o «desarmamento externo», tinha de conseguir atingir o «desarmamento interno».

Nesse mesmo discurso, fez uma distinção entre apego e compaixão. Trata-se de um dos seus temas favoritos. O apego, afirmou, é como uma espécie de ligação selectiva partilhada por amigos ou familiares. A compaixão, por outro lado, é um acto «imparcial e altruísta». Terminou o discurso com esse apontamento, deixando o público profundamente pensativo.

É pouco provável que o Dalai Lama, ou aqueles que o rodeiam, o reconheçam, mas talvez na sua própria mente esteja consciente de que, enquanto indivíduo, ultrapassou a causa que veio a personificar. Na melhor das hipóteses, a sua campanha pela independência do Tibete está numa encruzilhada, e pode estar em risco de perder a relevância. O Tibete não poderia ter encontrado um defensor mais admirável da sua causa. Mas é aí que reside o problema. O Tibete é tão intimamente identificado com o Dalai Lama que, por vezes, essa ligação entre os dois pode ser contraproducente. No caso do Tibete, a nação é realmente o homem. Fez pelo Tibete tudo o que podia fazer, enquanto homem sem um Estado, monge comprometido com a não-violência, e místico em busca de verdades mais profundas. Em qualquer causa, de qualquer dimensão e complexidade, normalmente seria ingénuo atribuir o sucesso a um único indivíduo. Mas o Tibete tem sido, essencialmente, uma campanha inexorável de um único homem, que se estendeu ao longo de quase cinco décadas. É motivo de orgulho para o Dalai Lama que a China esteja sequer disposta a falar do Tibete como uma questão pendente. Se a questão fosse deixada à consideração dos líderes chineses, teria sido tratada como tendo ficado resolvida em 1950, quando o Exército Vermelho invadiu o Tibete praticamente sem resistência. As campanhas não-violentas e baseadas na moral tardam, necessariamente, muito tempo a causar impacte, como foi tão poderosamente sublinhado pela campanha de Mahatma Gandhi contra o Raj britânico.

Como o Dalai Lama afirma, é possível que regresse a um Tibete autónomo, ou até independente, ainda em vida. Em muitos aspectos, a questão do Tibete nunca esteve tão pronta para ser resolvida, para satisfação geral de ambos os lados, como agora. A percepção de que um indivíduo, e também um monge desarmado, se atravessa no caminho de uma nação poderosa é supremamente inspiradora.

A viagem de Tengster para Lhasa, e de Lhasa para o resto do mundo, foi uma viagem épica. Quando Tenzin Gyatso, então com vinte a quatro anos, despiu as suas vestes e se vestiu como um soldado, para fugir para a Índia, mal sabia que iria emergir como o guardião da consciência mundial.

Aos setenta e um anos de idade, quando olha para a sua vida, dividido entre um enorme crescimento pessoal e uma batalha quase perdida pela sua pátria, não poderia haver uma melhor conclusão que a máxima sânscrita *yatha bhutam*, ou o «tal qual».

AGRADECIMENTOS

Quero reiterar a minha profunda e inequívoca gratidão a algumas pessoas que contribuíram de forma notável para este livro.

Dediquei este livro à minha mulher, Kesumi, ao nosso filho, Jashn, e à nossa filha, Hayaa. Durante as longas horas que passei a escrever este livro, eles mantiveram-se a meu lado com a fé inabalável que apenas a nossa família mais próxima consegue demonstrar. Este livro é tanto deles como meu. O livro é também dedicado ao meu falecido pai, Manharray, e à minha mãe, Snehalata, bem como a toda a família Chhaya.

A minha agente e amiga, Lynn Franklin, esteve ligada ao livro desde o início. A Lynn foi-me primeiro indicada por uma amiga comum, Mallika Sarabhai, e tem-me apoiado extraordinariamente, muitas vezes para além das exigências da cortesia profissional. Por falar em completar o círculo... a edição indiana do livro vai ser publicada pela Mapin, uma Editora gerida pela Sarabhai e pelo seu sócio, Bipin Shah.

Houve muitos amigos e simpatizantes que, intencional ou inadvertidamente, se tornaram parte do projecto.

O principal de entre eles foi Harikrishna Majmundar, cujo espírito generoso e clareza de raciocínio muito aprecio. Através dele, gostaria de agradecer a Kanubhai Gandhi, por intervir quando precisei de ajuda.

Gostaria também de agradecer especialmente ao conhecido gestor de capital de risco de Silicon Valley, Raj Singh, que apoiou a minha empresa de comunicação, Literate World, com o desprendimento de um *yogi*.

Os meus amigos Neeraj Bhatia e Alex Reichl, respectivamente contabilista e advogado, merecem especial gratidão pelo tempo e apoio que me deram ao longo de todo o projecto. É também importante referir os meus amigos e colegas jornalistas, Preeti Verma Lal e Amit Kumar, que se contaram entre os primeiros a ler o manuscrito. Os meus antigos colegas Rajesh Ranjan, Sangeeta Singh e Dharampal, merecem ser aplaudidos pela sua força perante a adversidade. Gostaria também de agradecer ao meu antigo assistente pessoal, Naresh Kumar, pelos seus préstimos. Amigos como o

Dr. Prakash Desai, Harsh Mehta, Nitin Karnik, George Albert, Sudhir Gupta, Sheri Flister, Ashok Easwaran e Sunita Chopra, também merecem uma menção especial pela sua generosidade.

Quero agradecer aos editores da Random House, chefiados por Trace Murphy, pelo seu trabalho meticuloso. A Trace, em especial, conduziu este projecto com tranquila determinação. Quero também registar o meu apreço por Sean Mills, pelo seu excelente trabalho de produção.

De entre as duzentas pessoas que entrevistei para o livro, gostaria de salientar o Dr. Orville Schell, o Professor Robert Thurman e o actor Richard Gere, e agradecer-lhes o tempo que me dispensaram. Cada um destes talentosos indivíduos partilhou generosamente comigo a sua perspectiva individual.

Acima de tudo, estou particularmente grato ao Décimo Quarto Dalai Lama, por me conceder acesso sem restrições ao seu tempo e ao seu mundo e, consequentemente, elevar o conteúdo do livro a um nível totalmente novo. O irmão mais velho do Dalai Lama, Thubten Jigme Norbu, abriu-me o coração em relação à sua família e ao Tibete, e por isso lhe estou eternamente grato. Nunca poderei agradecer o suficiente a Tenzin Geyche Tethong, secretário particular do Dalai Lama e meu amigo, por obter a autorização para este livro. Sem o seu apoio e confiança incondicionais, e os do antigo secretário de imprensa, Tsering Tashi, este livro simplesmente não existiria.

Para terminar, gostaria de expressar a minha gratidão ao meu amigo Sam Pitroda, cuja insistência obsessiva em «tocar fisicamente» no manuscrito ajudou a materializar o livro. Esteve a meu lado durante todo o percurso e estou-lhe grato por isso.

REFERÊNCIAS BIBLIOGRÁFICAS

Capítulo 1: Cataclismo Continental

- A formação do Tibete — baseado em referências gerais retiradas de diversos livros, incluindo *Tibetan Nation,* de Warren W. Smith, Jr., Boulder, Colorado: Westview Press, 1996; *Evolution of the Chinese Environment* de Robert Orr Whyte, Berkeley: University of California Press, 1983; «Project INDEPTH» (International Deep Profiling of Tibet and the Himalaya), de Simon Kiemper, Professor de Geofísica; «Geology and Geography of Tibet and Western China», de Pete Winn, Director Científico das Expedições de Ciências da Terra, <http://www.shangri--la-river-expeditions.com/wchinageo/wchinageo. html> (2002).
- História do Tibete — baseado em referências retiradas de diversos livros da autoria do Dalai Lama, de Warren W. Smith, Jr. e de Sir Charles Bell, bem como dos arquivos do governo tibetano no exílio e de conversas com historiadores e académicos budistas. Baseado também no livro *Inner Asian Frontiers of China* de Owen Lattimore Nova Iorque: Oxford University Press, 1988; e *A Study of the Early Medieval Chinese, Latin and Tibetan Historical Sources in Pre-imperial Tibet* de Christopher Beckwith, tese de doutoramento, Universidade de Indiana, Bloomington, Indiana.

Capítulo 2: O Budismo chega ao Tibete

- *Scriptures of the East*, editado por James Fieser e John Powers, Boston: McGraw-Hill, 2004.
- *Buddhism: The Light of Asia* de Kenneth K. S. Chen, Hauppauge, Nova Iorque: Barron's Educational Series, Inc., 1977.
- *What the Buddha Taught* de Walpola Rahula, Nova Iorque: Grove Press, 1959; reeditado em 1974.
- *The Buddha and Gospel of Buddhism* de Ananda K. Coomaraswamy, Nova Iorque: Harper Torchbooks, 1916; reeditado em 1964.

Capítulo 3: Cacarejar como uma galinha e acabar com rixas

- Baseado em longas conversas pessoais mantidas com Thubten Jigme Norbu, o irmão mais velho do Dalai Lama, em Bloomington, Indiana.
- *Kundun,* de Mary Craig, Washington DC: Counterpoint, 1997; *The Last Dalai, Lama* de Michael Harris Goodman, Londres: Sidgwick and Jackson, LTD., 1986.
- *Tibet Is My Country,* de Thubten Jigme Norbu, Londres: Wisdom Tibet Book, Yellow Press, 1986.

Capítulo 4: De menino travesso a Dalai Lama Reencarnado

- *Tibetan Nation,* de Warren W. Smith, Jr., sobretudo no que se refere a pormenores relacionados com os eventos anteriores à morte do Décimo Terceiro Dalai Lama.
- Conversas mantidas com o Dalai Lama e os seus assistentes.
- Arquivos tibetanos e crónicas existentes na Biblioteca Norbulingka, em Dharamshala.
- *Tibet Past and Present,* de Sir Charles Bell, Nova Deli: Faith India, 1998.
- Sir Basil Gould foi o dignitário político de Sikkim que representou o governo colonial britânico na Índia aquando da entronização do Décimo Quarto Dalai Lama.

Capítulo 5: O adeus ao mundo terreno

- Discurso de Jawaharlal Nehru na Reunião Geral da Sociedade Cultural Sino-Indiana, realizada em Santiniketan, a 23 de Dezembro de 1945, Arquivos Nacionais da Índia.
- Opiniões de Jawaharlal Nehru e de Sardar Patel sobre a China: http://www.sinoindianwar.50megs.com/index.html e http://www.centurychina. com/plaboard/uploads/1962war.htm.

Capítulo 6: Lhasa em tumulto

- *Tibet Past and Present,* de Sir Charles Bell.

Capítulo 7: O novo governante do Tibete ainda não tem cinco anos

- *Tibet Past and Present,* de Sir Charles Bell.

Capítulo 8: Índia, China e Tibete

- Opiniões de Jawaharlal Nehru e de Sardar Patel sobre a China: http://www.sinoindianwar.50megs.com/index.html e http://www.centurychina. com/plaboard/uploads/1962war.htm.
- Arquivos do governo da Índia e também crónicas tibetanas.
- Jyotindra Nath Dixit, antigo secretário dos negócios estrangeiros e conselheiro de segurança nacional da Índia, falecido em 2005: as suas citações baseiam-se em entrevistas pessoais com o autor.

Capítulo 10: Novos deuses no Tibete

- «Reflections on Tibet», de Wang Lixiong, revista *New Left Review*, Março-Abril de 2002.

Capítulo 12: Mao, Budismo e Tantra

- *Kundun* de Mary Craig.
- *The Dalai Lama* de Claude B. Levenson, traduzido para inglês por Stephen Cox, Nova Iorque: Oxford University Press, 1999.

Capítulo 13: Conversar ou não conversar

- *Tibetan Nation,* de Warren W. Smith, Jr.
- Departamento de Informação do governo tibetano no exílio.
- Citações de dois peritos tibetanos, Tashi Rabgey e Tseten Wangchuk Sharlho, retiradas de www.phayul.com, um sítio noticioso tibetano, a 11 de Julho de 2005.
- A Proposta de Cinco Pontos baseia-se em documentos oficiais do governo tibetano no exílio.
- *Buddhist Logic,* de Theodore Stcherbatsky, Nova Deli, Índia: Motilal Banarsidass Pub., 2000.
- Material retirado do sítio Web da organização humanitária Human Rights Watch, em http://www.hrw.org/, e também de comunicados de imprensa.

Capítulo 14: O laureado Nobel: Sucessor de Gandhi

- Discurso do Dalai Lama aquando da aceitação do Prémio Nobel; Departamento de Informação do governo tibetano no exílio.
- Excertos do discurso de Egil Aarvik, os excertos foram retirados do sítio oficial do Comité Norueguês do Nobel, em Estocolmo, na Suécia.

Capítulo 15: A vida depois do Nobel

- O documento «Directrizes para o Futuro Governo do Tibete e Características Básicas da sua Constituição» foi retirado dos registos oficiais do governo tibetano no exílio.

Capítulo 16: Chineses intransigentes e tibetanos inflexíveis

- Livro Branco «Tibete: a sua Propriedade e Situação em termos de Direitos Humanos», do Gabinete de Informação do Conselho de Estado da República Popular da China, 1992.
- Resposta oficial do governo tibetano no exílio ao Livro Branco «Tibete: a sua Propriedade e Situação em termos de Direitos Humanos».
- Relatório da Comissão Legal de Inquérito sobre o Tibete, da Comissão Internacional de Juristas, 1966.

Capítulo 17: Assassinatos no mosteiro

- Documento oficial do governo tibetano no exílio sobre a prática dos seguidores de Shugden, Junho de 1996.
- Polícia de Dharamshala / McLeod Ganj.
- Artigo «Did an obscure Tibetan sect murder three monks close to the Dalai Lama?», de Tony Clifton, revista *Newsweek*, 28 de Abril de 1997.
- Documentos oficiais do Kashag, ou Gabinete tibetano.

Capítulo 19: Dalai Lama: o monge

- As informações relativas à controvérsia gerada pela participação do Dalai Lama na Neuroscience 2005, a conferência anual da Sociedade de Neurociência norte-americana, realizada em Novembro de 2005, baseiam-se em pesquisas pessoais realizadas pelo autor para um artigo de imprensa da sua autoria.

Capítulo 20: Dalai Lama: o místico

- *The Concealed Essence of the Hevajra Tantra,* de G. W. Farrow e I. Menon traduzido para inglês por G. W. Farrow, Primeira edição, Nova Deli: Motilal Banarsidass, 1992.

Capítulo 21: Em parte socrático, em parte estrela de rock,
em parte sábio oriental, mas, sobretudo, monge budista

- As citações do autor Jeffery Paine foram retiradas do sítio http://www.boston.com/ae/books/articles/2004/02/29/awakenings/ e de outros sítios.

Capítulo 26: Radicais versus *Moderados*

- *State Growth and Social Exclusion in Tibet,* de Andrew Fischer, Copenhaga: Nordic Institute of Asian Studies Press, 2005.
- «Options for Tibet's Future Political Status: Self-Governance Through an Autonomous Arrangement», de Eva Herzer, Centro para a Justiça Tibetana, Nova Deli, Índia: Centro Tibetano de Investigação Parlamentar e Política, 2002.
- As citações de Khedroob Thondup, antigo deputado do governo tibetano no exílio, foram retiradas de www.phayul.com, um popular sítio sobre assuntos tibetanos.
- O discurso oficial do Dalai Lama ao Congresso norte-americano foi retirado dos arquivos tibetanos.

Capítulo 27: Modelos de autonomia

- As citações relativas à lei sobre política tibetana, emitida em 2002 pelo governo norte-americano, foram retiradas do sítio oficial do Departamento de Estado norte-americano, em www.state.gov.

- As opiniões de Eva Herzer foram transmitidas ao autor durante uma entrevista.

Capítulo 29: O Dalai Lama alguma vez regressará ao Tibete?

- As citações de Thubten Samphel baseiam-se em comentários feitos ao autor durante uma entrevista.
- As citações de Wu Yingjie, vice-governador do Tibete, foram atribuídas a um relato noticioso veiculado pela agência Reuters.
- Geremie Barme foi citado no artigo «Dalai Lama Return to Tibet May Be Simpler for China», da autoria de Jane Macartney, da agência Reuters, publicado a 24 de Setembro de 2003, em http://www.tibet.ca/en/wtnarchive/2003/9/24_4.html.

BIBLIOTECA DO SÉCULO

1. A Era dos Extremos, *Eric Hobsbawm*
2. O Passado de Uma Ilusão, *François Furet*
3. As Regras da Arte, *Pierre Bourdieu*
4. Milénio, *Felipe Fernández-Armesto*
5. O Liberalismo Político, *John Rawls*
6. As Grandes Religiões do Mundo, *Jean Delumeau*
7. História de Espanha, *Fernando García Cortázar* e *José Manuel González Vesga*
8. Deus: Uma Biografia, *Jack Miles*
9. História Social de Inglaterra, *Asa Briggs*
10. Uma História da Leitura, *Alberto Manguel*
11. Os Grandes Pensadores do Cristianismo, *Hans Küng*
12. A Luz da Noite, *Pietro Citati*
13. A Civilização Europeia no Renascimento, *John Hale*
14. A Ideia de História, *R. G. Collingwood*
15. A Era das Revoluções, *Eric Hobsbawm*
16. Na Rota da Pimenta, *Theresa M. Schedel de Castello Branco*
17. Macau: Poder e Saber – Séculos XVI e XVII, *Luís Filipe Barreto*
18. A Viagem de Fernão de Magalhães e os Portugueses, *José Manuel Garcia*
19. Roteiro de Leitura da Bíblia, *Frei Fernando Ventura*
20. A Vida do Dalai Lama – o homem, o monge, o místico, *Mayank Chhaya*